칼럼으로 읽는 교육

칼럼으로 읽는 교육

이현청 지음

초판 1쇄 인쇄 2012년 9월 26일 **초판 1쇄 발행** 2012년 10월 5일
발행인 임덕호 **발행처** 한양대학교출판부
주소 133-791 서울 성동구 왕십리로 222 **전화** 02)2220-1432~4 **팩스** 02)2220-1435
홈페이지 www.press.hanyang.ac.kr **전자우편** presshy@hanyang.ac.kr
출판등록 제4-7호(1972년 2월 29일) **인쇄처** 미르P&P

ISBN 978-89-7218-417-1 03300

칼럼으로 읽는 교육

이 현 청

한양대학교출판부

머리말

개인과 사회 국가적 차원에서 교육은 희망이다. 개인의 성장 발전을 통해 사회와 국가가 발전할 수 있는 가장 현명한 투자가 교육이기 때문이다. 피터 드러커도 「교육은 가장 진보된 투자」라고 이야기하였고 토니 블레어 영국수상도 「교육은 최상의 경제투자」(education is the best economy)라고 할 정도로 교육은 성숙된 인간을 만들고 사회국가에 필요한 인재를 양성하는 계층이동의 활동이다. 무엇보다 사회적으로 계층상승이동의 기회를 만드는 값진 기제이기도 하다.

이 저서는 지난 10여 년간 필자가 신문과 잡지 등에 기고한 칼럼들과 10여 년 동안 KBS해설위원으로 해설한 내용 중 극히 일부, 그리고 대학개혁과 혁신을 위해 전국교무처장협의회 등 대학관련 협의체 등에서 행한 기조강연 내용들을 담은 책이다. 그동안 교육은 물론, 사회 문화 그리고 많은 기술변화 과정에서 시차는 있지만 이 책의 내용들이 지난 10여 년간의 우리나라 교육관련 이슈를 이해하는 데 도움을 줄 수 있다 생각된다. 특히 대학 관련 기조강연과 특강 내용들은 우리나라 대학개혁을 선도하는데 지침이 되었다는 점에서 우리나라 대학의 발전상을 이해하는 가늠자가 될 수 있으리라 생각한다. OECD 국가에서는 우리나라를 「교육기적의 나라」(Country of educational miracle)라고 부를 정도로 대한민국 발전에서 교육이 기여한 부분을 높이 사고 있다. 세계의 여러 나라가 그렇듯 최근 미국 오바마 대통령도 우리나라 교육을 늘 칭송하고 있다. 그러나 이러한 우리 교육의 자부심과 우리나라 발전에 기여한 측면에도 불구하고 한편으로는 과열교육, 과잉교육, 과잉경쟁교육 등 「교육에 취한 나라」(educoholic society)의 그늘진 모습도 지울 수 없었다는 점도 부인할 수는 없다. 교육이 사회적으로 이슈가 될 때 마다 매체를 통해 시론이나 칼럼으로 쓰여진 부분이기 때문에 논지에 따라서는 다른 견해도 있을 수 있다 생각된다. 이러한 점은 독자들의 이해가 있기를 기대한다.

2부의 기조강연 부분에서는 교육과 관련된 국민통합문제나 저출산 고령화 그리고 청년실업 등에 대해서도 다루었다. 물론 대학입시나 대학경쟁력관련 내용이 비중을 차지하고 있다는 점도 밝혀둔다.

교육은 인간성장을 위한 끝없는 항해의 길이다. 배우고 또 갈고 닦아 참된 인간이 되고 자아를 찾아 자기를 채우는 여행이 아니라 자기의 잠재가능성과 한계를 찾아 여행을 떠나는 과정이다. 이 점에서 이 책이 교육현실과 이상을 생각할 수 있는 작은 기여가 되길 기대할 뿐이다.

그동안 격려를 아끼지 않으신 한양학원 김종량 이사장님과 이 책을 출판하는데 수고하신 한양대 출판부 여러 선생님들께 감사를 드린다. 무엇보다 삶의 고비마다 늘 함께하신 하나님께 감사를 드린다. 그리고 항상 곁에서 넓은 이해와 사랑으로 격려해 준 아내 김명희 교수와 믿음과 소망을 안고 노력하는 승윤과 상훈에게 깊은 사랑을 보낸다.

2012. 8. 행당동산에서

저자 이현청

Contents

Ⅱ.
대학 교육정책 기조강연

Ⅰ. 교육칼럼과 해설

대학위기 해소의 과제*

21세기는 「대학의 세기」라 지칭될 정도로 대학교육이 중요시 되고 있는 시대이다. 그러나 우리는 대학위기시대를 맞고 있다. 이러한 대학위기는 대학의 양적 팽창과 취약한 재정구조 그리고 일부 비효율적인 행정체제와 학사운영에서 원인을 찾아 볼 수 있을 것이다. 물론 학령인구의 감소로 대학지원자 수는 감소하는 데 비해 대학설립과 정원의 확대가 지속적으로 이루어지고 있는 데서도 원인을 찾아 볼 수 있다. 일종의 구조적 문제로서 양적 팽창과정과는 달리 질적 제고가 이루어지지 못하기 때문이다. 이제는 대학들도 잠재적인 '위기의 대학'이라는 점을 염두에 두고 현재와 같은 위기상황을 지혜롭게 극복할 수 있는 방안을 강구하는 일이 당면과제라 할 수 있다.

우리나라 4년제 대학 중 현재 위기에 처해 있는 대학은 전체 200개 대학 중 20%에 해당하는 40여 개 대학이다. 이러한 대학들은 학생 충원율이 50~70% 수준이고, 이중 30~50% 정도가 편입학으로 빠져나가 절대 학생 수가 부족한 대학들이다.

우선 특성화를 위해 대학학사운영에 대한 개선이 필요하다. 학부의 백화점식 전공영역의 나열과 전공 간의 폐쇄성이 두드러진 학사운영도 문제이고 중앙통제방식에서 탈피하지 못해 소위 학생수요자시대에 요구되는 '서비스중심 학사운영'이 이루어지지 않고 있

---

*이 글은 2003년 3월 5일 「내일신문」 칼럼에 기고한 글이다.

는 점을 개선해야 한다.

둘째, 우리의 대학교육은 양적 성장 면에서는 세계 정상권에 진입하였지만 대학교육이 추구해야 할 질적 수준이나 이를 뒷받침하는 교육여건 면에서는 상대적으로 열악한 형편에 처해 있다.

교육의 질적 여건이 이처럼 부실한 근본원인은 교육재정의 부족과 그로 인한 학생당 교육비가 영세한 데 있다. 교육재정의 부족과 학생당 교육비의 영세성은 학생 등록금에만 의존하는 우리나라 대학재정의 구조적 모순과 대학에 대한 정부의 소극적인 재정지원에 기인하고 있다. 특히 그동안 정부의 통제를 받으면서 지원에 대해서는 무관심의 대상이 되어 온 사립대학들의 재정난이 어려운 형편이다. 오늘날의 대학위기는 사학의 재정구조의 취약성에서 기인된 것이며 근본적 해결책이 없는 현실을 감안할 때 획기적인 대책이 필요하다.

셋째, 이제 대학은 학생소비자시대로 진입하고 있다. 학생을 고객의 개념으로 인식해야 하는 시기가 된 것이다. 진학연령의 진학률 73%로 세계 제일의 수준이지만 2000년에 접어들면서부터 정원을 채우지 못하는 대학들이 증가해 왔다. 특히 비수도권 지방대학의 경우는 더욱 심각한 실정이다. 이러한 학생 감소현상은 향후 우리나라 대학의 위기를 더욱 가중시키게 될 것으로 예측된다. 따라서 학생 감소에 따른 대책을 적극 강구해야만 한다.

넷째, 대학교육관의 변화는 대학위기의 중요요인 중의 하나로 지적되고 있다. 오늘날의 대학은 상아탑적인 관점을 더 이상 허용할 수 없는 변화를 경험하고 있다. 전통적인 교수방법이나 내용도 변화가 불가피하고 학과나 전공의 설치에서부터 대학구성원의 특성에 이르기까지 그 어느 것 하나 기존의 틀을 그대로 유지할 수 없는 현실이다. 이러한 대학교육관의 변화에 적응하지 못한 전환기의 우리나라 대학들이 위기를 맞는 것은 어쩌면 당연한 일인지도 모른다.

다섯째, 대학에서도 교육경영마인드를 요구받고 있다는 점을 들고 싶다. 지금껏 우리 대학들은 교육경영마인드에 익숙해 있지 못했으며 경영마인드가 있다 해도 일부 대학들은 교육과 경영을 접목하기 보다는 단순한 기업경영 철학이나 기법에 의존하는 단순한 시장경쟁주의적 경영만을 치중하여 대학교육의 본질을 훼손한 경우도 있었음을 부인할 수 없다. 어려운 시기일수록 대학에서 교육경영마인드가 필요하며 교육과 경영을 조화롭게 적용할 때 대학의 성장이 가능하고 사회적 기능도 수행할 수 있다.

대학위기는 대학 내외적인 요인들이 복합적으로 작용한 결과로 볼 수 있기 때문에 대학위기극복의 과제 또한 이러한 요인들의 치유 또는 완화를 통해 가능하다고 생각된다. 미국의 경우도 70년 중반 이후 대학의 구조조정기를 경험한 바 있고 일본 또한 90년대에 이런 경험을 가지고 있다. 미국은 외국학생의 유치와 대학의 기능분화 그리고 평생교육체제로의 전환을 통해, 일본은 대학규제완화와 연구지원 그리고 기능분화를 통해 구조조정을 이루어가고 있다. 이제 우리도 이러한 위기상황을 새로운 발전 계기로 삼을 때이며 지혜로운 대안과 정책을 통해 대학발전의 계기로 삼아야 할 것이다.

청년실업해소의 과제*

청소년 실업률 증가가 사회문제로 대두되고 있다. 장기적인 경제침체와 신규인력 채용 감소에 따라 사상 최악의 청년실업 사태가 계속되고 있어서 심각한 사회문제가 되고 있는 것이다. 최근 수년간 악화일로의 청년 구직난을 겪어오면서 6월말 7.3%의 청년실업률을 나타내 작년보다도 1.5% 상승하였다. 이러한 청년실업을 극복하기 위해 대학생들이 해외어학연수를 하거나 자격증을 취득하는 등 철저한 준비를 하지만 한계가 있고 한 학생이 이력서를 100장 제출하는 일은 이제 드문 일이 아닌 실정에까지 이르렀다. 심지어 취업과외 열풍이 불어 4년 과외비 평균이 1,261만원으로 조사되고 있다. 청소년 실업문제는 일종의 '구조적 실업'이나 '마찰적 실업'형태의 하나로서 선진화 과정에서의 구조적 현상으로 이해하는 입장도 있지만 이러한 해석만으로는 청년실업문제를 근본적으로 해결할 수는 없다. 세계적으로 볼 때 OECD 국가들 모두 청년실업문제를 안고 있으며 프랑스의 경우 전체 실업률은 9.9%지만 청년 실업률은 17%에 이르고 있는 등 심각한 실정이다.

청년실업의 원인은 단순하지는 않다. 우선 청년들이 취업할 수 있는 일터가 부족하다. 경제성장구조의 한계 때문에 일자리 창출이 이루어지지 못한 데서 청년실업의 증가원인을 찾을 수 있다. 이와

*이 글은 2003년 7월 바른 사회를 위한 시민회의 칼럼 자료이다.

함께 대학전공분야와 사회적 수요 간의 불일치가 주요원인의 하나라 지적될 수 있다. 기술변화는 급격히 이루어지고 있으나 대학전공분야는 이러한 사회 기술 문화변화와는 무관하게 개설되어 있어서 사회적 수요를 충족할 수 없기 때문이다. 또한 사회전반에 확산되어 있는 불합리한 직업의식도 청년실업과 무관하지 않다. 그리고 소위 의사, 판검사 등 특정 직종을 지나치게 선호하는 풍조 때문에 많은 젊은이들이 의대나 법대에 미련을 버리지 못하고 있는 것도 청년실업을 증가시키는 요인이 되고 있다. 물론 소위 3D업종에 대해서도 기피하는 현상이나 이공계를 기피하는 현상도 청년실업과 관련된 이유로 들 수 있다. 이러한 불합리한 직업의식은 결국 직업구조의 이원화를 부추겨 어느 분야는 취업 인플레이션 현상이 있는가 하면 어떤 영역은 취업 디플레이션 현상으로 나타나 구직난과 구인난의 이중적 문제를 야기하고 있는 실정이다. 이와 함께 석박사 학위 취득자 등 고급인력이 양산되고 있으나 이러한 고급인력을 수용할 수 있는 연구기관과 전문기관이 부족하여 청년실업에 일조를 하고 있는 점도 간과할 수 없는 원인이다. 따라서 청년실업문제는 단순한 이유라기보다는 구조적 문제로 이해될 수 있다.

청년실업의 문제는 현재와 같이 단견적이고 소극적인 자세로서는 해결할 수가 없다. 대학교육의 개혁에서부터 인적자원관리(HRM)와 인적자원전략화(HRS)차원에서 종합적으로 대책을 세워야 한다.

경제활동을 촉진시키기 위한 노력은 물론 젊은 층의 고용창출을 위한 훈련프로그램과 대학교육과정을 기업이 원하는 수요를 충족시킬 수 있는 체제로 전환해야 한다. 그리고 취업현장에서 환영받을 수 있도록 대학교육의 체계적인 학사관리와 보완책 마련이 필요하다.

우선 대학교육과정의 획기적인 개혁이 요구된다. 산업체와 기업에서 요구하는 사회적 수요에 부응하도록 교육과정을 개편하여 사회수요중심교육과정으로 전환되어야 한다. 물론 이러한 과정에서 학문 간의 균형 발전이나 기초학문과 인문사회분야의 육성도 소홀히 해서는 안 된다.

대학교육방법에서도 현장적응형 실무형 교육이 보다 강화되어야 한다. 인턴십이나 현장학습, 그리고 프로젝트 중심학습 방법 등이 확대되어 현장과의 갭이 최소화될 수 있는 방안이 강구되어야 할 것이다. 그러나 이러한 대학의 노력만으로는 부족하다. 정부나 기업들도 청년실업해소를 위한 노력을 함께 기울여야 한다.

우선 정부에서는 청년실업 종합대책을 강구하여 적극 추진하여야 한다. 청년층 인력개발을 위한 재정지원은 물론 재훈련프로그램의 운용, 첨단과학분야의 인재양성, 대학혁신프로그램의 수립, 그리고 기업과의 긴밀한 연계정책 등을 운영하여야 한다. 이러한 정책 중 하나는 '청년실업기금'을 운영하는 일로서 과도적 실업군을 재교육하여 국가자원화 하는데 활용될 수 있도록 하여야 한다. 또한 재교육과 경험중심취업 등을 위한 재원으로 활용해야 한다. 예컨대 번역요원 양성, 방과 후 클럽활동 지도요원 양성, 보조교사 활용방안 강구, 인턴사원 및 인턴연구원 활용사업, 디지털자원 요원 활용방안, 사회복지보조요원제 도입, 보육교사활성화 수립 등 '틈새 자원화 정책'을 강구하여야 한다. 또한 청년인적자원개발 차원에서 청년실업군을 재교육하고 취업기회를 창출하기 위한 '청년인재풀제'와 '청년육성창업' 등의 다각적인 노력이 필요하다.

이와 함께 기업들도 청년실업대책을 위해 적극 투자해야 한다. IT분야와 관련한 지능형 로봇, 디지털, 이동통신, 반도체, 텔레매틱스, 디지털콘텐츠, 디스플레이 등 첨단과학영역에 필요한 보조인력화 내지 제2자원화 하는 투자와 노력도 요구된다. 예컨대 청년층에게 시간제 인턴십이나 전략화된 첨단인적자원으로 활용하고 재교육하는 데 관심을 기울어야 한다. 따라서 정부-대학-기업의 3원체제가 협력하여 청년실업을 구제하는 종합대책기구를 적극 강구하여야 한다. 청년은 이 나라의 장래를 짊어지고 갈 주역들이다. 어렵게 대학공부를 하고 사회에 첫발을 내딛는 순간부터 좌절감을 주어서는 안 된다. '캠퍼스 떠나면 백수'가 되고 심지어 유흥업소에 취입하거니 이 나라를 떠날 뿐 아니라 무작정 고시나 공무원 시험에 매달리고 있고 대학을 더 다니는 5수생 증후군마저 있는 것은 일종의 「청년 모라토리움 현상」으로서 가정이나 사회적 차원에서 그리고 개인적 차원에서 커다란 낭비이다. 청년 실업해소를 위한 대책이 어떤 취업대책보다 중요한 이유도 여기에 있다.

유학대국과 기러기 아빠*

우리사회에서 '기러기 아빠', '기러기 엄마'라는 말은 이제 일상용어가 되어버렸다. 자녀교육 때문에 아내와 자녀를 외국에 보낸 부모를 칭하는 말이기 때문이다. 2002년 유네스코 통계에 의하면 세계 여러 나라에 유학하고 있는 전체유학생이 149만 명인데 이 중 외국에서 공부하고 있는 우리 유학생이 17만 4천 명으로 집계되고 있다. 이 숫자는 우리나라 전체 인구규모로 보아 결코 적은 숫자가 아니며 매년 다소 차이가 있으나 유학대국 세계 3-5위권에 속한다.

'기러기 아빠'나 '기러기 엄마'가 일상어가 된 것도 이러한 유학생 숫자와 무관치 않다. 유학을 가서 보다 나은 환경에서 자녀교육을 하려는 부모들의 소망을 탓할 일은 아니다. 그러나 이들 부모들이 우리나라 교육을 신뢰하지 못해서 너도나도 조기유학을 떠난다면 결코 간과할 일은 아니다. 부모만을 탓할 수도 없는 일이고 그렇다고 학교 당국이나 정부의 탓으로 돌릴 수만도 없는 일이다.

자녀를 조기에 외국에서 공부시키고자 하는 부모들은 몇 가지 이유를 들어 당위성을 설명하려고 한다. 먼저 외국어 하나라도 제대로 습득시킬 수 있다는 것이다. 중국을 보내 중국어라도 잘하게 하면 한국에서 공부하는 것보다 낫다고 설명하고 영어라도 똑떨어지게 하면 자녀가 제 구실을 할 수 있다는 주장이다. 또 다른 이유

*이 글은 2003년 6월 「국민일보」 여의도포럼 칼럼 원고이다.

로 지적되는 것은 우리나라 교육에 문제가 있기 때문이라는 것이다. 사교육비가 많이 들고 암기위주, 입시위주 교육 때문에 보다 나은 환경에서 자녀를 교육시키기 위해서라고 한다. 이 외에도 학비가 들지 않거나 저렴해서 교육비 부담이 경감되기 때문이라는 이유를 들고 있다. 또한 선진교육을 통해 세계적인 안목을 키우게 할 수 있기 때문이라는 이유도 빠뜨리지 않는다.

이들 학부모들의 주장은 모두 일리가 있는 듯하다. 그러나 이러한 이점이 있다하더라도 기러기 아빠와 기러기 엄마의 헌신만큼 자녀교육이 성공할 수 있을지 그리고 반드시 선진교육을 저렴하게 훌륭한 교육환경 속에서 시킬 수 있고 완벽하게 외국어를 습득할 수 있을지는 장담할 수 있는 일만은 아니라 생각된다.

학비가 저렴하거나 심지어 전혀 들지 않은 경우도 있으나 생활비 등을 감안한다면 결코 만만치가 않고 오히려 우리나라에서 교육하는 것보다 더 들 수 있다는 점을 알아야 할 것이다. 또한 서구학교 문화나 학교 주변 환경, 그리고 학생들의 생활양태까지를 감안해 볼 때 자녀들의 적응문제도 충분히 감안되어야 할 것이다. 이와 함께 이들 자녀들이 성장한 후의 장래도 함께 고려해야 할 것이다. 자칫 국적 없는 아이를 만들 소지는 없는지 조기 유학한 국가에서 지속적으로 수학할 것인지 아니면 귀국하여 학업을 계속할 것인지를 신중히 고려해야 할 것이다. 이러한 점에서 무조건 조기에 유학을 보내려는 「유학동조현상」의 확산은 결코 바람직한 현상이라 볼 수 없고, 더 더욱 조국의 교육을 믿지 못해 떠난다거나 하는 일은 바람직하다 볼 수 없다.

부모가 생이별하는 기러기 아빠, 기러기 엄마의 희생 위에 자녀 교육이 소기의 목적을 이루어 그 결실을 얻기를 기대하는 마음이 크지만 현실을 냉철히 고려해 보아야 할 일이다.

우선 교육적으로 바람직한지 심사숙고해야 한다. 우리나라 공교육에 문제가 있는 것은 사실이다. 사교육비와 입시위주교육 때문에 온 나라가 교육전쟁을 치르고 있는 것도 사실이다. 좌절도 클 것으로 생각된다. 그러나 이러한 교육현실을 탈피하기 전에 진정한 자식사랑이 무엇인지 생각할 일이다. 양부모의 가정에서 화목하게 성장하는 자녀만큼 장래가 보장되는 자녀는 없다. 잘하는 아이는 아무리 척박한 교육환경 속에 던져도 훌륭한 사람으로 성장할 수 있고 잘하지 못하는 아이는 선진국 아니라 어떤 첨단교육을 시켜도 큰 변화가 없을 수도 있기 때문이다. 최우선은 부모의 따뜻한 사랑과 참다운 교육인 것이다. 아동기에 적합한 교육환경 속에서 인간의 냄새를 맡으며 성장해야 하기 때문이다.

정히 유학을 보내려면 대학이나 대학원 수준에서도 충분하다. 영어습득을 조기에 하는 것도 좋지만 영어권 나라에 가지 않고도 얼마든지 유창한 영어를 구사할 수 있는 길이 많기 때문에 교육적으로 바람직하지 않은 조기유학을 고집할 일이 아니다. 사교육비 때문이라 하지만 한국 부모들이 가는 곳마다 한국형 과외를 만드는 장본인들이 바로 학부모 자신들이라는 것도 깊이 생각할 일이다. 고교에서 미국대학 진학을 위한 SAT반 편성이나 너도나도 묻지마 유학을 떠나는 풍조는 이제 자제되어야 하고 부족하지만 우리교육을 함께 살리려는 노력부터 해야 할 것이다. 연 2조에서 5조로 추산되는 유학비의 절반정도만 이 나라 교육정상화에 쓰인다면 지금보다 훨씬 나은 교육도 가능할 것이고, 무분별한 유학을 통한 새로운 형태의 두뇌유출은 국가경쟁력을 저해하는 요인이 되기 때문이다.

한국대학의 미래전망*

지식정보화 사회의 확산에 따라 대학환경에 급격한 변화가 일고 있다. 지식양의 폭증과 지식생명주기의 단축, 지식전달체계의 변화 등이 대학교육의 기능과 역할에 대한 새로운 패러다임을 요구하고 있는 것이다. 그 동안 우리나라 대학들은 공급자 위주의 대학관에 젖어 캠퍼스중심 상아탑적 사고를 우선해 왔다.

그러나 한국대학들의 미래상도 이러한 급격한 지식정보환경의 변화에 따라 대학 패러다임의 전환이 예견된다. 한 마디로 '캠퍼스 없는 대학', '책 없는 도서관', 그리고 '교수 없는 강의실'로 불릴 수 있는 「3無大學」이 확산될 것이고 학생이나 교수의 특성변화에 따라 교과과정 내용도 현장에 즉시 활용되고 취업할 수 있는 '적시성 교육'과 실용중심 학문영역이 강화될 것으로 예견된다.

첫째, 캠퍼스 중심사고에서 탈캠퍼스 혹은 다캠퍼스 체제로 변화가 이루어질 것이다. 종래의 한 캠퍼스 개념이 바뀌어 '멀티캠퍼스'와 '메가캠퍼스'로 전환되는 '메가버시티(mega-versity)' 개념으로 바뀌게 된다. 이렇게 되면 고등교육이 특정지역의 개념을 뛰어넘게 되고 언제 어디서나 어느 대학의 교육내용이든 스스로 학습하게 되는 경향이 높아지게 된다. 특히 대학이 위치하고 있는 지역형 대학관이 변화되어 지역성을 탈피할 것으로 예견된다.

---

*이 글은 2003년 10월 「서울경제」 칼럼 내용이다.

둘째, 학생 수의 감소와 대학특성화 요구 등 교육수요의 변화는 수요자중심특성을 강화하게 되어 소위 학생고객시대가 도래하게 된다. 학생 수 감소에 따라 학생이 부족하게 되어 학생이 원하는 대학을 선택하게 됨으로써 학생들의 교육욕구를 충족시키는 대학체제로 변화되게 된다. 물론 문을 닫는 대학도 발생하게 되고 학생의 특성도 시간제학생, 성인학습자, 여학생, 외국학생 등이 증가하는 등 대학문화전반에 변화를 가져올 것이다.

셋째, 정보화의 확대에 따라 사이버교육시스템이 증가하고 재택학습과 자기주도적 학습이 국내외적으로 일반화되게 되어 반드시 대학캠퍼스에 전통적 대학교육을 받지 않아도 되는 길이 다양하게 열릴 것이다. 학습방법이나 교육내용도 주문형 학습이나 패키지 프로그램 그리고 자격증 중심교육이 많아질 것이다.

넷째, 21세기는 국내외적으로 교육이동의 세기이다. 유학이 증가하고 국내외 대학 간 협력체제가 강화되어 대학 간 공동프로그램이나 교류프로그램이 보편화될 것이다. 강좌도 영어 등 외국어를 사용하는 강의가 늘고 교육과정, 학제 그리고 자격증과 교육의 질에 있어서도 국제적 수준을 요구받게 될 것이다. 이러한 변화들을 감안해 볼 때 우리나라 대학의 미래전망은 상당한 변화가 예견된다. 우선 학제의 변화가 이루어져 국제적 표준에 맞게 다양화될 것으로 보인다. 법학전문대학원, 의학전문대학원 등 5년-8년제 특수전문대학원이 확대되고 자격증이나 교과과정, 언어 등도 국제적 요구를 외면할 수 없을 것이다. 또한 2년제와 4년제의 합병(M&A)에서부터 다양한 학제가 생길 것으로 보인다. 물론 외국대학의 분교, 사이버

대학, 국내와 외국대학의 공동학위, 공동설립 등도 예견된다.

다음으로는 학생 수 감소에 따라 폐교되는 고등교육기관도 발생하고 합병하거나 연합하는 연합대학체제가 등장하고 국공립대학의 획기적 개편, 사립대학들과 국립대학과의 역할분담도 이루어질 것이다. 또한 지방대와 수도권대학의 연합체제 등 다양한 조합이 이루어질 것이다.

이와 함께 대학원교육이 강화되어 특수목적대학원과 기초학문중심 대학원 그리고 자격증중심 대학원 등으로 다양화될 것이다. 이 점에서 향후 20여 년은 대학의 대전환기로 볼 수 있다.

중국과 일본 대학의 개혁*

우리나라 교육이 위기라는 점은 어제 오늘의 일이 아니다. 대학교육이 기업인들을 대상으로 기업의 요구에 부합하는지를 묻는 스위스의 국제경영연구소(IMD)의 올해 대학경쟁력 부문에서 59위를 기록하고 있는 것도 우리나라 교육이 위기라는 것을 알 수 있는 한 예이다. 교육전체 시스템 면에서 21세기가 추구하고 있는 창의적 사고, 국제적 감각, 기초실력과 정보응용능력을 표방하는 '신3R' 체제와는 거리가 멀다는 것이다. 소위 21세기의 정보홍수시대에서 유용한 지식을 선별하는 능력을 배양하고 확고한 자기 정체성을 확립하여 세계적 시민으로 손색이 없는 신념과 태도를 형성하는 일이라든지 이를 기반으로 하여 올바른 실천을 하는 교육에는 부족한 점이 많다는 것이다.

특히 우리나라 대학교육은 학사운영의 불균형, 학생급감, 재정구조의 취약, 기초학력 등 교육의 질 저하, 그리고 이공계 기피현상과 국제경쟁력의 부족 등 5대 위기를 맞고 있어서 더욱 그러하다. 이러한 때 대학의 위기를 극복하려는 주변국의 개혁사례가 우리에게 주는 교훈이 크다 하겠다. 이웃 중국과 일본이 우리나라와 다소 차이가 있으나 유사한 위기요인들을 가지고 있다는 점에서도 더욱 그러하다.

---

*이 글은 2004년 5월「문화일보」포럼 칼럼 원고이다.

우선 일본 몇 개 대학의 예를 보면 히로시마대학에는 세계 각 나라에서 수집된 2만 여 마리의 개구리를 연구하는 '개구리 연구소'가 있다. 개구리에 관한 한 세계적 권위를 유지하고 있고 생태계, DNA, 신약, 그리고 환경연구를 위한 특성화의 일환이다. 이와 함께 특성화된 일본제일의 고등교육연구소가 운영되고 있고 외국어, 예술, 철학 등 교양교육을 강조함으로써 현대적 교양인 양성을 하는 특성화대학이 있다. 사람을 만들지 않으면 21세기의 유용한 인력이 될 수 없다는 철학에서이다. 우리나라 5대 기업이 요구하는 인재상도 인간을 만들어 달라는 것인데 이런 사회적 욕구와 부합된다. 와세다대학에는 평화연구소가 있어 실시간대로 세계정세를 즉시 분석하여 정책의 기본 자료로 삼고 있다. 이뿐만 아니라 국제화를 통한 세계적 대학의 위상을 강화하기 위해 교과과정을 대폭 손질하여 아·태지역고등교육협력기구(UMAP) 산하 6,000여 개 대학을 상대로 학점상호인정을 확대하고 있다. 또한 게이오대학 후지사와 캠퍼스는 소위 온 대학이 정보화시스템된 지능형 대학으로 이루어져 있고 산학연연구를 위해 각 기업에서 출연한 기금으로 '연구콤팩트'를 운영하여 특성화를 추구하고 있다. 이렇듯 개별대학의 특성화를 중심으로 대학 간의 협력체계나 국제 간 협력체계 또는 국립대학 간 합병이 이루어지고 있는 것이다. 일본 대학들의 개혁은 특성화를 기반으로 하는 구조조정전략이라는 점을 이해할 수 있다.

중국은 한발 더 앞서가고 있다. 10년 전인 1994년에 소위 100개 대학을 세계 백위권 대학으로 육성하겠다는 '211 프로젝트'를 시행하여 우리나라의 지역혁신사업(NURI)과 같은 지역기반형 세계대학을 육성한 후 근래 36개 대학을 다시 세계 톱수준대학으로 육성하기 위한 '985 프로젝트'를 시행해 성공을 거두고 있다. 칭화대학이나 북경대학 등 6개 대학은 이미 세계 우수대학군에 진입하고 있다. 칭화대학의 예를 하나 들어보면 첨단분야를 중심으로 소위 학교기업 34개를 운영하여 연간 매출을 2조 4천억 정도 창출하고 있다. 이러한 예는 미국의 스탠포드나 MIT, 그리고 유럽의 수익형 대학모델과 유사한 것이다. 물론 중국대학들도 과감한 합병 등의 구조조정을 통해 경쟁력을 높이고 있다는 점에서는 일본과 유사하다. 선택과 집중정책을 기조로 자율성을 대폭 확대해가면서 지역균형발전을 모색하고 있는 것이다. 1,340여 개 대학과 4,600만 대학졸업생, 150만 외국유학생을 가진 중국의 저력에다 대학특성화를 기반으로 하는 지역균형발전과 산학협력형 연구를 강화하기 위한 구조조정은 눈여겨볼 필요가 있다.

이들 두 나라의 공통점은 개별대학 특성화를 전제로 한 구조조정 노력과 분권화와 자율화이다. 일본 교토대학의 전략처럼 「동경대학이 서쪽으로 가면 우리는 동쪽으로 가는 것」이 노벨상 수상자를 네 명이나 배출한 비결 중의 하나였듯 개별대학의 특성화를 전제로 우리나라 대학개혁의 큰 틀을 잡아야 할 것이다.

셰익스피어, 아인슈타인 그리고 빌게이츠*

오늘의 대학생들은 21세기를 이끌어갈 주인공들이다. 우리 대학생들이 미래사회에 능동적으로 대응하고 세계 속에서 경쟁력을 갖춘 세계시민으로 성장하기 위해서는 시대에 걸맞은 교육내용과 방법이 요구된다. 이를 위해서는 무엇보다 우리나라 대학의 교육이념과 목표를 재정립할 필요가 있다.

역사적으로 볼 때 대학은 중세 이후 현대에 이르기까지 시대적 환경변화에 따라 그에 알맞은 사회적 역할을 담당해왔고 본질적 기능면에서도 변화되어 왔다. 중세에는 신학, 의학, 법학을 중심으로 한 전문적 교육의 기능을 수행하면서 엘리트 양성의 사회적 역할을 수행해왔고 산업사회에서는 사회에서 필요한 인재의 양성을 강조해왔다.

현재와 같은 지식정보화 사회에서는 창의적 지식기반형 인재양성이 강조되고 있다. 그러나 이러한 사회적 역할에 따른 본질적 기능의 변화에도 불구하고 우리나라 대학들은 국공립대학과 사립대학 간 기능분화의 측면에서나 설립목적과 이념에 따른 개별대학차원의 특성화 측면에서도 지나치게 획일화되어 있다. 한동안은 거의 모든 대학들이 연구중심대학의 이상을 추구하다가 이제는 너도나도 취업중심형 실용주의 학풍을 강조하고 있다. 우리나라 대학들이

*이 글은 2004년 7월 「대학교육지」에 기고한 시론이다.

현재의 모습대로 간다면 셰익스피어와 같은 대문호도, 아인슈타인 같은 위대한 과학자도, 창의적 지식정보화사회의 주역인 빌게이츠 같은 인재도 배양하기 힘들어질 수 있다. 우리나라 359개 고등교육기관들이 각기 다른 모습으로 특성화되고 다른 모습의 역할수행을 한다면 인문사회나 이공계 간의 기초학문과 응용학문 간의 조화도 어느 정도 가능할 것이고 학문 간 균형발전이나 비교우위의 특성화에 의한 경쟁력도 신장될 것으로 보인다.

지금은 우리 대학들이 학생부족과 취약한 재정 등으로 어려움을 겪고 있어서 안팎으로 구조조정의 요구를 받고 있다. 구조조정의 핵심은 특성화이고 특성화는 「선택과 집중」에 의한 무조건적인 재정확보를 추구하는 경쟁, 경제 원리에서만 나올 수 있는 것이 아니라 긴 안목에서의 대학이념과 목표를 재정립하는 지혜를 통해서도 가능한 일이다.

셰익스피어 같은 문호를 배출하려는 인문사회과학중심의 대학은 19세기 대학에서의 이상만은 아니며 21세기에서도 추구해야할 대학상의 하나이다. 비록 취업 면에서 사회적 수요가 부족하다 하더라도 폭넓은 인문사회과학의 습득 없이는 21세기가 필요로 하는 유능한 인재가 되는 데 한계가 있을 수밖에 없다. 더구나 대학이 학문의 전당이고 고급인력의 양성기관이라고 한다면 전공영역이 무엇이든 간에 폭넓은 교양교육은 필수적인 과정인 것이다.

우리나라 대학의 지난 50년을 살펴보았을 때 양적인 팽창은 놀랄만한 수준이어서 '대학보편교육'의 단계로 진입하였지만 내실면에서는 아직도 미흡한 부분이 많다. 이러한 양적 팽창의 과정에서 외형 키우기에 급급한 나머지 대학의 설립이념과 추구하는 교육목표에 따라 특성화나 기능별 역할분화가 이루어지지 못한 채 백화점식 교육을 탈피하지 못해왔다.

21세기의 시대적 변화는 모든 국가로 하여금 교육의 새로운 패러다임을 요구하고 있으며 21세기 지식기반 사회를 대비한 국가발전 전략의 큰 틀 또한 사회와 국가전체의 구도 속에서 교육체제의 경쟁력 제고가 최우선의 개혁과제가 되고 있음은 이론의 여지가 없다.

미국 등 선진국의 예를 보더라도 지식기반 사회에 효율적으로 기능하는 지식의 웹(knowledge web)구축을 위한 교육시스템을 위해 온 정열을 쏟고 있으며, 영국, 독일, 프랑스, 일본, 그리고 중국 등도 대학교육의 질 관리를 강화하는 등 대학개혁을 집중적으로 추진하고 있다. 이들 국가들은 질 관리 강화의 일환으로 대학 간의 기능분화와 특성화를 추구하는 전략을 강조하고 있다. 특성화와 기능분화는 지역이나 국가 전체적 차원에서는 비교우위 전공영역 간 역할분담이며 개별대학차원에서는 질 높은 경쟁체제와 관련된 것이다. 따라서 우리나라를 포함한 세계 각국들은 지식기반 사회에 대비한 전략과 문제점들을 중심으로 지식기반 사회구축을 위한 해답을 찾고 있으며 그 해답의 하나가 효율적이고 경쟁력 있는 교육체제를 구축하는 데 있다는 점을 인식할 필요가 있다.

이 때 가장 중요한 질문이 '어떤 교육을 누구에게 언제 어떻게 시킬 것인가'를 고민하는 일이다. 이 질문에 대한 첫 번째 답은 '대학교육의 목표와 이념을 어떻게 설정할 것인가'와 관련된다. 외형적 크기와 하드웨어적 인프라 그리고 재정의 풍요로움도 매우 중요하지만 '어떤 대상을 무엇 때문에 어떻게 교육시킬 것인가'에 대한 명확한 그림이 무엇보다 더 중요한 것이다.

근자에 대학구조조정이라는 용어가 일반화되고 대학 파산론까지 등장하는 것도 이러한 고등교육환경변화에 대응하기 위한 자구책과 무관치 않다. 흔히 21세기 대학을 지칭하여 '잠재적 위기대학(risk university)'으로 부르는 것도 현재 대학들이 직면하고 있는 운영상의 위험요소가 많다는 것을 반증하는 결과로 보인다.

위기는 곧 기회이다. 그러므로 우리 대학들도 이제 위기와 동시에 기회를 맞고 있는 것이다. 이를 위해서는 몇 가지 획기적인 개혁이 요구된다. 우선 정부는 세계 여러 나라가 그러하듯 대학경쟁력이 곧 국가경쟁력이라는 관점에서 획기적인 재정지원을 해야 한다. 그리고 재정적 바탕 위에 전적인 자율을 부여해야 한다. 그리고 지역 간 균형발전 못지않게 학문 간 균형발전을 위해 노력해야 한다. 사회적 수요가 부족한 분야라 할지라도 국가가 적극 육성해야 한다. 우리의 역사와 문화, 철학과 가치 속에는 셰익스피어를 배출해낼 수 있는 충분한 소재와 기반이 마련되어 있다. 다만 셰익스피어가 배출될 수 있는 교육적 여건을 마련하는 일이 필요하다. 그것은 곧 인문사회과학에 대한 투자와 애정이 그 전제조건의 하나이다. 우리나라 대학 중 몇 개 대학은 사이버공간 속에서도 컴퓨터관련 부가가치 못지않은 문학의 고향, 마음의 고향, 인문사회학의 고향이 될 수 있는 대학으로 육성해 과학기술과 인문사회과학을 접목할 수 있는 대학기능분화가 필요하다.

두 번째로는 대학의 교육시스템을 획기적으로 바꾸어야 한다.

‘가르치는 대학교육’에서 ‘연구하고 학습하는 대학교육’체제로 전환하여야 한다. 이를 위해서는 이 시대의 환경변화에 맞게 획기적인 ‘교수개발센터’, ‘학습지원센터’, ‘학습개발센터’ 등을 기반으로 하는 학습지원체계가 강화되어야 한다. 암기형 대학교육에서 고민하며 문제해결을 하려는 대학교육이 될 때 아인슈타인 같은 보물도 발굴해낼 수 있기 때문이다.

세 번째로는 공급자 위주의 대학교육체제를 교육서비스체제로 탈바꿈시켜야 한다. 대학교육의 궁극적 목적 중의 하나는 사람을 만드는 일이다. 즉 「3人 기능」(인간 배양, 인력배출, 인재양성)에 목적이 있다. 이 시대는 국내외 사회와 산업체에서 필요한 주문형 인재의 시대이다. 이러한 사회적 요구에 부응하는 인간다운 쓸모 있는 인재양성을 위해서는 경직된 공급자 편의의 대학교육체제로의 한계가 있을 수밖에 없다. 과감히 ‘교육서비스’ 개념으로 체제를 바꾸어 다양화, 다원화, 다국화, 다문화, 다언어, 다인종, 다목적 등 「7多 체제」로 전환해야 한다. 한마디로 열린 체제로 전환해야 한다. 이럴 때 실용적인 빌게이츠 같은 인물배출이 가능할 것이기 때문이다.

우리나라의 대학경쟁력은 이념과 목적면에서 뿐만 아니라 총체적 시스템면에서 셰익스피어, 아인슈타인, 빌게이츠의 3중주가 연주될 때 내실 있는 대학교육이 될 수 있을 것이다.

한국대학 이대로 안 된다*

21세기는 고등교육의 성패여부가 국제경쟁력의 관건이라는 점에서 「대학의 세기」이지만 급격한 대학교육 환경변화 때문에 「위기의 대학세기」이기도 하다.

우리나라 대학교육은 양적으로는 세계에서 결코 뒤떨어지지 않는 실정이지만 질적인 측면과 교육 여건 그리고 지표면에서 열악하다는 것을 쉽게 부인할 수 없는 실정이다.

외국대학의 교육 여건과 비교해 볼 때 대학교육 환경 지표는 열악하기 그지없다. 대학교육 예산은 GDP 대비 0.43%로서 미국의 2.7%, 일본 1.1%에 비해 매우 열악하고 국가교육예산 중 고등교육 예산규모의 경우도 14%에 불과하다(2004년 기준).

물론 우리나라 사교육비까지 합하면 결코 적은 편이 아니라는 주장도 있으나 이러한 주장은 제도적 교육을 논할 때 의미가 없는 주장이다. 따라서 우리나라의 대학 현실은 선진국 수준과 비교해 볼 때 도저히 경쟁을 할 수 없는 형편이다. 2004년 스위스 국제경영연구소(IMD)에서도 우리나라 대학경쟁력을 60개국 중 59위로 최하위라 평가하고 있으며 세계 속의 한국 대학의 위치는 올해 영국의 '더 타임즈'가 우리나라 서울대학교를 119위로 순위를 부여하는 것만 보아도 잘 알 수 있다. 대학교육의 기본여건 중 가장 중요한

---

*이 글은 2004년 11월 「주간조선」 칼럼에 기고한 글이다.

교수대 학생 비율의 경우도 4년제 전국 평균이 33.7 : 1명으로서 주요 선진국의 경우와 비교해 보면 약 2-3배 정도로 열악한 편이다. 교수들의 연구 실적을 볼 때에도 2004년 현재 교수 1인당 연간 논문 편수는 1.93편이고 저서 수는 0.18편에 불과하다.

물론 학생들의 독서량도 선진국의 1/4정도이고 과제와 수업량도 60% 정도에 불과하다. 물론 계량적 지표나 여건만으로 우리나라 대학교육 수준을 결정하고 비교하는 것은 바람직하지 않다는 견해도 있다. 그러나 기본적인 대학교육 여건과 풍토를 갖추지 않은 상태에서 질 좋은 대학교육과 국제경쟁력을 갖춘 대학을 육성한다는 것은 쉽지 않을 것이다.

더구나 학생 수의 감소에 따라 최근 대부분의 지방 대학들은 정원을 채우지 못하는 등 대위기를 맞고 있고 이공계 부실현상과 함께 대학원 교육마저 부실화가 확대 되어가고 있어 대학전체의 위기현상이 심화되고 있는 게 현실이다.

따라서 국제적으로 경쟁력 있는 고등교육을 구현하기 위해서는 현실적으로 교육의 여건과 환경을 개선하기 위한 재정확보는 말할 것도 없고, 교육풍토의 차원에서 열심히 가르치고 공부하는 대학으로 거듭나야 한다. 특히 대학의 위치가 어디에 있던 수능성적에 의한 서열이 아니라 대학에서 공부하고 쌓은 지식을 정당하게 평가받을 수 있어야 한다. 그리고 대학의 교육경쟁도 어떻게 학생들을 잘 가르쳐 부가가치를 창출하고 인성을 갖춘 창의성 있는 「전문 세계인」으로 키우느냐에 관심을 쏟는 풍토여야 한다.

우리나라 고등교육의 국제경쟁력 제고를 위해서는 무엇보다 통폐합 등을 통한 과감한 대학 시스템의 전면적인 개편이 필요하다. 이를 통해 국공립과 사립, 수도권과 비수도권, 그리고 연구지향형 대학과 교육지향형 대학 등으로 특성화하고 역할재편을 해야 한다. 이와 함께 대학의 학습풍토의 대전환이 필요하다. 이를 위해서는 대학이 곧 학습망(learning net)과 연구컴플렉스로 전환되어야 한다. 그리고 대학이 열린 체제로 운영전략 변환을 하여 산학연협력프로그램 등 산업체에서 곧 활용할 수 있는 적시성교육체제로 바뀌어야 한다. 이와 함께 과감한 국제화 체제로의 전환이 요구된다. 이와 함께 우리나라 정체성을 바탕으로 국제적으로 질이 담보될 수 있고 호환이 가능한 「국제화형 대학」으로의 전략도 필요하다. 물론 정부에서는 대학에 대한 과감한 재정투자 의지를 보여야 한다.

OECD 국가에서는 지난 40년간 부존자원 하나 없는 나라에서 세계 12위권의 경제대국으로 부상한 이유는 교육의 위대한 힘이라고 설명하며 우리나라를 「교육기적의 나라」라고 부러워하고 있다. 이제라도 늦지 않다. 대학을 깨우고 격려할 때 국제경쟁력은 배가 될 수 있다. 이제 적어도 7-8개 정도의 세계 100위권 대학을 육성하여야 할 때이다.

진학을 앞둔 고3학생들에게*

대학입시에 모든 교육활동이 집중된 현실 속에서 어떻게 보면 가장 고통스러운 당사자들이 학생들이고 그 중에서도 '고3학생'이라 할 수 있다. 대학입시의 성공과 실패는 인생의 성공과 실패와 직결된다고 보는 잘못된 생각이 '고3학생'을 시험 준비를 위한 입시 인간으로 만들고 있는 것이다. 그러나 긴 안목에서 볼 때 대학입시가 인생의 모든 것을 결정하는 것도 아니고 입시가 삶의 전부일 수도 없다.

오히려 대학 진학은 새로운 출발일 뿐이다. 따라서 시험을 앞둔 고3학생에게 가장 중요한 일은 왜 대학에 진학해야 하는가를 진지하게 고민하는 일이라 생각된다.

대학에 합격하는 데만 집착한 나머지 정작 대학 입학 후에는 헛되이 방황하는 사람들이 너무 많은데 이렇게 4년을 낭비하지 않기 위해서는 무엇보다 대학 진학의 목적에 대해 진지하게 고민해야 한다.

대학은 자기도전의 시기이며 자신의 가능성을 발견하는 시기이다. 또한 '꿈'을 키우면서 미래에 도전하는 '끼'를 배양하는 시기이다. 이와 더불어 자신을 돌아보고 사색하며 사고의 폭을 넓히는 시기이고 자기만의 멋과 맛을 키우는 시기이다.

인류에 업적을 남긴 많은 사람들의 경우도 대학생활에서 자신의

---

*이 글은 2004년 11월「새전북신문」칼럼에 기고한 글이다.

가능성을 발견하여 일생동안 꾸준히 노력한 분들이 많다. 이들은 거의 모두 대학에 진학한 목표가 분명한 사람들이었다.

세계가 하나의 정보탱크로 변화되어 정보네트워크와 정보문화가 확대되고 창의적 지식이 그 무엇보다도 중요시 되는 창조적 지식기반사회(knowledge based society)가 될 것이다.

따라서 시대에 맞는 전문성, 국제성, 창의성, 도덕성 그리고 주체성 등이 요구된다.

이러한 시대적 요구에 맞게 어느 대학에서 어떠한 전공을 선택하여 수학하느냐는 개인적 차원에서 뿐만 아니라 사회·국가적 차원에서도 매우 중요한 선택이라 할 수 있다.

무엇보다 대학 선택을 위한 지혜로운 첫걸음은 자기 자신에 대한 냉정한 관찰에서부터 출발해야 한다.

개인의 경제적 여건 그리고 개인의 흥미와 적성 등을 고려해서 대학에 진학할 것인지 아닌지를 심사숙고해야 한다. 이렇게 대학진학에 대한 뚜렷한 목표를 확인한 다음에는 구체적으로 준비를 해야만 한다. 진학하고자 하는 후보대학군을 설정해서 대학에 관련된 내용을 충분히 검토하고 선택을 하도록 하여야 한다.

대학의 종류, 대학에 대한 정보를 습득한 후에는 구체적으로 입시전략단계를 설정할 필요가 있다. 입시와 관련하여 성적, 취미, 특기, 자격, 경험 그리고 수능준비 등에 대해 생각할 것들을 설정하여 신중하게 정리해야 한다. 특히 진학에 있어 학교선택도 중요하지만 학과선택에 신중을 기해야 한다.

대학학과 선택은 삶을 사는 과정에서 가장 중요한 결정의 하나이기 때문이며 직업선택과 자신의 삶과 밀접한 연관이 있기 때문이다.

일반적으로 21세기는 일과 학업 그리고 휴식의 구분이 없는 융합적 사회(blended society)가 되고 컴퓨터를 수단으로 사회가 움직이는 사이버 사회이며 국경이 없는 초국적 사회의 특징을 지닌다.

이 점에서 대학과 전공 선택은 적어도 10년 앞은 내다보고 결정해야 하며 지금과 같은 기술변화를 감안할 때 현재의 인기직종이 21세기에도 인기직종이 된다는 단순한 생각은 바람직하지 않다.

시험을 앞둔 수험생들은 대학보다 전공을 중시해야 하고 학위보다는 자아실현을 중요시 여기는 지혜를 기를 필요가 있다. 그리고 특정대학에 합격하는 것보다 중요한 일도 많다는 것을 염두에 둘 필요가 있다.

수능부정과 국민의 아픔*

수능부정 사태로 국민의 고민이 깊어가고 있다. 물론 광주의 아픔은 더욱 크리라고 짐작된다. 그러나 과연 누가 이들에게 돌을 던질 수 있겠는가? 이번 수능부정사건은 있어서는 안 될 일임에는 틀림이 없지만 왜곡된 교육문화와 학벌주의, 사회전반에 만연된 수단방법을 가리지 않은 결과지상주의, 도덕성의 상실 그리고 입시만능주의 구조가 갖는 한 단면이라는 점에서 우리 국민 모두가 직·간접 책임이 있다.

이런 현실 속에서는 학부모나 교사, 학생들 모두 다 점수에 매달리는 교육으로부터 자유로울 수 없다. 더구나 정부나 교사의 의지 외 사명감만 가지고 해결할 수 있는 문제도 아니다.

우리 교육은 소위 5과 현상이라 할 수 있는 '과열 교육', '과잉 교육', '과잉경쟁 교육', '과잉보호 교육' 그리고 '과소비 교육'으로 지칭될 수 있을 정도로 사회병리적 구조 속에 있다. 이러한 왜곡된 교육 문화 속에서 유치원부터 12년여 동안 공부한 것을 하루에 결판내는 수능시험은 수험생이나 학부모들에게는 절박한 일인 것이다. 더구나 수능점수 1-2점에 거의 모든 것을 걸다시피 하는 상황 속에서는 수능 부정에 대한 유혹은 컸으리라 짐작된다. 따라서 이번 수능부정 사태는 우리 국민들에게 상대적으로 신뢰로운 전형요소로 인식되어온 수능자체에 대한 불신의 골을 깊게 만든 것이다.

*이 글은 2004년 11월 「동아일보」에 기고한 글이다.

이번 수능부정에 대한 철저한 규명과 방지대책은 필요하다. 그러나 그것만으로는 해법이 될 수 없다. 수능체제를 비롯하여 우리 교육문화를 제자리로 돌리는 시점이 왔다고 생각된다. 정부에서 2008년에 수능을 9등급화하여 입시에서 비중을 낮추고 고교교육을 정상화하기 위해 내신의 신뢰도를 높이는 방안을 내놓은 상태이지만 이제는 그 이상의 방안이 필요하다. 더 이상 덕지덕지 때움질하는 정책이나 대안으로는 안 된다. 우리나라 교육문화와 교육체제의 재정비 없이는 이번 수능부정과 같은 일은 언제든지 재발할 수 있는 잠재가능성을 안고 있다. 현재의 교육체제와 부모의 대리만족을 위한 「한풀이」교육 그리고 일류지상주의적 학벌구조로는 안 된다.

무엇보다 수능을 현 체제로 유지해 나갈 것인지를 유지한다면 자격고사화 할 것인지 아니면 수학능력만을 측정하는 시험으로 자리매김할 것인지를 명확히 해야 한다.

자격고사화한다면 난이도와 변별력을 낮춰 고교교육을 정상적으로 받은 학생은 합격할 수 있도록 해야 할 것이고 대학선발의 기제로 활용할 생각이면 변별력을 높여 학력차와 개인차를 가려낼 수 있도록 해야 할 것이다. 그리고 비행기 이착륙까지 조절하면서 한 날에 모든 것을 걸고 모든 학생들이 정부주도로 시험을 치르도록 하는 길만이 유일한 방법인지도 생각할 때이다.

그리고 점수만이 아니라 창의력, 문제해결능력, 특기, 리더십, 봉사 등 다양한 잠재능력을 갖춘 학생이 우수학생으로 존중되는 교육체제로 전환하는 계기를 마련해야 한다. '선발경쟁'에서 '교육경쟁'으로 전환하여 학벌주의 사회에서 능력주의 사회로 대전환해야 한다. 대학도 성적우수학생을 선발하는 데만 급급할 것이 아니라 획기적인 구조조정을 통해 다양한 학생을 유치해서 교육을 더 잘 시키도록 노력해야 한다. 초·중·고등학교도 입시에 온갖 교육력을 쏟을 일이 아니라 교과과정을 획기적으로 바꿔 인간성과 창의력을 갖춘 학생을 기르는 교육에 치중해야 할 것이다.

또한 우리나라 대학입시개혁의 논리가 교육적 논리라기보다는 정치적 논리에 치우친 면이 없지 않았는지, 「선발위주의 사고」에 지나치게 집착해 수학적격자 판별의 기능과 교육정상화에 기여하는 기능 둘 다 제대로 감안하지 못하지는 않았는지, 그리고 대학입시의 전형자료와 절차와 시기 등이 지나치게 획일화되지는 않았는지를 반성하여야 할 때이다.

이제 더 이상 입시제도의 노출된 문제점을 급히 보완하려는 의도에서 여론에 떠밀려 개혁이 이루어져서도 안 된다.

이번 수능부정사건의 잘잘못에만 관심을 둘 게 아니라 이를 교육전반의 시스템개혁을 하는 계기로 삼아야 한다.

이제 정부도 입시에서 손을 뗄 때가 되었고 학부모들도 우리 자녀들을 희생양으로 만드는 일을 그만둘 때다.

OECD 국가들은 우리를 「교육기적의 나라」로 부르면서 부존자원도 없는 국민소득 70불의 한국이 세계 12위의 경제대국으로 부상한 것은 교육 때문이라고 부러워하고 있다. 이번을 계기로 진정한 교육기적의 나라로 대전환하는 계기를 삼아야 한다.

한국 교육의 두 모습*

2005학년도 대학수능 발표결과 1등급 학생이 많게는 17%나 되고 사회탐구 일부과목은 만점이 쏟아져 나왔다.

예년과 다름없이 고3 교실이 진학지도에 고민이 많을 듯하다. 이렇듯 우리는 다른 나라와 달리 점수문화에 민감함 나라이다. 이러한 한국교육이 요즘 세계에서 찬사를 받는가 하면 한편으로는 경쟁력이 없다는 평가를 받는 이중적인 모습으로 비춰지고 있다. OECD가 발표한 만 15세 학생을 대상으로 학업성취도를 국제 비교한 학력 평가에서 창의성과 관련된 문제해결능력을 비롯해 세계 종합 2위에 오르는가 하면 스위스 국제경영연구소(IMD)의 대학경쟁력 평가에서는 60개국 중 59위에 머무는 모습을 보이고 있다. 이렇듯 만 15세 학생의 학업성취도는 세계 최고 수준인데 그 이후의 고교교육과 대학교육은 문제여서 이것이 우리 교육의 두 모습이다. 만 15세까지는 상대적으로 암기위주 주입식 교육이나 선행학습으로 해결할 수 있으나 그 이후의 교육시스템에 한계가 있다는 의미이다. 어떻든 사교육과 하향평준화, 그리고 창의성이 부족하다고 비판 받아온 초·중등교육이나마 수년 동안 상위를 유지하고 있어 다행스러운 일이라 생각된다.

대학경쟁력의 경우는 스위스 이외에도 금년 영국의 「더 타임즈」

---

*이 글은 2004년 12월 「문화일보」 칼럼에 기고한 글이다.

평가와 수년 전 「홍콩일간지」 평가 등에서도 우리나라 최고라는 대학도 119위이거나 아시아권 대학에서도 톱수준에 랭크되지 못했다. 우리나라 대학경쟁력이 세계수준과는 차이가 있다는 것은 부인하기 어려울 것 같다. 더구나 미국과학기술연구소에서 발표한 과학기술분야 논문인용색인(SCI) 분석결과 우리나라 교수의 논문 수는 18,635편으로 13위를 차지했지만 논문 질을 가늠하는 논문 한 편당 피인용 횟수는 0.22회로 49개 국 중 34위에 머물고 있어 질보다는 양에 치우치고 있는 것으로 나타났다.

이러한 결과는 우리나라 고등교육 예산이 선진국 주요대학 한 대학의 예산에 불과한 예산 규모이고 교수나 학생, 그리고 교직원들의 학습의욕과 연구의욕 등도 부족한 경쟁력 없는 시스템이 주요요인이라는 점을 부인할 수는 없다.

이제는 과감한 투자와 함께 대학구성원들의 획기적인 의식과 발상의 전환, 그리고 적극적인 국제화를 활성화하는 것이 하나의 대안일 수 있다. 이를 위해서는 교육개혁의 최우선 순위를 대학교육에 두어야 하고 대학교육의 경쟁력 제고를 통해 우리나라 교육의 문제점을 해결하는 노력을 해야 된다.

적극적 투자는 연구와 교육인프라 구축에 필수적이고 국제화는 이를 토대로 국제 경쟁력을 높이는 첩경이며 구성원들의 발상전환은 과감한 구조조정과 대학의 틀을 바꾸는 데 필수적 요건이기 때문이다.

예를 들어 이번에 대교협과 프랑스총장 회의 간에 체결된 한불대학 간 공동학위제 도입 등의 협약이 좋은 예이다. 교수, 학생, 연구원 교류와 우선입학제도 도입과 학비감면, 정기적인 총장회의 등을 통해 국제경쟁력을 제고할 수 있을 것이다. EU 국가 중 최초로 맺어진 이 협정을 계기로 미국 위주의 국제협력체계가 다원화되어 전 유럽 국가들에도 같은 조건으로 확대될 전망이다. 이렇게 국제화를 활성화하는 것은 대학의 연구력을 강화하는 첩경이 된다. 유럽 쪽의 대학들은 국책대학 형태로서 국가 경쟁력과 관련된 첨단과학이나 기초과학 등의 연구역량이 우수한 교수풀이 많다. EU블록 중심의 다국형 협력연구체계는 우리대학 교수들의 교육 연구력 향상에 한 본보기가 될 것이다. 우리나라 만 15세 학생들의 학력비교가 우위인 것은 내국적 관점에서의 노력만으로도 가능하지만 대학의 연구력 강화와 경쟁력은 국제적 틀을 감안하지 아니하면 한계가 있을 수밖에 없다. 이 점이 대학교육과 초·중등교육의 성취수준의 차이인 것이다. 이제 만 15세 이후의 교육시스템, 특히 대학교육시스템 개혁에 전력할 때이다. 이럴 때만 대학의 국제경쟁력은 세계수준이 될 수 있을 것이다.

총장직선제가 최선의 답은 아니다*

대학가의 총장직선과 관련된 구성원들 간의 갈등이 끊임없이 일고 있다. 그동안 교수가 중심이 되어 총장을 선출해왔으나 교직원과 학생들의 참여요구가 높아져 구성원 간에 갈등이 일고 있고 여전히 과열선거운동과 혼탁한 선거문화가 불식되지 못한 채 관할선거관리위원회가 총장선거를 관리하는 지경에 이르렀다.

1980년대 사회전반의 민주화 흐름에 따라 교수직선에 의한 총장후보 선출방식이 확대된 이후 20여 년이 경과한 지금도 본래의 취지와는 달리 여러 문제를 노정시키며 정착되지는 못하고 있다.

현행 고등교육법에는 총장의 선출은 대학구성원의 합의에 의하도록 되어 있지만 직선에 의한 총장 선출은 교수사회의 독립성을 확보하고 재단 견제 기능에 대한 공감대를 바탕으로 1980년대 말부터 많은 대학들이 이를 채택하였다. 그 결과 1990년대 중반에 이르러 국공립대학 대부분의 대학이, 사립대학은 절반 정도가 교수들에 의한 총장직선제를 받아들였다. 그러나 그 시행 과정에서 교수들 간의 파벌과 갈등, 대학구성원들 간의 반목·분열, 적임자 선출의 한계 노정과 논공행상식 보직임용 등 대학 발전에 저해가 되는 역기능적 문제가 야기되면서 총장직선제를 계속 시행할 것인지 여부에 대한 학내·외의 논란은 끊이지 않고 있는 실정이다.

---

*이 글은 2005년 1월 「중앙일보」 칼럼에 기고한 글이다.

미시건대학 총장을 역임한 J. Duderstadt는 “오늘날 대학의 활동은 전통적인 교육·연구·봉사의 역할뿐만 아니라 국민보건, 경제발전, 사회변혁 및 대학 간 스포츠 경기에 이르기까지 매우 다양한 역할을 수행하고 있기 때문에, 「Fortune」지의 500대 기업 CEO와 유사한 경영을 하고 있다.”고 말한 바 있다. 따라서 급격한 대학환경변화에 대처할 수 있고 위기를 극복하기 위한 총장의 변혁지향적 리더십이 필요하고, ‘우수한 대학’으로 발전시키기 위한 지혜와 노력이 필요한 시기이다.

현대 대학의 총장은 단순관리자가 아닌, 지식인 사회의 상징, 개혁자, 그리고 대학교육의 조망자로서 행정능력, 경영의 전문성, 학문적 탁월성, 경륜을 펼치는 지도성 등을 겸비한 다기능적 역할기대를 가지고 있다. 따라서 이러한 역할을 배가할 수 있도록 하는 총장선임제도가 마련되어야 하고, 대학내외 인사뿐만 아니라 외국의 석학들을 적극적으로 영입할 수 있는 제도적 장치가 필요하다.

실제로 많은 대학에서 총장은 교육과 연구에 필요한 막대한 교육 예산을 확보해야 하고 시대에 맞는 비전을 가지고 대학의 고유한 가치인 지식과 자유, 학문적 수월성 그리고 교육서비스의 핵심적 역할을 담당해야 한다.

그러므로 그 선임은 구성원들이 만족할 수 있고 협력할 수 있도록 합리적 절차를 통하여 이루어져야 하지만 모든 대학에서 총장직선제만이 대학의 자율성과 민주적 역량을 강화할 수 있다는 논리는 시대가 요구하는 대학총장자질을 제한할 수 있는 소지도 있고 개별대학이 지니고 있는 특수성을 외면하는 결과를 초래할 수 있다. 따라서 각 대학들이 나름대로 입지나 사정을 바탕으로 구성원들의 중지를 모아 합리적인 총장선출의 대안을 마련하는 것이 가장 바람직하다.

대학 총장 선출방식은 대학 내 정치의 문제가 아니라, 대학의 존립과 미래 지향적 비전을 가늠하게 하는 생명력의 문제이자 대학의 운영을 책임지고 대학구성원 전체를 대표하는 총장을 선출하는 장치이기 때문이다.

따라서 직선제만 고집할 것이 아니라 각 대학의 실정에 맞게 다양한 절차와 다양한 모형이 도입되어야 한다. 총장공모제를 비롯해서 총장추천위제 등 직선제와 간선제를 절충하는 방안도 하나의 대안이 될 것으로 본다.

물론 국립대학법인화가 도입되면 총장직선선출제도의 변화가 불가피하겠지만 그동안이라도 굳이 총장직선제만이 최선의 제도라는 생각을 버리고 개별대학의 제반 특성이 반영될 수 있는 다양한 총장선출 유형을 채택할 필요가 있다.

대학평가를 보는 눈*

대교협에서 2004년에 시행한 학문분야와 종합평가 등위발표가 있자 교육계 안팎에서 파장이 일고 있다. 최우수그룹이나 우수그룹에 속한 대학과 상대적으로 낮은 평가결과를 받은 대학 간에 희비가 엇갈리고 있고 대학평가의 신뢰도와 기준에 대한 의문에서부터 세칭 명문대학의 일부가 톱10에 들지 못하거나 하위권으로 랭크되는 것에 대한 논란마저 일고 있다. 그러나 대학교육협의회의 평가는 세계적으로도 연조가 오랜 평가의 하나이기도 하고 이미 일본을 비롯한 9개 국가에서 벤치마킹까지 하고 있다. 이점에서 볼 때 평가의 투명성, 공정성 측면에 대해서까지 회의적 반응을 하는 것은 지나친 측면도 없지 않다. 이제는 대학평가를 긍정적 눈으로 보아야 할 때이다.

종합평가의 경우는 1994년에 시행된 이후 2000년까지 7년 주기가 끝나 2001년부터 2006년까지 5년을 유효기간으로 하는 2주기 평가이다. 그 기간 중에 개별대학의 평가에 대비할 수 있는 능력과 준비정도에 따라 신청하는 연도가 다르다. 연대는 2003년에 평가를 받았고 서울대와 고대, 성대 등은 2005년에 평가를 받게 된다. 따라서 준비가 덜 된 대학은 5년을 준비하기도 하고 평소 준비가 잘 된 대학은 1-2년 준비에 그치기도 한다. 어떻든 중요한 것은 대교협

---

*이 글은 2005년 2월 「문화일보」 포럼 원고이다.

에서 대학서열화를 부추긴다는 등의 우려에도 불구하고 대학평가 결과를 등급화와 서열화했다는 것이다. 장기적으로 대학특성화와 선의의 경쟁 유도, 그리고 기존의 대학서열구조를 완화하여 대학의 질도 높이고 교육의 내실화를 기하기 위해서이다.

설령 기준에 대해 쟁점이 있다고 치더라도 이러한 취지가 더 중요하며 무엇이든 첫술에 배부를 수는 없는 일이다. 따라서 평가결과에 대해 일비일희할 것이 아니라 대학경쟁력을 제고하기 위한 중요한 계기로 삼는 일이 더욱 중요하다 생각된다.

우리대학은 지금 위기이다. 액면 그대로 받아들일 수는 없지만 세계의 평가에서도 드러나 있듯 우리최고의 대학이 119위에 불과한 실정이다. 대학 학생충원율만 보아도 2005년에 4년제 202개 대학 중 97개 대학이 3만 6천여 명에 달하는 학생을 추가 모집해야 하고 정원 20% 정도 밖에 채우지 못한 대학도 6개나 된다. 이렇게 학생 부족 때문에 어려움을 겪고 있을 뿐만 아니라 외국대학들과도 경쟁을 해야 하는 절박한 시점에 있다. 이제는 이름만으로 일류대학의 지위와 대우를 받을 수도 없고 종래의 일류라는 관념도 허용이 되지 않는다. 더구나 국내에서의 서열에만 안주할 때도 아니다. 대학의 노력과 투자에 따라 얼마든지 상위에 오를 수 있고 세계적 대학으로 부상할 수 있는 길이 열려있는 게 시대적 현실이다.

세계대학들도 21세기의 환경변화에 부응하기 위해 획기적인 구조조정을 하고 있다. 이웃 일본이나 중국의 경우는 물론 EU국가들과 미국 등도 소위 '전략적 대학', '수익형 대학', '초거대 대학(mega university)'의 개념 등을 도입하여 특성화와 전략화, 그리고 국제화를 위해 과감한 투자와 경쟁력 제고 노력을 하고 있다. 이와 함께 대학 간의 선의의 경쟁을 유도하기 위해 평가체제를 강화하고 있다. 근자에 UNESCO와 OECD가 공동으로 마련하여 세계 각국에 권고할 예정인 「세계 고등교육 질 관리 지침」도 이러한 세계적 질 관리 강화의 일환이다.

이번 평가결과를 보면서 평가주체나 평가의 신뢰도 문제도 중요한 일이지만 이보다 대학의 특성화를 유도하는 계기를 삼아야 할 것이며 기존의 대학서열의 한계를 뛰어넘어 순위고정관념을 불식시키는 기회로 삼아야 할 일이다. 무엇보다 일류는 더욱 내실을 기해야 하고 부상하는 대학은 더욱 분발하여 우리나라의 모든 대학들이 공생하는 계기와 세계적 대학으로 부상하는 계기로 삼아야 할 때이다.

평가결과의 등급화와 서열화는 지속적으로 이루어질 것이고 이러한 선의의 경쟁을 통해 특성화와 경쟁력 강화를 추구하는 일만이 우리대학이 안고 있는 위기를 극복하는 대안이 될 것이다. 역설적인 말인지 모르지만 대학이 죽어야 대학이 산다.

高1 교실의 내신전쟁*

고등학교 1학년 교실은 내신 전쟁 중이라고 들린다. 2008년 내신위주의 대학 입시 안에 따라 상대평가가 도입되고 중간고사와 기말고사가 중요해져서 피말리는 경쟁이 이루어지고 있기 때문이다. 더구나 서울대의 2008학년도 대입논술강화방침으로 촉발된 '본고사 부활' 논란까지 가세해 소위 수능, 내신, 그리고 논술의 3중고를 겪지 않을까 하는 우려마저 있다.

2008학년도 대학 입시안은 고등학교 교육을 내실화하기 위해 수능을 9등급화하고 학생부 반영비중을 확대하는 안이다. 그러나 대학입시에서 내신비중을 높여 선발하면 고교교육이 내실화되고 사교육 열풍을 잠재울 수 있다는 교육당국의 기대와는 달리 입시 보습학원이 늘어나고 예체능 과외까지 기승을 부리는 등 전 과목 과외현상까지 일고 있는 실정이다. 상대적으로 내신이 불리한 비평준화 고등학교나 특목고, 그리고 자립형 사립학교 학생은 더욱 불안해하고 있다.

감수성이 예민한 고1 학생들에게 3년 후의 대학입시준비를 위해 이토록 내모는 현실이 안타깝다 못해 슬픈 마음마저 든다.

교육의 근본 목적은 인간을 기르는 데 있다. 현재의 고1 교실현장처럼 무한경쟁의 장이 되어 서로를 불신하고 경쟁상대로만 여기

---

*이 글은 2005년 5월 「한국경제신문」에 기고한 시론이다.

는 풍토에서는 인성교육은 불가능하다. 뿐만 아니라 입시위주교육에서 비롯된 좌절감과 충격은 쉽게 가시지 않아 자아 정체감 형성이나 창의성 신장에도 결코 도움이 되지 않는다.

각 대학들이 학생부 성적을 어떤 방법으로 반영할지 발표되지 않은 상황 속에서 방황하는 학부모들과 고1 학생들을 안정시킬 수 있는 방안이 하루 속히 강구되어야 한다.

물론 교육인적자원부와 대학들도 이러한 혼란을 최소화하기 위해 나름대로의 노력을 하고는 있지만 구체적인 입시요강이 발표되기까지는 시간이 더 필요할 것 같다.

대학입시 정보를 제공하는 한국대학교육협의회에서는 구체적인 요강이 발표되기 전이라도 혼란을 최소화하기 위해 조속히 내신반영비율과 방법 등에 대한 큰 틀의 방향이라도 제시할 계획으로 있다.

이러한 노력도 필요하지만 더 중요한 일은 향후 똑같은 혼란이 발생하지 않도록 근본적 해법을 강구하는 일이다. 입시 틀, 교육의 틀, 사고의 틀을 바꾸는 일이다. 우선 완전 입시자율권을 부여해달라는 대학 측과 소위 3不이라는 본고사금지, 고교등급제 금지, 그리고 기여입학제 금지 이외에는 다 자율화했다는 정부와의 이해상충을 해소하는 일이다. 그리고 내신의 신뢰 구축과 특목고 등 학교 간의 학력차에 관한 대학과 고교 간에 신뢰구축을 하는 일이 중요하다. 이번의 고1 내신전쟁도 어쩌면 이들 이해당사자들 간의 전형자료에 대한 변별력과 신뢰의 문제에서 비롯되었다 해도 과언이 아니기 때문이다.

고1 학생들의 내신강박감은 충분히 이해하지만 지나친 수능위주에서 학교교육에 관심을 더 쏟고 있는 현상은 일면 긍정적인 변화로 볼 수도 있다. 다만 내신이 중간 등급 이하인 4-9등급 학생들이 자포자기하지 않도록 하는 세심한 배려가 필요할 것이다.

이와 함께 대학 측도 심층면접이나 논술에 있어 지나치게 난해한 지문보다는 사교육을 완화하는 차원에서라도 고등학교 수업 내에서 소화할 수 있는 통합교과과정 수준의 논술로 제한해야 한다. 물론 고교현실과 대학현실을 접목하는 이상적인 해법을 강구해야 하지만 단기적으로는 내신반영 방법의 다양화와 함께 입시를 전체적으로 조율할 수 있는 대학입시위원회, 그리고 고교교사와 대학교수들로 논술위원풀제를 구성하는 것도 한 방법이 될 수 있다. 이제 다양한 선발모델 개발을 통해 수능이든 논술이든 내신이든 어느 부분만 잘해도 원하는 대학에 진학이 용이하도록 대학입시의 문을 더욱 다양화하는 일도 중요하다. 지금처럼 내신반영율이 높아진다고 해서 내신전쟁에 휘말리고 수능이 중요하다해서 수능에 매달리는 해바라기성 입시위주교육은 바람직하지 않기 때문이다.

입시경쟁을 통한 우수학생선발을 선호하는 대학은 많아야 30-50여 개에 불과하다. 이제는 앞서가는 대학들도 성적우수자에만 관심을 가질 것이 아니라 고교교육 정상화에 더 관심을 가져야 하고 입시문턱을 낮추되 졸업여건을 강화하는 등의 대학국제경쟁력 제고에 더 노력할 때이다.

한국대학의 새로운 패러다임*

21세기는 지식정보화형 대학 패러다임이 요구되는 시대이다. 그리고 21세기는 '세계화', '정보화', '지식집적화'로 특징지어지는 지식정보화 사회이다. 따라서 모든 삶의 형태와 활동이 지식이라는 요소에 의해 크게 영향을 받는다. 경제도 지식기반 경제의 특성을 띄게 되고, 인력도 지식형 인력(knowledge oriented manpower)을 필요로 하게 되며 교육 또한 지식창출체제의 역할을 요구받게 된다. 따라서 이러한 지식기반 사회는 지식경영이 매우 중요시됨으로써 교육 시스템과 교육의 기능 역시 지식기반 사회에 적합한 체제와 체계를 필요로 하게 된다. 21세기 교육발전 전략으로서 가장 중요시되는 과제는 지식기반 사회구축과 지식의 창출 그리고 응용에 있다고 볼 수 있다. 흔히 21세기는 '3K 사회'라 볼 수 있는 지식미디어, 지식네트워크, 그리고 지식 인큐베이터로 집약될 수 있고[1], 교육의 기능과 역할 또한 「新 3R」로 대변되는 적시성(right time), 적절한 내용(right contents), 올바른 배출(right placement)을 수행하는 데 역점을 두게 된다.[2]

---

*이 글은 2005년 5월 「대학교육지」에 기고한 글이다.

1) Hyun Chong Lee, 'The New era of Televersity and Andraversity in the Campusless Society : Virtual university and its implication in Korea', Europea Academia conference, Sweden, 1999

2) Hyun Chong Lee, et al.(2001) Virtual University? Educational Environments of the Future. London : Portland Press.

이러한 시대적 변화는 모든 국가로 하여금 교육의 새로운 패러다임을 요구하여 사회와 국가를 가장 효율적인 '지식의 웹(knowledge web)'으로 구축하는 데 정성을 쏟도록 하고 있다. 우리나라도 이러한 변화 과정에서 예외가 될 수 없고, '두뇌강국'과 '지식강국' 그리고 '창의형 교육패러다임'의 구축을 위해 보다 합리적인 체제를 필요로 하고 있어 지식기반 사회의 특성에 맞는 교육개혁을 추진하고 있다는 점에서는 다른 국가와 차이가 있을 수 없다.

기본적으로 21세기 지식기반 사회를 대비한 국가발전 전략의 큰 틀은 사회와 국가 전체의 구도 속에서 자리 매김을 하여야 할 것이지만, 여러 사회기관 중에서도 지식 창출과 응용 그리고 재생산을 그 역할로 하는 교육체제의 경쟁력 제고가 우선이 되어야 함은 여론의 여지가 없다.

선진국의 예를 보더라도 지식기반 사회에 효율적으로 기능하는 교육시스템을 구축하기 위해 온 정열을 쏟고 있으며, 미국의 경우를 들면 70년대 말 이래 4번의 교육개혁안을 지속적으로 실천해 나가고 있고 일본, 중국, 호주, 영국, 독일, 프랑스 등도 대학교육의 질 관리를 강화하는 등 대학개혁을 집중적으로 추진하고 있다. 따라서 우리나라를 포함한 세계 각국들은 지식기반 사회에 대비한 전략과 문제점들을 중심으로 지식기반 사회구축을 위한 해답을 찾고 있으며 그 해답의 하나가 효율적이고 경쟁력 있는 교육체제를 구축하는 데 있다는 점을 인식하고 있다. 지식기반 사회의 핵심적 과제는 지식을 창출하고 응용하며 이러한 지식을 재구조화하는 지식의 생산구조를 효율적으로 구축하는 일이라는 점에 동의하고 있다. 따라서 지식강국을 위한 기본 여건과 활용체제를 위한 패러다임의 설정과 지식유통을 효율화시킬 수 있는 연계체제가 그 과제들이 되어야 할 것으로 여겨진다.

이 점에서 지식기반사회에 적합한 대학개혁 방안은 지식의 창출과 재생산 구조를 효율적으로 구축하는 일이 최우선 과제 중의 하나라 볼 수 있다.

세계적으로 대학들은 대학이 위치하고 있는 국가사회의 특성 여하에 따라 나름대로의 문제점과 위기를 내포하고 있다. 우리나라도 예외가 될 수 없으며 현재는 일부 선진국이 80년대에 경험했던 위기 요인과 같은 대학 위기를 맞고 있다. 서구사회에서 80년대의 대학 생존전략을 3R, 즉 감축, 재배분 그리고 긴축으로 제시한 바 있는데 오늘날 우리 대학에서 필요한 부분이 바로 대학 구조조정과 관련된 3R이라 할 수 있다.[3] 더구나 21세기를 목전에 두고 있는 현실을 감안할 때 대학은 거듭나기를 필요로 하고 있고 새로운 패러다임의 설정을 요구하고 있다. 21세기로 가는 길목에서 우리나라 대학이 수립해야 할 전략도 우리나라 대학들의 현재 모습을 변화시켜야 함을 그 전제로 하고 있다.

21세기 미래의 고등교육체제는 사회, 경제, 문화, 정치적 변화에 따라 그 구조와 운영면에서 이러한 변화들을 수렴하여 재구조화해야 하는 수렴체제이면서 동시에 미래지향적 자기발전과 생존을 추구해야만 하는 자구체제적 특성을 갖게 될 것으로 예견된다. 21세기 체제는 시대에 맞는 기능과 역할을 가장 효율적으로 수행해야

---

3) 이현청, 『21세기와 함께 하는 대학』, 서울: 민음사, 2000, pp.44-45.

하는 열린 고등교육체제가 될 것으로 보인다.

이러한 체제적 변화들은 다음 몇 가지 패러다임변화로 집약될 수 있다.

첫째, 다학문적 접근에 의한 기존의 학과나 전공개념의 퇴조 그리고 복합적인 다학문적 체제로의 재구조화가 확대될 것이다.

둘째, 학계, 학제, 학교 간 이동이 자유롭고 보편화되어 학제·학교 간 이동이 원활한 열린 학사체제의 특성을 갖게 될 것이다.

셋째, 교수방법에 있어서도 개인학습방법과 다매체적 방법이 확대되어 자격증 중심체제로 전환될 것이며 脫캠퍼스적인 「재택대학체제」나 국가 간, 지역 간 「연합대학체제」의 특성이 지배적일 것이다. 결국 '즉시성 교육'과 '초국적 교육'도 확대될 것이다.

넷째, 미래의 고등교육체제를 결정짓는 중요한 요인은 수요와 공급의 역동성이 될 것이다. 특히 대학의 인적, 물적 자원의 이동이 중요한 패러다임 변화요인이 될 것이다. 그리고 내국적 관점을 탈피한 21세기의 고등교육체제는 무전공, 무학년, 무국적, 무필수전공 등의 다양한 요소가 가미될 것으로 보인다. 더구나 대학입학 제도면에서도 다양화가 확대될 것이고 학생인구의 감소에 따라 학생선발제도의 특성화가 이루어질 것이다. 일류 지향적 지원경향은 해소될 수 없는 불가피한 경향의 하나이지만 외국대학들과의 연계와 공동학위 프로그램의 확대, 그리고 특성화 중심 특화대학이 확산됨에 따라 기존의 일류대학의 개념은 상당부분 변화될 것으로 보인다.

다섯째, 커리큘럼 운영면에서도 다학문적 접근과 다전공적 접근이 이루어짐으로써 학과의 특성이 희석될 것으로 예견된다. 뿐만 아니라 대학과 기업체, 연구기관 그리고 지역사회 간의 협력프로그램이 활성화되는 지역대학프로그램이 확대될 것이다. 이와 함께 평생고등교육체제의 확대는 고등교육인구의 특성에 변화를 가져와 고연령, 시간제 학생 등의 증가를 가져오고 시간제, 학점 당 등록제도의 촉진과 함께 학점은행과 자격증 중심체제를 활성화 시킬 것으로 보인다.

한마디로 21세기의 대학체제의 변화는 소비자 중심, 수요중심 교육으로 방향이 전환될 것이며 평생교육체제와 무제도적 특성이 강화되는 「新大學體制」가 정착될 것이다. 이 때 중요시되는 점은 특성화, 다양화, 고객중심, 네트워크, 협력과 경쟁 그리고 질 관리체제가 될 것이다.

결론적으로 21세기는 '지식기반사회'와 '교육이동의 사회', '가상학습 사회' 등으로 특징지어지는 사회이다. 이러한 대학교육여건의 변화는 우리로 하여금 신세기의 패러다임을 요구하고 있다. 물론 대학의 기능과 역할도 커다란 변화를 예고하고 있어서 새로운 세기에 걸맞은 형으로의 재구조화가 불가피한 실정이다.

그러나 기존의 대학질서와 구조가 현존하고 대학의 위상이 나름대로 정립되어 있는 현실을 감안할 때 급격한 변화는 결코 간단한 문제는 아니다. 다만 지식기반사회에서 우리나라 대학들이 이 모습이대로는 안 된다는 것만은 분명하다. 따라서 어떤 형태로든 대학개혁은 이루어져야 한다는 큰 흐름은 더욱 강화될 것으로 보인다.

21세기의 대학 패러다임의 변화는 대학의 구조적 해체를 그 근간으로 할 것으로 예견된다. 21세기 고등교육정책 또한 커다란 변화를 예고하고 있고 이에 상응하는 구성원들의 자세를 요구받게 될 것이다. 단순히 근시안적 땜질식 구조개혁이 아니라 특성화전략에 초점을 맞춘 시스템 전반의 대개혁이 되어야 한다. 몇 개 특정대학의 「앞서가는 대학」의 개념을 뛰어 넘어 모두가 다른 독특한 「유일한 대학」의 개념으로 전환해야 한다. 이 점에서 경영혁신 전략은 ① 전통과 혁신의 조화 ② 특성화와 다양화의 조화 ③ 양적 성장과 질적 성장 간의 조화 ④ 내국적인 측면과 국제적 측면의 조화 등을 감안해야 하지만 개별대학의 전략화가 최우선이 되어야 한다.

기본적으로 기존의 사고의 틀처럼 대학 전체 차원에서 연구 중심이니 교육중심이니 등의 카네기재단의 분류도 감안되어야 하지만 학제, 학계 등을 과감히 재구조화하는 특성화, 차별화 등 적극적 방안이 모색되어야 할 것으로 보인다. 예컨대 우리나라 대학의 특성화를 전제로 국책형, 수익형, 전략형으로 재구조화하여 협력체제와 경쟁체제를 가미할 수도 있고 외국대학들과의 협력을 전제로 하는 완전 자율화 개방체제로 전환하는 등의 구조적 개편도 적극 검토될 시점이다.

교육환경의 변화와 대학입시의 방향*

1. 들어가는 말

우리교육은 지난 50년의 반세기가 넘는 동안 양적인 측면에서 괄목한 만한 성장을 해왔다. 이 과정에서 대학입시는 우리나라 교육 정상화의 고리로 인식되어 왔고 이번 2008년 입시개혁안까지 합쳐 해방이후 크게는 15번, 세부적으로는 무려 36차례나 바뀌어 왔다. 특히 대학입시의 문제는 교육문제의 범주를 벗어나 전 국민적인 사회문제로 부각되어 왔고 오늘날은 교육 경쟁력을 약화시키는 주요한 요인으로 인식될 정도가 되었다. 그동안 대학 입시제도의 빈번한 변화에도 불구하고 대학입학 정책변화의 기조는 주로 대학입시 관리의 주체가 누구인가에 맞추어져 왔다. 즉 대학입시의 국가관리 정책, 대학자율관리 정책 그리고 국가와 대학 공동관리 정책이 반복되는 양상을 거듭해왔다. 이러한 대학입시 개혁과정에서도 문민정부시절에 이루어진 1995년 5.31 교육개혁 이후 대학입시 정책은 복수 지원 기회를 확대함으로써 수험생들의 선택권을 확대해 주고 다양한 전형 요소를 설정함으로써 영·수·국 위주의 교과중심의 선발에서 탈피하려는 의지를 보여주었다. 그러나 이러한 대학입시 개혁 노력에도 불구하고 국민 대다수는 고교교육의 정상

*이 글은 2005년 11월 국회의원모임인 국민생각 연구모임 토론회 기조강연 자료이다.

화도 이루어지지 않았고 과열 과외 등의 사교육비 지출이 상존하고 있다는 데 이의를 제기하지 않고 있다. 특히 지금까지의 대학입시 정책은 어떻게 사회적 물의를 배제하며 학생을 선발하고 대학교육 기회를 공정히 배분할 것인가에 관심을 두어왔을 뿐 하위단계인 중등학교 교육에서의 파행적인 입시위주 교육을 해소하기 위한 근본적인 변화를 시도해 온 것은 아니었다. 이러한 점을 감안할 때 지난 반세기가 넘는 동안의 대학입시 개혁 노력은 대학교육의 이념과 성격의 변화에 따라 잠재력을 갖춘 인재발굴의 차원에서 변천해 왔다기보다는 대학교육의 수요 과다에서 빚어진 과열 경쟁과 그로 인해 야기된 교육문제나 사회문제를 해결하기 위한 방편으로 대학입시 제도가 변화를 거듭해 왔다 해도 과언이 아니다. 그러나 이 시점은 반세기 동안 거듭된 입시개혁에 대한 새로운 조명이 필요한 때이고 지금의 대학입시 정책을 재검토하여 건전한 고교교육체제를 구축할 수 있는 「교육적 사고를 중시하는 대학입시」, 21세기에 필요한 인성과 창의성을 갖춘 진정한 「인간교육을 위한 대학입시」가 무엇인지를 생각할 시점이라 본다.

2. 우리나라 교육현실과 대학입시

우리나라 교육현실에 대한 일반적인 인식은 위기라는 데에는 커다란 이의가 없다. 우려의 정도에는 다소 차이가 있을 수 있으나 정상적인 수준이라든가 나아가 효율적인 교육이 이루어지고 있다는 견해는 거의 없다 해도 과언이 아니다. 교육위기를 초래한 근본

원인은 한 마디로 교육체제를 포함한 구조적 문제로서 교육정책의 실패, 교사의 질 관리 소홀, 학교체제의 비효율성, 학부모의 잘못된 교육의식 등 복합적인 요인들이 영향을 미친 결과라 볼 수 있다. 그중에서도 일관성이 결여된 대학입시 정책이 큰 몫을 차지하였고 교육환경의 변화와 학생들의 교육욕구에 부응하지 못한 경직된 정책에서도 그 주원인을 찾을 수 있다. 우리나라 교육정책의 단면들을 살펴볼 때 저효율 고비용정책의 주된 특성을 배제하지 못한 채 학교효율성을 기저로 한 정책보다는 학생경쟁위주의 정책에 급급해왔고 교사의 질 제고와 학생의 학업성취 수준의 향상보다는 단순히 입시위주 교육 등에 주된 관심을 기울여온 병리적 구조를 탈피하지 못해왔다는 것도 부인할 수 없기 때문이다.

따라서 요즘처럼 대학입시제도와 관련된 쟁점을 비롯한 교육위기의 극복이 절실한 과제로 등장한 적이 없을 정도이다. 일부에서 지적하듯이 학교붕괴, 교실붕괴, 교단붕괴, 교육상실, 기러기 가족 등의 심각한 용어들은 우리나라 교육현실을 극명하게 표현한 말들로서 일반화된 지 오래고 교실에서 공부시간에 잠자는 학생이 많은 것은 어느 학교든 일반적인 교실풍경이 되었다. 학교에서는 자고 입시준비는 학원에서 한다는 말이 회자되고 있고 많은 교사들은 좌절과 자포자기적 방관자의 역할을 수행할 수밖에 없다는 오늘의 학교는 우리 교육의 아픈 단면이라 할 수밖에 없다. 특히 긴 안목에서의 국가경쟁력을 감안할 때 교육상실의 차원뿐만 아니라 인간다운 인간을 양성할 수 없는 문제와 연관되어 있다는 점에서 우려할 일이라고 볼 수 있다. 학교붕괴는 학업성취수준에서의 결함뿐만 아니라 학생 개개인에 있어서는 '인성붕괴'로 연관되기 때문이다.

1) 교육의 현실

고교교육체제와 대학입시체제의 새로운 패러다임 모색을 위해서는 우리나라 중등교육의 현실을 먼저 살펴볼 필요가 있다. 앞서 지적한 바대로 암기식 입시 위주 교육으로 비판을 받아왔던 우리나라 중등교육은 이제 수업자체가 제대로 진행되지 못하는 '교실붕괴' 현상을 나타내고 있다는 지적이 일고 있다. 특히 이러한 교실붕괴 현상을 일부 학교만의 문제가 아니라 중등교육 전반에 걸친 문제로 확산되고 있다는 데 문제의 심각성이 있다. 미국에서는 1960년대와 1970년대에 이러한 유사한 현상이 있었으며 지역과 학교에 따라서는 현재도 심각한 문제로 인식되고 있는 실정이다.

비교적 학교교육에 대한 비판적 입장에 서있는 Silberman(1970) 같은 학자는 이러한 교육의 위기를 구조적, 정책적 문제로 진단하면서 획일화된 틀 속에서 학생들에게 순종과 침묵을 강요함으로써 자발성과 창의성을 저해하고 있는 이유 때문이라고 비판하고 있다.[1)]

특히 우리나라의 경우, 계층상승 이동 등 사회적 평등 기제로서의 역할을 담당하는 공교육의 위기는 교실과 학교의 현실을 무시한 교육개혁, 특히 고등학교 현실을 충분히 감안하지 못한 입시정책의 실패에서 비롯된 것이라고 결론지을 수 있다. 이 점에서 고교평준화 틀만으로 획일화된 우리 고교교육체제는 자발성과 창의성 신장

1) Silberman, C. E. (1970) Crisis in the Classroom the remaking of American Education, New York : Random House

에 한계가 있음을 짐작할 수 있다.

또한 Stevenson과 Stigler(1994) 역시 미국교육의 위기는 훈육의 부재와 학부모 등 가정 역할의 붕괴, 학교체제의 비효율성, 그리고 교사들의 동기 부족 등 구조적 틀 속에서 기인된다고 지적하고 있다.[2)]

이러한 교실위기의 문제는 비단 미국 상황만은 아니며 이웃 일본에서도 사회문제로 부각되어 왔다. 물론 일본에서의 교실붕괴현상은 학교에서 발생하고 있는 학습도피 현상이나 훈육이 이루어지지 못하고 있는 수업활동의 장애를 뜻하는 의미로서 인식되어 있다.

결국 교실의 붕괴는 나라를 불문코 효율적인 수업활동이 이루어질 수 없는 상황으로 총칭할 수 있으며 학생의 동기부족과 교실 내 행동상의 일탈, 교사의 의욕상실, 교과 내용이나 방법상의 결함 등 제반요인들이 복합적으로 문제상황을 야기하는 경우라 볼 수 있다. 흔히 우리에 앞서 서구사회나 일본에서 발생한 학교폭력, 왕따, 원조교제, 교사폭행, 교실 내 무질서, 그리고 학부모들의 지나친 간섭 등이 모두 교실붕괴의 제현상이라 볼 수 있다.

일반적으로 교실붕괴의 원인으로 지적되고 있는 점은 ① 지식정보사회에서의 기존 산업사회 학교모형의 실패, ② 교사와 학생 간 세대 격차, 그리고 ③ 교사의 비효율적인 역할수행 ④ 정부의 교육규제와 관료주의 등으로 제시되고 있다.[3)]

또한 이인규(1999)의 경우는 ① 학교나 교사가 가르치는 지식이 지식정보사회에서 유용성이 상실되고 있다는 점 ② 교사와 학생

---

2) 이현청(2001), 미국교육의 반성, 서울 : 원미사

3) 이현청(1994), 교육사회학 서울 : 양서원

간 세대격차 그리고 ③ 교육경쟁위주의 교육개혁 추진 등[4]으로 지적하고 있다. 이러한 주장들은 결국 급격한 사회환경의 변화에 대응하지 못한 학교교육 내용과 이러한 변화에 적응하지 못하는 교사와 학생 그리고 이러한 여건변화를 감안하지 못한 교육체제 등이 그 주요원인이라는 것이다. 더구나 우리나라의 경우는 이러한 제요인의 가장 중요한 요인 중의 하나로 대학입시제도로서 교육위기에 한 몫을 하고 있다는 지적이다.

특히 획일화된 입시준비형 교육에 치중하는 교육에서 문제를 찾아볼 수 있다. 이러한 입시 위주교육이 주가 되는 고교교육체제에서의 교실붕괴는 초등에서 대학까지 상호 연계고리를 지니면서 구조화되어 있다고 볼 수 있으며 유아와 초등교육에서는 비교적 평준화체제와 서열화체제가 혼합되어 있는 데 반해 중등교육인 중고등학교의 경우는 인위적이고 획일화된 평준화제도를 견지하고 있다.[5]

〈표 1〉에서 교실붕괴의 구조를 도시한 바처럼 교실붕괴의 현상이 있다면 중등교육에서 갑자기 나타난 현상이라기보다는 유치원, 초등교육과정에서의 예비적 과정을 걸쳐 심화되어 왔다고 볼 수 있다. 특히 주목해야 할 점은 이러한 교육적 붕괴 현상은 입시가 완료된 대학교육에서도 영향을 주어 지나친 표현이 될지 모르지만 진정한 의미에서의 교육이 아니라 도구적 교육에 불과한 '진정한 교육이 없는 교육'(Educationless Education) 현상까지를 초래한다고 볼 수 있다. 더구나 근자에 대학생들의 수학능력이 논란이 되고 있고 인

4) 이인규(1999), '무너지는 학교, 흔들리는 교단' 창작과 비평, 27권 3호(1999 가을)

5) 이현청(2002), '한국교육의 구조적 이해 : 한풀이 교육론', 한국교육정책협의회 자료(미발간), 교육개혁위원회

〈표 1〉 교육붕괴의 구조

특성	교 육 단 계		
	유아·초등교육	중등교육	고등교육
교육내용	서구지향교육	입시위주교육	교육공동화교육
현상	교육방임, 교육학대기	교육학대기	교육방임기
단계	입시진입단계	입시준비단계	입시완료단계
역작용	과열 영재/특기교육	학관형 교육	취업·편입·고시형 교육
	과열 조기교육		
공/사교육 관계	사교육 = 공교육 사교육 〉 공교육	사교육 〉 공교육	사교육 〈 공교육
교실현상	예비적 교실붕괴	교실붕괴	교육부재
교육구조나 체제	평준화와 서열화 혼합체제	인위적평준화체제(고교교육) 평준화와 학력차 혼재 체제	고착된 서열화 체제

출처 : 이현청(2001). 초·중등교육 위기와 대학인성교육의 과제, 한국대학교육협의회 정책포럼 p.5

성교육 또한 문제시되고 있는데 이러한 현상 모두 중등교육의 위기와 직접적 관련이 있고 획일화를 강요하는 입시위주학관형 교육이 초래한 결과이며 이에 따른 기초교육의 결여에서 비롯된 구조적 문제라 볼 수 있다.[6]

이러한 위기구조는 시대 상황적 여건변화와 학습자의 특성변화 등의 제반요인과 관련되어 있지만 무엇보다 대학입시위주 교육에 치중된 고등학교교육체제가 중등교육의 교실붕괴현상을 초래한 주요원인 중의 하나라는 점을 부인할 수는 없는 실정이다.

2) 대학입시개혁 50년의 반성

우선 대학입시 개혁을 논함에 있어서 지난 50년 동안의 대학입

6) 이현청(2001), "초·중등교육의 위기와 대학인성교육의 과제", 대학정책포럼자료집(서울 : 한국대학교육협의회), pp.6-8

시를 되돌아볼 필요가 있다.

지금껏 대학입시 개혁은 수없이 이루어져 왔고 이렇게 거듭해서 대학입시 개혁을 시도하지 않으면 안 될 이유도 있었다. 특히 대학교육에 대한 수요와 공급 간의 불균형에서 비롯된 구조적 문제는 대학진학에 대한 지나친 선호를 촉발시켜 왔고 심지어는 교육·사회적 병리현상으로 자리잡아왔다. 한 마디로 우리나라의 대학입시는 대학교육에 대한 수요과다에서 빚어진 과열경쟁과 그로 인해 야기된 교육문제와 사회문제를 그때그때 해결하기 위한 방편으로 빈번히 변화되어 왔다. 우리나라의 대학 입시제도의 변천과정을 살펴보면, 해방 이후 1983년까지의 대학 독자적인 선발체제에 의한 대학별 단독시험제도가 있었고 1954년의 대학국가연합고사와 대학별고사의 병행시기가 있었다. 그 후 1961년까지 내신제 활용을 통한 대학별 시험이나 무시험 제도를 병행하였다. 그러나 대학교육의 질적 저하와 부정입학 등의 우려 때문에 또 다시 대학입학자격 국가고시(1962-1963)제도를 재도입하게 된다. 그러나 대학자율과 학생선발권을 침해한다는 반론이 제기되어 또다시 대학별 단독시험제도를 1968년까지 도입하게 된다. 그 후 다시 대학입학예비고사와 대학별고사를 병행하는 제도를 1980년까지 도입하게 되고 1982년부터는 대학입학예비고사가 대학입학학력고사로 바뀐 후 고교 내신성적을 병행해서 선발하게 된다. 그런 후에 다시 논술고사가 선발 요소로 추가되고 면접이 병행되는 등 고교교육의 정상화를 도모하려는 노력이 시도되어 왔다. 그러나 고교내신성적과 면접의 병행은 적격자 선발에 필요한 충분한 전형자료가 되지 못하고 오히려 암기위주 입시교육이 성행한다는 점 때문에 1995년 5.31 교육개혁에 의해 새로운 입시제도를 도입하게 된다. 그 후 2002년 입시안을 근간으로 7차 교육과정의 도입실시에 따른 보완과 이번의 2008년 수능반영비율축소 방안이 제시되었다.

따라서 해방 이후 우리나라 대학입시제도의 특성과 변천 과정을 보면 대학 독자적으로 부여하는 대학별 본고사와 국가에서 실시하는 국가고사, 그리고 고등학교 내신 성적의 조합을 반복하는 양상을 보여 왔다. 대학별 교사의 경우도 대학 간 입시제도의 차이와 입시과목의 빈번한 변경에 따른 혼란을 배제할 수 없었고 입시과목의 축소에 따른 영·수·국 위주의 과열과외로 인해 고교교육의 비정상화를 오히려 심화시킨 결과를 초래하였다. 물론 이러한 과정에서 대학의 입시관리능력에 대한 시비도 없지 않았다. 해방 이후의 대학입시제도의 변천과정을 볼 때 입시개혁을 할 당시의 상황에서는 그러한 대안이 최선이었을지 모르나 돌이켜보면 반성해야 할 점도 없지 않다. 50년의 대학입시개혁 과정에서 반성해야 할 점을 몇 가지로 집약해 보면 다음과 같다.

첫째, 그간의 대학입시개혁은 관리주체의 논쟁에 치우쳤다는 점이다. 대학의 독자적 선발이냐 아니면 국가가 개입하느냐의 논쟁이었다. 따라서 대학의 자율성과 국가의 입시감독 권한행사 간의 관점이 중요한 변수가 되었다는 점이다.

둘째, 대학입시개혁의 논리가 교육적 논리라기보다는 정치적 논리에 치우친 면이 없지 않았다는 점이다. 흔히 정권만 바뀌면 대학입시제도가 바뀐다는 세론이 있을 정도로 입시제도의 노출된 문제점을 급히 보완하려는 의도에서 이루어져 왔고 여론에 떠밀려 개혁이 이루어진 경우가 많았다.

셋째, 「선발 위주의 사고」에 지나치게 집착해 왔다고 볼 수 있다. 대학입시의 본질적 기능은 교육의 기능을 어떻게 규정하느냐에 따라 달라질 수 있고 고등교육 기회의 확대를 강조하느냐 아니면 대학교육을 이수할 능력이 있는 수학적격자를 판별하는 엘리트 교육관이냐에 따라 선발 철학을 달리할 수 있다. 그러나 선발 위주의 사고에 치중한 개혁은 수학적격자 판별의 기능과 교육정상화에 기여하는 기능 둘 다 제대로 감안하지 못할 우려가 있다. 지금까지의 대학입시개혁도 이러한 문제점에서 벗어나지 못했다.

넷째, 전형요소와 방법 그리고 전형시기 등 대학입시의 전형자료와 절차 그리고 시기 등의 획일화를 지적할 수 있다. 대학입시 기간의 획일화에 따라 세계에서 유례가 없는 「대학 입시철」이 사회적 관행으로 뿌리내려 왔고 「고3병」과 「입시가족」이라는 유행어까지 등장할 정도였으며 「영·수·국 과목」과 「기타 과목」으로 이원화될 정도의 병리적 교육문화를 형성해 왔다. 이러한 대학입시 전형 자료의 획일화는 주로 국·영·수 위주의 교과성적에 치중되어 왔고 수능 성적이 삶의 성공척도인 것처럼 인식될 정도로 사교육 문화와 교과위주의 선발문화를 자리 잡게 한 결정적 계기가 되었다.

다섯째, 고등교육 기회의 제한 측면을 들 수 있다. 기존의 대학입시제도는 선발의 관점에만 서 있었기 때문에 「학생 유치」의 관점은 간과되어 왔다. 따라서 1995년의 대학입시개혁 이전까지는 교육복지적 관점의 특별전형이나 비교과 영역의 준거에 의한 잠재적 능력개발 전형, 그리고 교육기회의 확충을 위한 무시험전형 등 다양한 선발의 관점이 부족하였다. 결국 지난 50년의 대학입시개혁은 교육적 고려보다는 사회적 고려에 치중해 왔다는 점을 부인할 수 없고 전형 요소도 교과성적에 의존해 온 점은 앞날을 위해 크게 반성해야 할 점이라 생각된다.

3) 2002년 입시제도와 7차 교과과정

7차 교육과정은 대학 입시의 틀을 바꾸어 고교교육의 정상화를 도모하려는 두 가지 목표를 가지고 개편된 것으로 안다. 학생들의 과도한 수업 부담을 덜어 주고, 다양한 활동을 이끌어 내는 것도 포함되어 있다. 이러한 목적을 위하여 선택형 수능제도는 언어, 외국어, 수리영역 중에서 2 과목을 지정하고, 과학 탐구, 사회 탐구, 직업 탐구에서 1개 영역 4과목을 지정하는 것을 표본 모델로 추천하고 있다(2+1(4)).

실제로 전국 각 대학에서 지정한 것을 보면, 수도권의 경쟁력 있는 대학들은 대부분 3+1(4)을 채택하고, 상대적으로 경쟁력이 약한 대학이나 지방대학들은 2+1(2) 제도를 택하고 있다. 3+1(4) 체제는 기존의 교육과정과 큰 차이가 없으며, 2+1(2) 체제는 선택과목이 너무 적어서 고교 교육 과정을 왜곡시킬 우려가 있다. 2+1(2) 체제를 고수하는 이유는 학생 유치가 시급한 대학들로서는 특정 과목을 지정하거나 과다한 과목 수를 지정함으로써 자원 자체가 감소하는 것이 불안하기 때문에 가능한 한 과목 수를 최소화함으로써 일단 충분한 자원을 확보하기를 원하고 있기 때문이다.

문제는 학생들이 고등학교 1학년까지의 국민공통기본교육을 마친 다음에 2, 3학년에 걸쳐 선택형 교과목을 이수할 때, 경쟁력 강화를 위하여 몇몇 과목만 집중적으로 선택하게 되고, 학교는 효율성을 위하여 몇몇 과목만 집중적으로 제공할 가능성이 있다는 것이다. 이렇게 될 때에 걱정되는 점은 오히려 본래의 취지와 어긋나서 학생들의 다양성을 육성하는 데 저해하는 요인이 될 수도 있고, 고등학교 교육의 불균형을 가져올 수도 있다는 것이다. 이 부분에 대한 깊이 있는 검토와 대책이 필요할 것이다.

7차 교육과정 편제에 따른 모든 교과목을 가르칠 수 없는 일선 고등학교가 일부 교과목을 선택함에 따라 학생들이 교과목을 선택하여 이수한다는 당초의 취지는 실종될 수 있다. 이러한 현장의 사정을 고려한 대학입시전형 방법을 찾다보니 대학입시 전형 교과목을 최소화할 수밖에 없는 결과를 초래하고 있다. 이는 학생들의 대학입시의 부담을 덜어준다는 긍정적 의미를 지니기도 하지만, 고등학교 교육을 통하여 기본적으로 학습해야 할 최소한의 내용까지도 배우지 못하는 결과를 야기한다는 것은 교육적 문제라 하지 않을 수 없다. 또한 경우에 따라서는 학생들이 흥미를 가지는 탐구영역의 교과목을 학교에서 여러 가지 이유로 개설하지 않는 경우, 학생들은 대입대비를 위해서 학원 수강을 하거나, 별도로 과외를 받아야 하는 경우가 발생하고 있다는 점은 사교육비 부담을 증가시킬 소지가 있는 문제이다.

또한 대학선택의 폭을 넓힌다는 이유로 제시한 계열 폐지는 오히려 대학선택의 폭을 좁히는 결과로 나타나고 있다. 7차 교육과정에서 인문계·자연계·예체능계의 구분을 하지 않는다는 것은 수능시험의 언어·외국어 영역에서 인문·자연·예체능계 구별 없이 시험을 치르고 같은 차원에서 영역별 수능 등급을 부여한다는 것을 의미한다. 학교의 중간고사와 기말고사에서도 같은 교과에 동일한 수업이면 인문계·자연계·예체능계의 구분 없이 석차가 매겨진다. 사실 6차 교육과정에서는 인문계에서도 과학교과목을 배우고, 자연계에서도 사회교과목을 배우기 때문에 고3 때 자연계 학생이 수능의 인문계형을 치르고 인문계열의 대학에 진학하는 진로 변경이 가능했다. 그러나 7차 교육과정에서는 고2, 3학년 과정은 심화선택과정이기 때문에 인문계 학생은 과학교과목을, 자연계학생은 사회 교과목을 배우지 않거나 설사 배운다 해도 교양 수준의 교과만을 배우기 때문에 고3 때 진로변경은 오히려 곤란하다. 예컨대, 자연계열의 학생이 인문계 심화선택 교과목을 3학년 때 독학을 하여 수능의 사회탐구영역의 과목을 치르기에는 무리가 있다는 점에서 오히려 선택의 폭을 줄인 결과를 초래한 것으로 볼 수 있다. 따라서 7차 교육과정에서는 고1 때 인문계·자연계·예체능계열 선택에 보다 신중을 기하지 않으면 안 되게 되어 있다.

4) 2002년 대학입시제도와 내신

따라서 2002년 대학입시안은 많은 장점에도 불구하고 단순히 수요자 중심의 논리나 학습부담을 줄여준다는 논리를 떠나서 정상적인 교육과정 운영의 원칙을 토대로 한 대학입시의 틀로서는 지속적으로 보완이 요구된다. 그 이유는 최소한 고등학교에 다니는 동안 배워야 할 교육내용을 충분히 학습할 수 있는 기회를 제공하는 것이 대학에서의 학문탐구 활동을 완성하게 할 뿐만 아니라 개인적·국가적 차원에서 교육 경쟁력을 강화할 수 있는 토대가 마련되기 때문이다.

특히, 수요자 중심을 강조하는 7차 교육과정은 그렇지 않아도 의존적인 성향을 보이고 있는 요즈음 학생들에게 어렵고 힘든 교과목을 회피하게 하고, 대입준비를 손쉬운 방법으로만 해결하려고 하는 비교육적 현상을 조장하고 있다는 점을 고려하여 대학입시전형 계획을 수립할 필요가 있다.

더구나 고등학교 교육이 대학입시만을 위하여 존재하는 것은 아님에도 불구하고 입시위주의 교육풍토가 지배적인 우리나라 고등학교 교육은 오로지 대학입시를 위해 존재하는 것처럼 되어 있다. 즉, 대학입시가 고등학교 교육의 성격과 방향을 좌우하고 있는 것이 현실이다.

2002년 대학입시제도가 도입된 이후 대학입시에 의해 지배되는 고등학교교육을 정상화하기 위하여 대입에서의 학생부 내신성적 활용을 적극 권장해왔다. 2.17 사교육비 경감대책에서도 학생부의 내신성적 활용을 더욱 확대하여 교육 정상화를 도모함과 동시에 사교육비 지출을 경감시키겠다는 뜻을 밝히고 있다.

그러나 대학은 이러한 내신 성적 활용에 대해 매우 인색하다. 전국 대학의 학생부 평균 실질반영비율은 2002학년도 9.69%, 2003학년도 8.85%, 2004학년도 8.21% 등으로 해마다 낮아지고 있다. 서울대를 제외한 서울시내 주요 대학들은 1.4~7.54% 수준이다. 2005학년도에도 서울시내 대학의 학생부 실질반영비율은 연세대 5~9%, 성균관대 5%, 서강대 8%, 한양대 1.5%~6%, 경희대 4.4%, 중앙대 5% 등에 머물 전망이다. 서울대는 전국 평균치보다는 높지만 2002학년도 15%, 2003학년도 12%, 2004학년도 10% 등으로 반영비율을 낮춰왔다.

대학들의 내신 성적의 실질 반영 비율이 낮은 것은 학생부 성적을 불신하는 데 있다. 다시 말해서 대학진학 실적에 대한 학교 간 경쟁내지는 학부모들의 강한 압력으로 의심의 여지가 없을 정도로 부풀리기를 하는 비교육적 현상이 학교에서 벌어지고 있기 때문이다.

학생부 성적을 대입 전형의 자료로 적극 도입하여 교육정상화를 도모하기 위해서는 내신성적에 대한 신뢰가 회복되어야 한다. 학생부를 신뢰할 수 있는 제도적 장치가 마련되지 않는 한 정부의 학생부 반영비율 확대 정책은 실현 불가능하다고 짐작되어 왔다.

현실적으로 대학입시에 매달려 있는 왜곡된 교육문화에서 점수에 매달리는 교육으로부터 학부모나 교사, 학생들 모두 다 자유로울 수 없다. 더구나 교사의 의지와 사명감만 가지고 해결할 수 있는 문제도 아니다.

현재의 내신 성적을 대입에 적극 활용하기 위한 방안은 두 가지를 생각할 수 있다. 그 하나는 2008년 대입개선안에서 담고 있는 것처럼 평어반영보다는 석차백분율 표준편차와 등급 등 변별력을 높이는 상대평가적 자료를 활용하도록 하는 것이다. 이것은 상대평가로 변별력은 있지만 발달적 교육 평가관의 입장에서 비판을 받을 여지가 있다. 그것보다 더 중요한 문제는 과거처럼 내신 성적은 어머니 치맛자락에서 나오게 하는 비교육적 현상을 초래할 수 있다. 다른 방법은 선생님들이 올바른 기준으로 평가하는 것이다. 이것은 선생님들이 학습목표를 어느 정도 성취했는가를 평가하여 부풀리기의 거품을 제거함으로써 교사의 전문성을 인정받는 방법이다. 내신부풀리기는 주변 여건과 입시위주 교육에 기인하는 왜곡된 교육문화 속에서 교사들이 그렇게 할 수밖에 없다는 점에서 이해를 하지만, 어떤 논리로도 정당화될 수 없다.

한마디로 신뢰하지도 않는 내신 성적을 부풀려서 좋은 대학에 보내려고 하는 교육문화가 존재하고, 이를 과감하게 떨쳐버리려는 교육문화가 형성되지 않는 한 학생부 성적의 비율을 높여 교육을 정상화하려는 것은 한계가 있을 수밖에 없다. 한 동안 교육혁신위원회를 중심으로 논의된 바 있듯 학생부를 교육이력철로 바꾼다 해도 교육현장에서 집단적으로 내신부풀리기를 하는 한 실효성 있는 성과를 기대하기는 어려울 것이다. 현장 선생님들께서도 고민이 많으리라 생각되지만 옳은 것과 좋은 것에 대한 구분과 원칙을 분명하게 하여 내신부풀리기에서 해방되어야 한다. 이러한 2002년의 입시 틀이 안고 있는 취약성을 보완하는 방안이 이번에 발표된 2008년 대입개선방안이다. 2008년 대입개선의 골자는 학생부의 신뢰도를 높여 고교교육을 정상화한다는 것에 초점을 맞춘 것도 이러한 연유에서 비롯된 개선안이다.

5) 2008년 대입제도 개선안의 취지와 특징

21세기 지식정보화 사회는 단편적인 지식보다는 창의력과 문제해결능력, 리더십과 봉사성 등 다양한 능력과 특기를 가진 인재를 요구하고 있다. 따라서 학생의 잠재력과 적성을 신장할 수 있는 다양하고 특성화된 교육을 필요로 한다. 2008년 대학입학제도 개선안은 2002년을 근간으로 하고 있는 제도지만 학교교육정상화에 더 비중을 둔 개선안이라 할 수 있다.

2008년의 대입제도 개선안의 주요골자를 요약해보면 다음과 같다.

첫째, 학교생활기록부 반영 비중을 확대하여 학교교육을 내실화하려는 특징을 지닌다. 이를 위해 그 동안 학교생활기록부의 신뢰도가 낮아 대학에서 반영을 줄여왔던 것을 감안해서 내신 부풀리기를 방지하기 위해 원점수와 석차등급제를 도입하고 원점수에는 평균과 표준편차를 함께 제공한다. 특히 석차등급을 9등급으로 제공하고 교사의 교수-학습계획과 평가계획, 내용, 기준을 사전에 공개함으로써 교육의 내실을 기하도록 하고 있다. 이와 함께 독서활동을 장려하기 위해 독서 매뉴얼을 개발하는 등의 내용을 담고 있다.

둘째, 대학수학능력시험을 개선하여 백분위와 표준점수를 제공하는 대신 9등급으로만 제공함으로써 수능의 반영비율을 상대적으로 낮추는 내용을 담고 있다. 이를 통해 국·영·수 위주의 학업성적 위주의 선발을 지양하고 수능준비를 위한 사교육비를 경감토록 하고 있다. 또한 대학수학능력시험의 출제방식도 문제은행식으로 전환하고 향후 연 2회 2일간 실시하는 방안도 검토하는 안을 담고 있다. 이와 함께 고교교육과정과의 연계 강화를 위해 교사출제위원을 50% 이상을 참여토록 할 방침이다.

셋째, 학생선발의 특성화와 전문화를 강화하기 위해 대학에 입학사정관을 두어 대학의 설립목적과 교육과정에 부합하는 학생을 선발하기 위한 다양한 선발모델을 개발하는 내용을 담고 있다.

넷째, 설립목적과는 달리 입시준비기관으로 전락했다는 우려를 받아온 특수목적고에 대해 과학고는 이공계열, 외국어고는 어문계열로 진학하는 동일계 특별전형을 도입하여 이러한 논란을 배제하기로 하였다.

다섯째, 고교등급제 등에서 비롯된 지역 간, 학교 간, 계층 간 그리고 이념 간 갈등의 소지를 완화하기 위해 지역균형선발 등 소외계층에 대한 특별전형제도도입을 적극 권장하도록 하고 이를 확대하기 위해 대학구성원 다양화지표를 개발해 공시하도록 하고 있다.

이번 2008년도 대학입시개선안은 많은 논란과 의견수렴을 거쳐 마련되었다. 창의력, 문제해결능력, 특기, 리더십, 봉사성 등 다양한 능력을 갖춘 학생을 우수학생으로 정의하고 그 동안 시험성적과 석차를 강조해온 '선발경쟁'에서 '교육경쟁'으로 전환하겠다는 취지에서 마련된 안이다. 그러나 대학에서 학생선발의 주요 전형요소인 수능과 내신의 변별력이 낮아 선발과정에서 어렵다는 견해들도 없지 않다. 특히 수능이 9등급화 됨으로써 상대적으로 비중이 약화되고 변별력이 낮아졌기 때문에 내신의 중요도가 상대적으로 높아졌지만 성적 부풀리기에 대한 대책이 충분치 못하다는 견해도 없지 않다. 따라서 2008년의 대입개선안은 어떤 형태로든 고교교육체제에 직·간접으로 영향을 줄 것으로 보인다.

2008년 대입제도 개선안의 기본취지가 공교육 정상화이지만 공교육이 정상화되기 위해서는 대입제도만으로는 한계가 있을 수밖에 없다. 특히 대학측에서는 변별력 있는 전형자료와 요소가 부여될 때 대학사정관제도를 활용, 특성 있는 선발이 가능할 것이고 고교 역시 내신의 신뢰도를 지키기 위한 다양한 노력이 주어질 때 고교교육 내실화와 함께 실력과 잠재가능성을 갖춘 인재를 배출할 수 있을 것이다. 2008년 대입제도 개선안이 지니고 있는 쟁점도 이와 무관치 않다.

첫째, 수능의 9등급화의 경우 총점의 개념이 아니라 여러 가지 영역별 9등급을 가지고 다양한 조합이 가능하다고 하지만 1등급이 24,000여 명이나 되므로 다분히 자격고사적 성격을 탈피하기 어려울 수도 있다. 대학에서 다단계 선발이 확산될 경우는 더더욱 그럴 가능성이 높다. 따라서 장기적으로는 수능의 성격에 대한 신중한 검토가 필요한 것이다.

둘째, 학생부의 교과영역(학습활동 및 성적, 특기, 성과, 태도 등 교과활동) 및 비교과 영역(봉사활동, 특별활동, 독서활동 등)을 얼마나 충실한 전형자료로 제공하느냐의 여부가 내신 신뢰도 제고의 관건이 될 수 있다. 단위학교별로 학교장 학업성적관리 책임제를 강화하고 시도교육청별 '학교평가 개선 장학지원단'을 활성화하여 신뢰도 제고 노력을 한다 해도 완벽한 장치가 된다고는 볼 수 없다. 결국은 교사의 평가자로서의 자질과 도덕성 그리고 학부모 등과의 역학관계를 어떻게 설정하느냐와도 무관하지 않기 때문에 이 점이 중요한 변수가 될 수 있다.

셋째, 그간 논란이 되어왔던 지역 간, 계층 간, 학교 간 학력차에 대한 충분한 해소장치와 관련된 쟁점을 들 수 있다. 고교등급제는 아니지만 개개인 학생들의 학력차는 변별할 수 있고 선발에서 활용할 수 있는 장치가 필요하다.

넷째, 대학입시에서 고교교육과정과의 연계강화와 관련된 쟁점이다. 고교교육이 종래의 암기위주 학력고사 방식이나 단편적 지식의 습득에 치중하는 틀에서 과감히 탈피하는 틀로 전환하기 위해 어떠한 연계체제를 갖느냐가 문제가 된다. 문제은행식으로 전환해 고교교과과정을 반영하는 내용으로 전환여부와 관련된다.

다섯째, 소외계층에 대한 특별전형 활성화와 관련된 쟁점으로서 교육복지차원에서 소외계층에 대한 배려는 더욱 확대되어야 하지만 지역별 잠재능력 있는 학생들을 균형 있게 선발하는 지역균형선발의 차원을 넘어 소외계층과 교육격차 계층을 함께 포괄하는 '교육평등'의 틀로 전환하는 과제가 있다. 학생들의 학력차는 변별할 수 있고 선발에서 활용할 수 있는 장치가 필요하다.

여섯째, 대학의 선발자율권 요구와 관련된 쟁점이 있다. 정부는 3不원칙 외에는 모든 입시자율을 부여했다고 하지만 대학 측은 아직도 많은 보완이 필요하다는 입장이다. 특히 정부가 대학입시와 관련된 사항에 관여하지 말라는 견해가 지배적인 형편이다.

일곱째, 고교등급제는 금지하더라도 개인 학생들의 학력차에 대한 변별과 관련된 쟁점이 있다. 고교등급제는 고교단위 간의 학력차를 의미하기 때문에 선배의 성취수준에 따라 후배들에게 적용하는 연좌제적 성격이 강하다. 그러나 학교 간의 차이도 중요하지만 학교 내에서의 개인 학력차를 반영할 수 있는 보다 다양하고 신뢰성 있는 전형자료가 필요하다. 이와 함께 '내신인증제'와 '교사학력추천제' 등의 방안도 검토될 필요가 있다.[7]

3. 사회적·교육내적 환경변화와 대학입시의 방향

우리 앞에 전개되고 있는 사회변화의 큰 줄기는 지식기반 사회의 도래이다. 지식기반사회의 도래는 교육목표 설정, 교육내용 구성, 교수-학습활동의 전개와 평가활동 등 전체 교육과정(educational process)에 영향을 미치는 중요한 외적 교육환경의 변화라 할 수 있다.

그리고 교육내적으로 대학진학 인구 감소는 대학의 측면에서 학생선발의 변화를 요구하는 중요한 인구학적 변화라 할 수 있고, 최근 개편된 7차 교육과정은 대학입시제도의 변화를 불가피하게 하는 교육내적 환경의 변화라 하지 않을 수 없다.

따라서 지식기반사회가 요구하는 인재 육성의 관점에서 대학입시가 어떻게 달라져야 하는가라는 관점에 대해, 개편되어 시행되고 있는 7차 교육과정의 현장 적용성의 효율화라는 측면과 대학진학자 감소와 관련된 교육 인구학적 관점에서 대학입시의 바람직한 방향은 무엇인가를 논의할 필요가 있다.

---

7) 이현청(2004), '고교등급제의 문제점과 대안', 사학연금, 2004. 11월호

1) 지식기반사회가 요구하는 창의적 인재육성과 대학입시의 다양화

지식기반사회란 부와 국가경쟁력을 창조하는 중심적인 활동이 자본의 배분이나 노동의 투입뿐만 아니라 지식을 배분하고 적용하는 것이 매우 중요시되는 사회를 말한다. '탈자본주의사회'에서 드러커(Drucker)는 지식에 대해 한마디로 오직 응용을 위해 존재하는 것이라고 설명하고 있다. 여기서 응용되는 지식은 '매우 전문적인 것'을 뜻한다. 그에 따르면, 20세기 초까지 일반교양이나 인문교양이 개인의 발전에 초점을 맞추고 있었다면, 지식기반사회에서 개인 발전의 초점은 지식을 응용할 수 있는 능력에 초점이 맞춰져 있다는 것이다(Drucker, 1993). 지식기반사회에서의 책이나 데이터뱅크 또는 소프트웨어에 머물러 있는 지식은 오로지 하나의 정보(data)에 불과하다. 지식이란 언제나 사람에 의해 구현되고 창조되어 재생산되고 응용된다는 점에서 누구나가 알고 있는 정보와는 구분되고 있다.

따라서 지식기반사회의 주도적인 사회집단은 지식을 배분하고 적용하는 지식적용 인력집단(knowledge worker)이다. 드러커는 지식사회에서 지식활용인력을 배출하는 교육, 그 가운데 특히 정규적인 교육의 중요성을 강조하고 있다. 역설적이긴 하지만 그렇다고 이 교육이 반드시 전통적인 학교 교육을 의미하는 것만은 아니다. 지식사회에서는 시간이 갈수록 더 많은 지식이 요구될 것이며 특히 창의적인 최신 지식의 경우는 정상적인 학업연령을 훨씬 초과해서도 평생학습을 통해 끊임없이 필요로 할 것이기 때문이다.

따라서 지식기반사회는 개인이나 기업의 변신을 요구하는 동시에 그 시대에 적합한 사회환경의 변화도 요구한다. 지식기반사회에 걸맞은 형태로 법과 제도가 정비되어야 하며 사회윤리나 정서, 교육 등도 새로운 모습으로 탈바꿈해야 한다는 것이다. 특히 지식기반사회에 대비하려면 그 사회를 이끌고 있는 구성원들이 그 환경에 제대로 적응할 수 있도록 교육적인 변화를 가장 먼저 이끌어 내야 한다. 개인에 대한 효과적인 교육이 그 사회를 건실하게 만들기 때문이다. 따라서 21세기 지식기반사회가 요구하는 인재 교육은 소수의 정보엘리트를 양성하기보다는 다수의 지혜로운 지식활용인력을 배출하는 방향으로 가닥을 잡아가야 한다.

지식기반사회가 지니는 특성을 고려할 때 지식기반사회의 인력개발과 교육의 방향은 자명하다. 즉 21세기 지식기반사회를 주도할 사람은 폭발적으로 쏟아져 나오는 정보 중에서 정보를 취사선택하고 분석·종합하여 새로운 정보를 생산할 수 있는 사람, 스스로 적절한 정보를 선택적으로 수용하여 새로운 지식을 탐색할 수 있는 자기주도적 학습능력을 갖춘 사람, 자신의 문화와 생활방식을 주체적으로 발전시켜 나갈 수 있는 사람, 타인의 개성을 존중하며, 남과 협력하고 선의적인 경쟁을 할 수 있는 사람이다.

학교는 이러한 교육이 구현될 수 있도록 교육환경을 조성하여야 하고, 교육내용과 수업방식을 탈바꿈해야 한다. 학교교육은 정보통신혁명으로 변화되어 가는 사회에 적합한 형태인 개인의 사회적·직업적 적응과 사회발전과 국가경쟁력을 강화시켜줄 수 있는 방향으로 교육환경과 교육의 틀을 바꾸어야 한다. 한 가지 분명한 사실은 규격화되고 표준화된 획일적인 교육으로는 지식기반사회가 요구하는 창의적인 인재를 길러낼 수 없다는 것이다.

더구나 대학입시가 우리나라의 교육을 좌우하고 있는 현실을 감안할 때 대학입시에서 학생선발 방법을 다양화하지 않는 한, 창의적 인재육성을 위한 학생들의 다양한 특기와 적성을 살릴 수 있는 교육은 기대하기 어렵다. 이 점에서 특기·적성을 고려한 다양한 학생 선발을 골자로 하는 1998년 말 도입했던 2002 대학입시 개선안의 골격을 유지하는 것도 하나의 대안이 될 수 있다. 실제로 2002 대학입시 개선안에 따라 대학들은 다양한 학생선발을 시도했다. 이러한 2002년 대학입시 개선안의 다양화 방침은 2006학년도에도 그대로 유지되고 있고 2008년도에는 내신반영율을 높이고 수능반영을 상대적으로 낮춰가는 방향으로 설정하고 있다. 따라서 현행 대학입시는 ① 선발 시기의 다양화, ② 전형요소의 다양화, ③ 전형유형의 다양화의 특징을 지니고 있다.

우선모집시기에 있어서도 수시 1학기 대입, 수시 2학기 대입, 정시를 가군·나군·다군 나누어 선발함으로써 선발시기가 다양화 되어있다. 예컨대, 매년 5월에는 수시 1학기 대입이 치러지고 있으며, 9월에는 수시 2학기 대입이 실시되고 있고, 12월에는 정시가 가, 나, 다 군으로 나누어 대입전형이 이루어지고 있다는 점에서 거의 연중 학생을 선발하고 있다.

대학마다 모집시기별, 전형 단계별로 각 요소의 반영 비율과 방식이 다르다는 것은 전형 요소를 다양하게 반영하고 있음을 말해준다. 예컨대, 학교생활기록부 반영 비율에서도 전체 교과를 반영하는 경우와 일부 교과를 반영하는 경우가 있고, 1, 2, 3학년별로 각각 20, 30, 50%를 반영하는 대학도 있고, 그렇지 않은 경우도 있다.

평어를 반영하는 경우도 있고, 석차백분율을 기준으로 하는 대학도 있다. 때로는 수시에서 평어와 석차를 각 50%씩 섞어서 반영하는 경우도 있다. 논술의 경우에도 우선 1단계 선발의 자료로 쓰는 대학도 있고, 영어 지문을 활용하는 대학도 있다. 면접도 인적 확인으로 그치는 정도에서부터 시사 상식과 인성, 적성, 사회성을 확인하는 단계가 있고, 심층면접으로 전공 실력을 평가하는 수준까지 다양하다. 또한 정말 다양한 특별전형으로 자신만의 특성에 맞추어 대학에 응시할 기회를 부여하고 있다.

전형 유형도 과거에 비해 많이 다양화되었다. 특히 특별전형의 유형이 많이 확대되었다. 예컨대, 2006학년도 특기자 특별 전형과

〈표 2〉 2006학년도 대학입시 특별전형의 유형

특기자 특별전형		대학의 독자적 기준에 의한 특별 전형	
취업자	로봇	국가유공자및자손	
문학	게임	사회봉사자및자녀	
어학	기능	선·효행자	
한문	만화	사회적배려대상자및자녀	
논리논술	의상	학교장,교사추천자	간호과남자
수학	원예	기타추천자(학교장, 교사이외)	검정고시출신자
과학	산업공예	기능우수자(특기, 자격증, 경력)	대안학교출신자
전기·전자	식품조리	교과성적(내신)우수자	지역고교출신자
건축	영상	특정전공우수자	가업계승자
지리	사진	수능성적우수자	공무원·교직원자녀
농업	바둑	어학우수자	종교인·자녀
음악	예능	조기졸업자	항공종사자·자녀
미술	서예	학생회임원, 리더십	동일직종종사자·자녀
무용	선반용접	개근자	다문화자녀
체육	리더십	각종대회입상자	새터민자녀
방송·연예	봉사	수상자	인문계고교출신자
연극영화	자기추천	기관장표창자	
디자인	자격증	해외유학생	
컴퓨터정보화	복합유형	대학과정수료졸업자	
발명		만학도·전업주부	

대학의 독자적 기준에 의한 특별전형의 유형을 정리하면 〈표 2〉와 같다.

〈표 2〉 특별전형의 유형에서 보는 것처럼 특기자 특별전형은 39개 유형, 대학의 독자적 기준에 의한 특별전형 유형은 31개 유형으로 나타나 있다. 이 중 특기자 전형은 분야별로 특기와 적성을 학생선발의 유형으로서 큰 의미를 지니는 것으로 볼 수 있다. 따라서 해당 대학의 건학정신과 우수 학생유치라는 점에서 특기자 전형과 독자적 기준에 의한 특별 전형은 더욱 다양하게 개발하고 확대될 전망이다.

한 예로 특기자 전형의 도입으로 붐을 일으키기 시작한 것이 경시대회이다. 경시대회가 난립되고 상업주의적으로 변질되고, "특별한 영역에서 탁월한 능력을 지닌 인재발굴"이라는 본래의 목적과는 달리 선행학습을 부추기고, 교육력의 낭비라는 말이 어울릴 정도로 많은 사교육비의 지출을 가져온 역기능적 문제를 초래한 것은 사실이다. 그렇다고 해서 이것을 폐지하는 것은 바람직한 일만은 아니다. 그 이유는 학생들의 특기와 적성을 고려한 다양한 학생선발을 다시 후퇴시키는 것이기 때문이다. 경시대회는 "특별한 영역에서 탁월한 능력을 지닌 인재 발굴"의 중요 수단이라는 것은 세계적인 영재교육학자들의 공통된 주장이다. 따라서 그 역기능적 문제점을 해결한다는 이유만으로 '폐지'라는 네거티브 접근(negative approach)을 하기 보다는 그 교육적 기능을 살리는 포지티브 접근(positive approach)을 하는 것이 바람직하다. 예컨대, 그 질 관리를 도모할 수 있는 제도적 보완책으로 인증제를 도입하여 그 난립과 상업주의적 변질을 막는 것이 상대적으로 바람직한 접근이 될 수 있다고 생각한다.

2) 대학지원자의 감소 시대의 대학입시 자율화

현행 대학입학제도의 기본적인 전제는 대학의 자율화 확대이다. 2002년의 대학입시제도 개선안은 ① 전형요소의 자율적 결정과 독자적 기준에 따라 학생을 선발하도록 함으로써 대학의 학생 선발권을 존중하는 자율성 부여, ② 복수지원·특별전형·수시모집·정시모집·추가 모집 등을 허용함으로써 진학자의 대학선택 기회확대, ③ 전반적인 고등학교 생활과 잠재 가능성 등을 준거로 삼는 전형요소와 선발과정에 대한 다양화를 통하여 종합적인 고등정신능력을 배양할 수 있는 교육풍토 조성과 공교육의 내실화를 도모하고자 했다는 점에서 '자율성', '다양성', '공공성'의 원칙을 중시했던 새로운 대학입시제도의 도입이었다고 생각한다.

교육인적자원부에서는 국, 영, 수 중심의 본고사와 고교 간 등급화 그리고 기여 입학 정도만을 제외하고 각 대학이 자율적으로 학생을 선발하도록 하고 있다. 대학입시의 자율화를 바탕으로 과거에 비해 보다 다양한 방법으로 학생을 선발하게 되었다는 것은 진일보한 것으로 볼 수 있다. 그러나 대학지원자수의 감소로 미충원율이 계속 늘어나고 있는 현실을 고려할 때 자율화는 더욱 확대될 전망이며, 대학은 이를 바탕으로 학생부족시대지만 우수학생을 유치하기 위해 더욱 다양한 입학전형을 추구할 수밖에 없다.

대학입학지원자 수의 변화에 직접적인 영향을 주는 진학대상 연령인구를 예측한 통계청의 장래인구 추계자료에 따르면 현재 663,000명에 이르는 진학대상 연령인구는 2008년까지는 해마다 19,000~45,000명씩 지속적으로 감소하지만 2009년도에 현재 수준을 회복한 후부터는 증가세가 계속되어 2011년도에는 703,000명에 이를 것으로 추정된다. 그러나 2011년도 이후부터는 진학대상 연령인구의 감소현상이 계속되어서 2050년도에 이르러서는 2003년도의 52% 수준인 367,000명으로 대폭 감소될 것으로 추산된다. 진학대상 연령인구의 감소 추세는 대학들의 미충원률을 확대시켜서 대학재정의 압박 요인으로 작용함으로서 재정자립도가 낮은 대부분의 사립대학들은 대학운영 전반에 걸쳐서 큰 어려움을 겪게 될 것으로 예상된다. 미충원률에 영향을 주는 학령인구의 변화 외에도 새로운 교육방법(e-Learning, blended learning 등) 그리고 이를 기반으로 등장한 새로운 형태의 대체 고등교육기관(사이버대학, 온라인대학 등)들은 기존 대학들과 경쟁관계를 형성할 것으로 전망되고 있어서 신입생 확보는 더욱 어려워질 것으로 우려되고 있다.

우리나라에서 대학의 설립과 운영은 한국인의 높은 교육열과 맞물려 대학 졸업장에 대한 많은 수요를 창출하였고, 이러한 수요는 일부 부실 대학의 경우에도 학생을 확보하는 데 별로 어려움을 주지 않았다. 따라서 지난날을 돌아볼 때 대학입시에서 대학의 자율성 보다는 공공성이 강조되어 학생정원의 통제를 받았고, 공정한 입시관리라는 목적 하에 학생선발을 국가가 관리하여 왔다. 해방에서 대학정비령이 마련된 1961년 진학대상 연령인구비 5.6에 이르는 시기를 제외하면, 지난 40여 년간 대학은 학생 선발에 직접, 간접으로 통제를 받았다.

이제는 시대가 변했다. 전국 군단위에 이르기까지 대학교가 설립되었고, 거기에 대학진학자 수의 감소로 많은 미충원 대학들이 생겨나고 있다. 예컨대, 2005학년도 학생모집인원을 채우지 못한 미등록 실태는 이를 입증한다. 2005학년도 대학입시에서 국공립 대학의 등록률은 94.5%, 사립대학의 등록률은 88.3%로 그 인원을 채우지 못하였다. 지역에 따라서는 대학 등록률이 상당한 차이를 보이고 있다. 그 실태를 살펴보면 〈표 3〉과 같다.

〈표 3〉 2005학년도 지역별 대학 등록률 실태

지역	등록률	미등록률	비고
서 울	98.5	1.5	
부 산	94.4	5.6	
대 구	97.1	2.9	
인 천	97.7	2.3	
광 주	80.1	19.9	4
대 전	86.1	13.9	
울 산	98.1	1.9	
경 기	95.7	4.3	
강 원	78.3	21.7	2
충 남	89.9	10.1	
충 북	86.2	13.8	
전 남	66.6	33.4	1
전 북	78.8	21.2	3
경 남	87.2	12.8	
경 북	87.5	12.5	
제 주	81.0	19.0	5
전 체	89.6	10.4	

〈표 3〉 2005학년도 지역별 대학 등록률 실태에서 보는 것처럼 전남, 강원, 전북 소재 대학들이 학생 정원 80%를 채우지 못하고 있는 실정이며, 광주와 제주 소재 대학들도 80%에 겨우 턱걸이 하고 있다. 이러한 현실이 말해주듯이 '더 이상 대학만 나오면 된다'는 생각을 하지 않는 현실이 되었다. 대학 경영자들도 옛날처럼 백화점식 대학의 학과 설치로는 대학경영이 어렵다는 것을 알게 된 것이다.

어느 대학을 막론하고 당장은 다양한 대학 내외적인 이해관계가 있기 때문에 실천에 옮기기는 어렵지만 구조조정은 불가피한 상태이고, M&A의 필요성에 대해서는 당위론적 인식을 같이하는 것으로 볼 수 있다. 또한 대학은 더 이상 안정된 사업은 아니며, 나름대로 대학을 특성화하지 않으면 살아남기 어려운 실정이다. 학생등록이 저조한 대학일수록 그 심각성을 여실히 느끼고 있는 실정이다.

국내 대학들이 겪고 있는 미충원 문제의 주요 원인은 대학입학지원자 수와 진학대상 연령인구의 감소에 따른 대학입학자원 부족과 수도권 집중화 및 특정분야(의학, 약학, 법학, 교육대학)의 편중지원 경향을 들 수가 있다. 특히 진학대상 연령인구의 감소에 따른 대학입학 지원자 수의 감소는 미충원률에 가장 큰 영향을 주는 요인으로 분석된다. 이는 대학정원 대비 진학대상 연령인구비가 2.15에 달했던 2001학년도의 경우 전체대학의 미충원률은 3.9%에 머물렀던 반면, 진학대상 연령인구비가 1.85에 머물렀던 2003학년도의 경우는 미충원률이 9.8%로, 진학대상 연령인구비가 1.66으로 더욱 낮아진 2005학년도의 경우는 미충원률이 10.4%로 증가되었다는 사실로 뒷받침되고 있다.

이상의 내용을 종합해 보면, 대학의 미충원 문제는 점차 심화될 것으로 예상된다. 대학정원을 자율적으로 감축하는 방법 외에는 근본적인 해결책을 찾기가 어려운 것이 현실이다. 이러한 학생 정원 미충원이라는 대학 내외적 변화와 관련하여 대학입시의 방향으로 다음과 같은 것을 생각할 수 있다.

첫째, 대학입시의 다양화와 완전 자율화의 방향이다. 즉, 대학마다 학생정원을 확보하고, 그것도 우수한 학생을 유치하기 위해서는 대학들을 저마다 다양한 학생선발 방법을 강구하지 않을 수 없는 실정이다. 대학이 학생을 제대로 충원하지 못하는 상황에서 대학의 학생선발은 완전 자율화에 맡기지 않을 수 없다. 완전 자율화 상황에서 대입전형 유형·방법은 다양화의 차원을 넘어 복잡하게 될 것이다. 대학이 학생 선발방법을 다양하게 하면 할수록 장기적으로 볼 때 오히려 중등교육은 그 본래 정해진 목적과 가르쳐야 할 교육내용을 충실하게 가르치게 될 것이다. 다만 여전히 학벌 중시의 교육관행이 알게 모르게 교육의식을 지배하고 있다는 점을 고려할 때, 학생선발의 자율화와 관련하여 입시의 공정성과 신뢰성을 제고할 수 있는 안전판을 염두에 둘 필요는 있다.

둘째, 지역에 따라 학생정원의 미충원의 편차가 큰 현실을 고려할 때 지역별 대학에 따라 대학입시전형 방법을 달리해야 한다. 특히 지방대학은 수도권의 주요 대학들과는 달리 직업전환 내지는 직업재교육을 원하는 성인학습자와 직장인에게 대학의 문호를 과감하게 개방할 수 있는 대학입시 전략을 수립할 필요가 있다. 그리고 정부는 지역별 대학의 균형 발전을 위해서 지방대학을 육성하기 위한 정책적 지원과 배려가 지속적으로 이루어져야 한다고 생각한다.

셋째, 아시아와 제3세계 개발도상국을 비롯하여 외국 학생들을 적극적으로 유치할 프로그램을 개발할 필요가 있다. 현실적으로 우리나라에서 유학을 하고 있는 학생과 외국에 나가있는 유학생을 비교할 때, 외국에 나가서 유학을 하고 있는 유학생이 10배가 넘는 것으로 집계되고 있다.

유럽연합(EU)은 미국과 영국 등 영어권으로 몰리는 외국유학생들을 적극 유치해 '전 세계 학문의 중심'으로 도약하겠다는 프로젝트를 내놓았다. 이른바 '에라스무스 문드(Erasmus Mundus)' 프로그램을 통하여 전 세계의 우수 학생들에게 장학금을 제공하며 유럽연합 내 대학원 프로그램에 등록시킬 계획을 하고 있다. 우리나라 대학들도 외국학생들을 적극 유치하기 위한 적극적인 노력을 할 필요가 있다.

넷째, 학생선발시기, 방법, 절차 등과 관련해서는 전국을 획일화하기보다 지역과 대학특성에 따라 분권화가 필요하고 수능체제도 자격고사냐, 학력고사냐, 적성고사냐의 성격 규정에서부터 응시횟수, 그리고 선택수능과 필수수능 등 여러 쟁점을 해소하기 위해 전반적으로 재검토해야 한다.

4. 맺음말

광복 이후 우리의 대학입시체제는 크게는 15차례, 세부적으로는

36차례나 바뀌어 왔다고 한다. 그러나 이러한 많은 제도 변화에도 불구하고 입시제도 개편에 대해서는 대체로 부정적 평가가 널리 확산되어 있다. 그러나 시각을 달리하면 이러한 사실은 대학입시가 중등교육의 정상화와 관련을 갖고 있었고, 그만큼 우리 사회의 변화는 큰 폭으로 급속하게 진행되었으며, 변화된 사회 각 계층의 다양화된 요구가 대학입시라는 보수적인 제도를 그렇게도 자주 바뀌도록 만든 것이라고 할 수 있다.

1980년대 초에 사교육비 경감을 내건 대학입학정원의 대폭 증원, 수도권 대학입학정원의 증원 불가방침 고수, 최근 수도권 고등학교의 평준화를 주민투표를 통하여 결정한 것, 예비고사 → 학력고사 → 수능시험으로의 변경, 그리고 2005학년도 수학능력 시험 제도 변경 등 그 동안의 굵직한 변혁이 사회적·정치적·국민적 요구를 반영한 것이라면, 교과목 선택의 다양화, 잠재적 능력 개발의 중시, 특성화 강조라는 세부 제도의 마련은 교육철학적 당위성을 반영하는 것이라고 할 수 있다.

최근 들어 교육환경은 크게 달라지고 있다. 특히 정보통신혁명으로 경제의 원리와 생산의 축을 달리하는 지식기반사회의 환경 변화는 거대한 시대적 흐름을 형성하면서 교육에 대한 요구를 과거와는 달리하고 있다. 흔히 말하는 창의적 인재양성은 국가경쟁력 강화의 측면에서도 개인의 경쟁력 강화의 측면에서도 심각하게 받아들일 수밖에 없는 대전제로 받아들여지고 있다.

그리고 대학은 대학진학 인구 감소에 대한 영향을 받지 않을 수 없는 상황이다. 이러한 대내외적 환경변화는 대학입시의 자율화와 다양화의 폭을 더욱 넓혀나갈 것이며 대학입시는 더욱 복잡해질 것이다. 이러한 점을 감안하여 대학입시제도를 수립하는 대학당국 그리고 이를 바탕으로 학생을 지도하는 교사의 입장에서 고려해야 할 주요사항을 결론삼아 제시하고자 한다.

첫째, 정부의 대학입시에 대한 역할 변화이다. 과거 정부는 대학입시의 공정성 확보라는 점에서 대학입시를 주도했었고, 최근에는 자율화 방침에 따라 많은 부분을 대학의 자율에 맡기고 있다. 이러한 자율화 상황에서 대학입시는 다양화되었으며 더욱 복잡해질 전망이다. 이처럼 많은 대학정보를 아날로그적인 방식으로 제공하는 것은 더 이상 비효율적이라 하지 않을 수 없다. 이를 신속 정확하게 전달 할 수 있는 디지털체제로 바꿀 수 있는 대입종합정보망을 구축해야 한다. 이제 정부는 대입제도 수립과 시행의 공정성 확보 못지않게 대입정보의 빈익빈 부익부 현상이 발생하지 않도록 하기 위한 노력을 해야 한다.

둘째, 대입 자율화 시대 대학들의 대입전형계획 수립의 측면이다. 대학은 건학정신과 학생정원 확보, 특히 우수학생 유치를 위한 대입전형을 더욱 다양화해야 한다. 이 때 대학 당국은 고등학교 교육과정을 충분히 배려하는 대입전형계획을 수립하도록 해야 한다. 대학은 모집시기별로 적성과 능력을 고려한 다양한 특기자 선발 방법을 계속 확대하는 방향으로 대입전형을 더욱 다양화할 때 학생유치가 용이해 질 수 있다. 그러나 대학입시가 고등학교 교육과정 운영과 교육활동을 정상적으로 이루어질 수 있도록 배려하는 것이 중요하다. 대학입시가 대학자율에 맡겨지고 다양한 선발방법을 강구하는 과정에서 고등학교 교육의 본질을 훼손해서는 안 된다. 예컨대, 수요자 중심을 강조하는 7차 교육과정은 그렇지 않아도 의존적인 성향을 보이고 있는 요즈음 학생들에게 어렵고 힘든 교과목을 회피하게 하고, 대입준비를 손쉬운 방법으로만 해결하려고 하는 비교육적 현상을 조장하고 있다는 점을 고려하여 대학입시전형 계획을 수립할 필요가 있다. 그러나 대학에서 고등학교의 현실을 감안하지 않거나 고등학교의 교육활동 전개를 어렵게 해서는 안 된다. 대학은 대입에 관한 정보를 교사, 학생, 학부모에게 있는 그대로 공개하여 지원자의 합리적 선택을 도와주어야 한다.

셋째, 대학입시를 준비하는 학생들을 지도하는 현직 교사들의 역할에 대한 것이다. 바람직한 입시 문화의 정착을 위해서는 고등학교에서 진학지도를 하고 있는 선생님들의 각오와 노력이 남달라야 한다. 학생과 학부모로부터 신뢰를 받기 위해서는 선생님들이 우선 다양한 입학 전형 방식에 대한 폭넓은 정보 수집과 분석하는 노력을 게을리 해서는 안 된다. 이러한 노력을 하지 않으면 선생님들의 자리를 사설교육기관의 입시전문가들에게 내주지 않을 수 없다. 우리가 더욱 중요하게 생각해야 할 것은 학교에서의 교육활동 자체에 대해서 신뢰를 받을 수 있도록 노력하는 일이다. 예컨대, 내신 성적 부풀리기의 풍토를 개선하지 않는 한 공교육에 대한 신뢰 확보는 어렵다. 이러한 풍토에서 학생부 활용확대를 통한 공교육 내실화는 기대할 수 없다. 또 하나 염두에 두어야 할 것은 대학진학 지도는 학생의 인생설계를 도와줄 수 있는 진로차원에서 접근해야 한다. 진학지도가 합격을 족집게 질 하는 일이 아니라 장래를 설계하는 창조적인 작업이 되어야 한다.

교육이란 피교육자의 무한한 잠재력을 이끌어 내어 그들이 가진 소질과 적성, 흥미를 스스로 계발(啓發)할 수 있게 해 주는 것이다. 우리는 지금까지 대학입시제도를 수차례 바꾸어 왔다. 여기에는 여러 가지 이유가 있었지만, 항상 교육정상화에 초점이 맞추어져 있었다. 그러나 이를 통하여 대학입시제도를 바꾼다고 해서 교육이 달라지지 않는다는 것을 확인할 수 있었다.

교육의 본질을 외면한 교육활동은 무의미하다. 교육의 본질에 대한 논의 없는 대학입시제도 개선은 무의미하며, 오히려 혼란만 가중시킬 뿐이라는 것을 우리는 너무나 잘 알고 있다. 그 피해가 무엇인지도 안다. 대학입시제도를 바꾸는 것도, 대학입시 대비를 위한 진학상담을 하는 것도 교육의 본질에 바탕을 두어야 한다.

우리는 가만히 누어도 밝게 자라날 아이들을 시험에 찌든 어두운 얼굴로 다니게 해서는 안 된다. 방과 후 학원으로 내몰렸던 아이들이 밝은 모습으로 운동장에서 사이좋게 뛰어 놀 수 있게 해 주어야 한다. 교과서나 참고서에서는 배울 수 없는, 그 아이들이 살아가기 위해 더 필요하고 중요한 것들을 학교와 가정, 사회에서 배울 수 있도록 해야 한다.

기러기 아빠의 죽음*

한 기러기 아빠가 월세 원룸에서 죽은 지 5일 만에 발견되어 충격을 주고 있습니다. 평소 외롭고 허무하다는 말을 주변사람들에게 자주 해온 이 기러기 아빠는 두 딸과 아내를 유학시키고 몇 해 홀로 뒷바라지를 해온 분이었습니다. 자녀교육을 위해 기러기 아빠가 된 남편과 기독녀(기혼한 독신녀)가 된 아내가 늘고 있는 것은 우리 교육현실이 안고 있는 커다란 문제가 아닐 수 없습니다.

자녀교육을 위해서 부모가 희생을 해야 하는 것은 당연한 일이고 심지어는 이산가족이 되어 고통을 받아도 괜찮다는 풍조는 그 이유가 어떠하든 믿는 이들의 선택은 아니라 생각됩니다.

현재 기러기 가족은 공식통계로만 16,000여 가족이라고 하지만 비공식적으로 훨씬 많으리라 추정됩니다. 조기유학이 확산된 2000년 초부터 기러기 가족은 급속히 증가했습니다. 조기유학을 가는 이유는 우리나라의 사교육비 부담이 크고 주입식 입시교육에 따른 고통 때문이라고 합니다. 어떤 부모들은 자녀들에게 외국에서 보다 큰 시야를 갖게 하고 외국어 하나라도 제대로 습득하게 하기 위해서라고 합니다. 그러나 이러한 것들이 모두 합당한 이유도 아닐뿐더러 어떤 면에서는 어머니의 지나친 과열 교육열 때문이거나 자녀를 통한 대리만족의 수단인 경우도 많습니다.

---

*이 글은 2005년 12월 「신앙계」에 기고한 글이다.

5과 현상의 비애

우리나라 교육은 소위 5과 현상이라 할 수 있는 '과잉교육', '과열교육', '과잉보호교육', '과잉경쟁교육', '과잉소비교육'으로 특징지을 수 있을 정도로 지나친 측면이 없지 않습니다. 자식사랑과 교육사랑의 뜻이 아무리 크고 고귀한 희생을 감수해야 하는 일이라 할지라도 이산가족이 자녀교육을 한다는 것은 진정한 의미에서의 자식사랑도 교육사랑도 아닌 모습인 것입니다. 더구나 우리주변에는 보통아이도 못되는 자녀를 둔 부모도 너무 많습니다. 보통아이만 되어도 감사하고 또 감사할 부모들이 많습니다. 자녀보다 하루만 늦게 죽게 해달라 기도하고 소원하는 장애우 부모도 많습니다. 그러나 이와는 달리 많은 부모들은 지나치리만큼 '최고의 자녀', '최상의 명문', '가장 행복한 자녀'를 꿈꾸고 있습니다. 이러한 생각들은 부모로서 어쩌면 당연한지도 모르는 사실입니다. 우리나라처럼 어느 대학을 졸업했느냐가 향후 삶을 결정하다시피 하는 사회에서는 어쩌면 기러기 가족이 늘고 기러기 부모가 생기는 것도 탓할 일만은 아닌지도 모릅니다.

그러나 기러기 아빠의 죽음이 주는 의미를 믿는 아버지, 어머니들은 새로운 뜻으로 받아들여야 한다고 생각합니다. 일어날 수 없는 병상에 누운 자녀를 둔 부모의 기도제목이 무엇이겠습니까? 건강한 것만도 보통아이가 된 것만도 부모의 속을 썩이지 않은 자녀인 것만도 정상으로 학교에 다닐 수 있는 것만도 감사할 일이 아닐까요?

기러기 가족은 창세기 2장 18절의 말씀처럼 '사람의 독처하는 것이 좋지 못하니 내가 그를 위해 돕는 배필을 지으신' 결혼의 목적을 벗어나는 일이요, 복의 근원 하나님에 대한 순종이 아닌 것입니다(삼상 2:7, 시 24:1~6). 무엇보다 '모든 것이 하나님 안에 있다.'는 시편 24편 1절의 말씀이나 '여호와께서 너를 위하여 하늘의 아름다운 보고를 열으사 네 땅에 때를 따라 비를 내리시고 네 손으로 하는 모든 일에 복을 주시리라'(신 28:12)는 말씀을 묵상해야 할 때인 것입니다.

부모의 대리만족을 위해 혹은 외국생활에 대한 동경이나 이웃따라 가는 경쟁심리 때문에 아비를 죽이면서까지 기러기 가족을 택하는 일은 무모한 결정이라 생각됩니다. 자녀 스스로 택한 경우보다 어머니의 선택이 우선된 경우가 대부분인 것으로 들립니다. 기러기 가족을 택한 어머니는 맹자의 어머니보다는 신 치맛바람 어머니에 가깝다는 비판도 있습니다. 자녀를 위해 눈물로 기도하는 어머니, 자녀를 위해 훈육하는 아버지가 필요한 때인 것입니다.

자녀의 교육문제도 잠언 16장 9절 말씀처럼 하나님을 믿고 순종하는 자의 결과는 축복이며 사람이 마음으로 자기의 일을 계획할지라도 그 걸음을 인도하는 자는 여호와시라는 것을 믿고 스스로 변해야 자녀 교육은 잘될 것이라 믿습니다.

대학 입시와 윤리 의식*

지난 해 말 2006학년도 대입 정시 원서 접수 사이트 마비의 원인이 먼저 접수한 일부 수험생들이 경쟁자들의 접수를 막기 위해 사이버 테러를 한 것으로 밝혀져 큰 충격을 주고 있습니다. 반복 접속 프로그램을 이용해 사이트를 무차별 공격함으로써 서버를 다운시켜 마감 연기라는 초유의 사태까지 몰고 온 것입니다. 가담한 학생이 한두 명도 아닌 1,000여 명에 이르고 혼자서 2만 회까지 접속한 경우도 있었다고 하니 젊은이들의 도덕 수준이 위험한 지경에 이르렀다는 점에서 놀랍고 참담한 심정을 금할 수 없습니다.

과열된 입시 현실 속에서 아무리 대학입시가 중요하고 경쟁자들을 의식하지 않을 수 없다 하더라도 사이트를 마비시켜 수많은 수험생들의 접수를 막겠다는 발상은 중대한 범죄 행위라 할 수 있습니다. 더구나 2004년에 치른 대입 수능 시험에서 휴대전화를 이용한 대규모 부정행위가 적발돼 우리사회에 큰 충격을 준 것이 엊그제인데 이번에 또다시 경쟁자들의 원서 접수 자체를 봉쇄하려 한 것은 우리 청소년들의 윤리의식이 망가졌다는 방증입니다. 위법을 따지기에 앞서 한 마디로 청소년들의 인성과 윤리의식이 무너져 아무런 죄의식 없이 남을 짓밟고 자기만 살자는 식의 발상이 팽배해 있다는 점이 안타깝습니다.

---

*이 글은 2006년 2월 KBS 뉴스해설 원고이다.

이번의 사태는 중대한 범죄 행위이자 우리 교육 현실의 단면을 드러낸 사건이라는 점에서 결코 가볍게 넘겨서는 안 될 것입니다.

이 같은 사태가 재발되지 않도록 하기 위해서는 모방 범죄가 많은 사이버 범죄의 특성을 감안해 적발된 수험생들에게 엄중한 사법적 책임을 물어야 합니다. 그리고 인성보다는 성적만을 중시하는 교육, 과정보다는 결과만을 중시하는 교육 풍토 또한 바뀌어야 합니다.

가정과 학교에서 인성 교육을 강화하는 것은 물론 사이버 시대에 맞는 사이버 윤리 교육도 더욱 강화해야 합니다. 무엇보다 온라인 활용 시스템이 공문서 발급 등 사회 전 분야로 확대되고 있는 현실을 감안해 사이버 테러 방지용 소프트웨어 개발과 기술력 배양 등 종합적인 관리 대책에도 투자를 아끼지 말아야 합니다.

과열 경쟁을 유발하는 대입제도를 보완하는 것이 근본 대책이 될 수 있지만 이보다 앞서 보다 공신력 있는 기관에서 영국에서 실시하고 있듯 우카스(UCAS)제도와 같은 종합적 입시 원서 서비스 체제를 마련하는 것도 바람직한 방안이 될 것입니다.

실업고 특례 확대 논란*

열린우리당(現 민주통합당)이 실업계 졸업생의 대학 특례 입학 비율을 현행 입학정원 외 3%에서 정원 내 10%로 확대하는 방안을 추진할 태세여서 논란이 증폭되고 있습니다. 실업고 졸업생들의 대학 진학 기회를 확대해 교육 양극화를 해소해 보자는 뜻으로 해석됩니다. 그러나 지난해 실업고 졸업자의 대학 진학률은 67%로 미국 63%, 일본 49%를 능가하고 있습니다. 그래서 실업고가 대학 입학의 수단이 되고 있다는 비판마저 일고 있습니다.

이런 상황에서 특례 입학자 수를 늘릴 경우 입학 기회가 그만큼 줄어드는 일반고 학생과 학부모들의 불만이 커질 수밖에 없고 실업고 설립 취지 또한 의미를 잃게 됩니다.

실업고는 산업현장에 진출하는 기술 인력을 양성하는 데 설립 목적을 두고 있어 교육과정, 교육시설, 교사구성 등이 일반 고교와는 차별화되는 학교입니다. 따라서 실업고와 일반고를 교육 양극화의 양축으로 인식해선 안 됩니다. 특성이 다른 두 학교라는 관점에서 이해해야 합니다.

실업고의 근본적인 문제는 기자재 구입비와 실험실습비 등이 부족하고 산업체에서 군 미필자 남자 실업고 졸업생을 외면하는 풍토가 확산되면서 성적이 낮은 학생들이 어쩔 수 없이 진학하는 학교

---

*이 글은 2006년 3월 KBS 뉴스해설 원고이다.

라는 잘못된 인식에 있습니다.

이와 함께 시시각각 발전하는 산업현장의 기술변화를 따라잡지 못해 졸업 후 취업에 어려움이 있다는 점입니다. 따라서 실업고를 살리는 길은 대학 진학의 특례를 인정하는 데 있지 않고 기능인 우대와 직업교육의 본질을 살려 본래의 취지가 살아나게 하는 데 있습니다.

더욱이 많은 실업고 재학생이 자기개발과 경제적 어려움을 극복하기 위해 진학보다 조기 취업을 선호하고 있어 특례 입학 확대가 얼마나 효과가 있을지도 의문입니다. 또 직업교육과 평생교육기관으로서의 전문대 위상을 저해해 전문대 공동화를 초래할 우려도 큽니다. 이뿐 아니라 특례 확대를 반대하는 대학의 자율성 침해도 신중히 고려돼야 합니다.

1960년대부터 우리나라 고교 직업교육의 중추적 역할을 해 온 실업고의 전통에 걸맞게, 그리고 산업계 수요에 맞게 소량 특성화하는 일이 실업고 활성화의 근본 대책입니다. IT 분야 등 특성화계 고교로 개혁하는 등 산업사회의 변화를 반영해 탄탄한 기초 직업능력을 키우는 일이 중요합니다.

산업체의 환영을 받고 취업이 잘 되는 직업교육을 하는 일이 입시 쿼터보다 선행되어야 할 정책입니다.

교육위원 선거 이대론 안 된다*

지난달 31일 전국에서 실시된 교육위원 선거에서 132명의 교육위원이 선출되었습니다. 교육위원은 '교육계 국회의원'이라 불릴 정도로 초·중등 교육현장에 큰 영향을 주는 직책입니다. 이에 걸맞게 전교조, 한국교총 등 교육단체들은 물론 사학재단들도 지지후보들을 내어 경쟁이 치열했습니다.

교육위원들은 국제중고 설립, 교원 성과급 차등지급, 교원평가, 학력신장 교육 그리고 학교선택권 확대 정책 등 초·중등교육과 관련된 조례안과 예산안을 다루는 데 영향을 줍니다. 교육청의 교육정책과 예산 배분 등의 권한을 갖고 적절한 견제의 기능을 수행하는 역할도 하게 됩니다.

이번 교육위원 선거결과에서 나타난 특징의 하나는 전국적으로 '전교조 외면' 현상이 두드러졌다는 것입니다. 42명의 후보를 낸 전교조는 4년 전 당선율의 절반에 해당되는 14명만 당선시키는 데 그쳤습니다. 서울에서 2명이 선출되었지만 부산, 대전, 전남·북에서는 한명도 당선시키지 못했습니다. 지난해 10월 북한 역사책을 발췌해 통일학교 행사 교재로 만들어 색깔논쟁이 벌어진 데다 전교조 투쟁방식에 대한 거부감도 한몫 한 것으로 풀이됩니다.

또 하나 우려할 만한 것은 이번 교육위원 선거과정에서 금품 살포

---

*이 글은 2006년 8월 KBS 뉴스해설 원고이다.

의혹이 잇따라 불거지는 등 불법과 탈법행위가 많았다는 점입니다.

이렇듯 불법과 탈법선거 의혹이 무더기로 제기됨에 따라 당선무효자도 나올 것으로 예상됩니다.

선거방식에 따른 문제점도 드러났습니다. 유권자들이 학교 운영위원으로 한정돼 정책보다는 학연이나 지연에 따라 투표를 하는 경향이 나타나고 후보가 몇 명이 나왔는지도 알 수 없을 뿐만 아니라 핵심공약에 대해 충분히 정보를 얻을 수 없는 한계점도 있습니다.

교육위원 선거전이 타락상을 보이고 교원단체나 특정집단의 대리전 양상을 띤다는 교육계 안팎의 지적에 따라 올 9월 정기국회에서는 법 개정이 추진될 전망입니다.

시도 교육감은 내년부터, 교육위원은 2010년부터 학부모 전체가 투표하는 직선제로 선출하고 교육위원회는 광역 자치단체 의회의 특별 상임위원회에 통합 운영되는 지방교육 자치에 관한 법률 개정안이 발의돼 있습니다.

이번 교육위원 선거는 기득권보다는 참 교육이 중요하다는 것을 일깨워 주었습니다. 또한 과열 탈법선거를 개선해야 한다는 데 공감대를 형성한 계기가 됐습니다.

앞으로 교육위원 선거제도에 대한 진지한 검토와 함께 학부모와 교육계의 의견을 대변할 수 있는 교육위원이 선출되기를 기대해봅니다.

촛불의 의미*

요즘 '촛불축제'니 '촛불시위'니 하여 온 나라가 조용하지 않다. 종래 우리가 인식하고 있는 말 그대로의 화려한 축제나 의식 그리고 간절한 기도를 할 때 사용되던 촛불을 켜는 의미와는 달리 요즘은 집단 의사표출의 한 수단으로 활용되고 있다.

흔히 촛불은 자신을 태워 어둠을 밝히는 자기희생과 헌신 그리고 아픔을 감내하며 타인을 위해 묵묵히 산화하는 상징적 의미를 지닌다. 지금껏 촛불이 지닌 의미와 상징성과는 달리 요즘의 촛불은 이제 대중의 뜻을 담아 수천수만 개의 빛이 되기도 하고 인간의 경건함을 넘어 큰 목소리와 주장을 담아 광화문과 서울광장과 여의도를 넘실거리는 소리의 빛을 담고 있기도 하다.

더구나 방송매체를 통해 뉴스 속에서 온 누리에 확산되는 빛이 되기도 하여 촛불은 정치적 의미로도 그 상징성을 지니게 되었다. 또한 요즘 우리 사회에서는 촛불시위가 인터넷에 중계됨으로써 사이버 공간의 촛불로서도 의미를 지니게 되었다.

아마도 촛불 없는 사회도 어두울 수 있을 것이다. 그러나 촛불이 매일 밤 켜지는 것도 어두움 못지않게 평화롭지만은 않을지도 모른다. 촛불의 거리에 시민들의 마음 속에는 미국쇠고기 검역과 광우병에 대한 국민 보건에 대한 우려가 클 수도 있고 그 이외의 다양

---

*이 글은 2008년 6월 성숙한 사회 가꾸기 모임에서 출간한 「성숙한 사회」 잡지에 기고한 칼럼 원고이다.

한 정치적 이유에서 촛불을 켰을 수도 있다. 그러나 나는 요즘 들어서 우리 국민들이 촛불을 '기도의 촛불', '경건한 예식의 촛불', '화려한 축제의 촛불' 그리고 '낭만의 촛불'로 밝힐 날들이 많아졌으면 얼마나 좋을 것인가를 생각해보게 된다. 30년 전의 일로 기억된다. 유학시절 크리스마스 시즌이었던 겨울인데 어느 저택 앞 창가에 촛불로 장식한 모습의 크리스마스 트리가 얼마나 평화롭게 보이든지 지금도 인상에 남는다. 촛불을 켤 때 우리는 우리 스스로를 먼저 살펴보고 경건한 자세가 되어야 한다는 생각이 드는 것도 그 때의 기억 때문인지도 모른다. 물론 요즘 촛불 축제나 촛불시위에 참여하는 분들도 이러한 자세로 참여하고 있으리라 믿고 싶다. 그러나 한 가지 간과해서는 아니 될 일이 있다. 세상을 밝히는 것은 촛불만이 아니라 사랑하고 용서하며 나누는 마음의 빛이라는 점이다.

이제 촛불 아래서 자신의 모습을 보자. 그리고 서로의 얼굴을 보자. 아픔이 있는지, 분노가 있는지, 그늘이 있는지, 여위고 지쳐있는지 아니면 열정과 비전이 있는지 서로 다시 한 번 눈여겨보며 나라와 민족 그리고 이웃을 먼저 생각하는 시간을 갖자. 무엇보다 사랑이 담겨 있는지를 보자. 그러한 연후에 다툼 뒤에 무엇이 있는지를 생각해보자. 세계는 하루가 다르게 변하고 있다는 것도 보자.

하루를 머뭇거리면 한 달이 늦어지고 한 달을 머뭇거리면 일 년이 뒤쳐진다는 것을 생각할 때다. 국가든, 개인이든, 조직이든 21세기형 변화를 감지하지 못하면 도태될 수밖에 없다는 것도 염두에 둘 때이다. 한나라당 정부이든 통합민주당 정부이든 대한민국 정부라는 점은 분명하다. 그리고 우리 모두는 대한민국 국민이라는 점도 분명하다. 대한민국 국민이 대한민국 정부에 주장할 일은 주장할 수 있다. 그러나 대한민국 국민이 주장을 위해 서로 아픔에 아픔을 더하는 행위를 하는 일은 이제 그만둘 때이다.

촛불축제는 과격한 시위보다 훨씬 평화롭고 진일보한 의사표시 방법임에는 틀림없다. 그러나 조금 더 깊이 생각해본다면 축제를 위한 촛불, 정부의 안정과 국가발전을 위한 기도의 촛불, 우리가 우리 스스로를 되돌아보기 위한 회개의 촛불, 그리고 세계에 세계일류국가인 내 나라 내 민족의 빛을 밝히는 촛불이 되길 기대할 때다. 누가 누구에게 돌을 던질 것이며, 누가 누구를 향해 촛불을 켤 것인가. 그리고 정부도 귀를 활짝 열어 광화문과 서울광장 그리고 청계 언저리에서 촛불을 밝히는 시민들의 소리를 들어야 한다. 거리 촛불을 켜는 사람도 시민에게 더 가까이 다가가지 못한 분들에게도 소홀했던 이유가 있기 때문이다.

우리에게는 지금 수많은 과제가 있다. 교육경쟁력을 기르는 일, 경제를 성장시키는 일, 복지와 환경문제가 없는 나라로 만드는 일, 세계시민을 기르는 일 그리고 법을 준수하고 질서를 세우는 일, 합리적 의사소통을 통해 나누고 아끼는 일, 무엇보다 사람다운 사람이 사는 나라로 만드는 일 등 해야 할 일이 너무 많다.

70년 개발시대를 기점으로 한동안 우리나라는 성장위주의 결과주의로 평가한 때도 있었고 민주화 과정에서는 민주화의 주장 이외에는 그 어떤 목소리도 값진 것으로 여기지 않았던 시대도 있었지만 가상공간이 매체역할을 하게 된 요즘에는 누리꾼들의 주장이 온 국민의 의사를 대변하는 시대로 접어들었다. 그러나 이 모든 사회 변화과정에서 우리가 간과해서는 아니 되는 것은 우리 모두는 다 다르다는 점이며 다른 것을 서로 인정하는 데 더 큰 포용력이 요구된다는 점이다.

다르면 차별화로 이어지거나 다른 생각을 하게 되면 잘못된 생각으로 쉽게 치부하는 것은 바람직하다 볼 수 없다. 더구나 다르다는 점을 자기 모습, 자기 생각, 자기 철학에 맞추어 주장하거나 동조시키려는 행위는 결코 바람직하지 않다는 점이다. 21세기는 '가장 잘 알고 가장 익숙하다는 것이 가장 무서운 적이 될 수 있는 세기'이다. 다시 말해 자기 우선, 자기주장 고수, 자기 목소리 가장 크게 내기 등은 사회 전체를 위해 바람직하지만은 않다는 것이다.

너무 식상한 표현일 수 있지만 어느 정부도 국민 위에 설 수 없고 국민과 함께 해야 되는 것이고, 법 또한 국민을 위한 국민에 의한 법이며 국민 위에 서는 법이 없듯이 우리 국민 개개인 또한 법 위에 자기가 홀로 설 수 없고 정부 위에 자기가 설 수 없다는 점을 간과해서는 안 된다.

이제 함께하는 정부, 함께하는 법, 함께하는 나라 사랑이 그 어느 때보다 필요한 때다. 이명박 정부는 이제 시작되었다 해도 과언이 아니다. 촛불축제는 이명박 정부의 새로운 시작, 새로운 각오, 새로운 국민 사랑을 위해 거듭나라는 메시지를 전달하였다 생각된다. 그리고 거리에선 많은 시민들이 이런 의미에서 촛불을 밝혔다고 생각된다. 촛불을 영원히 끄는 것도 바람직하지 않다. 그러나 촛불을 계속 켜는 것도 현명하지는 않다. 촛불의 헌신적 의미, 자신을 위해 어둠을 밝히는 경건한 자기희생의 의미를 재음미할 때이다. 이미 촛불은 미국 대륙과 워싱턴에도 비추었기 때문이다.

KBS 해설 – 교육감 선출제도*

사상 처음 주민직선으로 공정택 서울시 교육감이 선출되었습니다. 서울시 교육감은 6조 원 가량의 예산집행과 초·중등교직원 5만 5000명의 인사권을 행사하며 고등학교 배정방식 결정이나 초등학교 영어교육확대 등 초·중등교육의 주요정책을 결정하는 교육대통령이라 불릴 정도의 막중한 역할을 수행하게 됩니다.

그러나 선거과정에서 일반 시민들은 냉담한데 반해 후보자들은 이전투구식 폭로전과 정책적 판단보다는 '반전교조'와 '이명박 정부 교육심판' 구도의 이념 대결 양상을 보였다는 비판이 일고 있습니다. 여야의 특정후보 지원 등 교육의 정치적 중립훼손과 15.4%의 낮은 투표율에 따른 한 자리 숫자의 당선에 따른 대표성 문제 그리고 교육감 선거 때마다 교육정책이 흔들리게 돼 학생과 학부모의 혼란이 커질 것이라는 우려도 나오고 있습니다. 일부는 직선제 무용론과 함께 제도적 단점을 보완할 수 있는 대안 마련이 필요하다는 목소리도 있습니다.

이러한 우려에도 불구하고 학부모들과 일선학교에서는 새로 선출된 교육감에게 거는 기대가 적지 않습니다.

이번에 선출된 공정택 교육감은 자립형사립고 추진 등 고교선택제를 실시하고 학력진단평가를 확대하며 교사의 질을 높이기 위해

*이 글은 2008년 7월 KBS 해설 원고이다.

교원평가제를 실시하겠다는 공약을 한 바 있습니다. 그리고 수준별 이동수업과 영재교육을 강화하겠다는 입장도 취해 왔습니다.

따라서 공정택 교육감의 재선은 교육과학기술부의 학교자율화 조치와 맞물려 학력신장강화와 학교다양화 그리고 자율과 수월성 교육이 탄력을 받을 것으로 기대됩니다. 특히 논란이 되어왔던 교원평가제를 비롯해 이명박 정부의 공교육 경쟁력 강화와 학교다양화를 추진하는 등 수월성 교육 기조도 강화될 것으로 예측됩니다.

그러나 입시경쟁으로 고통 받는 학생들과 사교육비 부담에 허덕이는 학부모들의 짐을 덜어주는 일에도 소홀히 해서는 안 될 것입니다. 또한 선거과정에서 나타난 교육노선에 대한 다양한 의견과 주장을 최대한 수렴하고 주민의 뜻을 교육에 더 반영하여 경쟁력 있는 공교육을 정착시키고 체감할 수 있는 교육정책추진을 하는 일이 중요하다고 생각됩니다.

세계 각국은 인재를 키우기 위해 교육개혁에 몰두하고 있습니다. 이 점에서 부진한 학생의 기초학력 신장과 잠재력 개발에 최선을 다 하되 헌법 31조에 보장된 교육의 정치적 중립에도 투철해야 할 것입니다.

위기에 처한 국가와 교육*

1983년 미국에서 「위기에 처한 국가」(A nation at risk)라는 보고서가 발간되어 전 미국을 떠들썩하게 한 적이 있다. 이 보고서는 국가가 위기에 처해 있고 그 주된 이유는 교육의 부실에 있다는 교육보고서였다. 무엇보다 교육의 위기를 제기하고 진단한 주된 그룹이 산업체와 기업에 종사하는 분들이라는 점이 주목을 받았다. 그 후 카네기재단을 중심으로 「준비된 국가」라는 보고서와 50개 주의 주요 대학을 중심으로 교사 교육개혁에 관한 「내일의 교사」보고서가 잇달아 발표되었다.

이러한 진단을 바탕으로 미국은 지속적인 교육개혁을 하여 왔고 세계 100위권 대학의 70%를 차지하고 세계에서 64만 명의 정규유학생을 받는 교육강국으로서의 위치를 지켜오고 있다. 국가의 위기를 자초하는 근본원인도 교육이요, 국가의 위기를 해소하는 해결책도 교육이라는 점을 반증해 준다.

우리나라도 어느 정부 어느 시대든 교육의 중요성을 강조하지 않은 때가 없고 교육열 또한 세계 제일의 수준에 이른다. 그러나 정작 교육강국, 교육산업 선진국을 위해 교육다운 교육, 효율적인 교육체제, 훌륭한 교사양성 그리고 학부모들과 학생들이 만족하는 교육을 구축하는 데는 상대적으로 소홀했다는 아쉬움도 많다.

---

*이 글은 2008년 9월 「국민일보」 칼럼 내용이다.

이명박 정부 들어 대학자율화와 중등교육의 다양화, 교육격차 해소 등의 여러 정책이 발표되거나 추진 중에 있다. 이러한 정책들은 대학교육의 세계적 경쟁력을 제고시키고 초·중등교육의 수월성을 확보하기 위한 노력의 일환이다. 다양한 교육욕구를 지닌 학생과 학부모의 수요에 맞게 수요자 중심 교육을 하겠다는 의지이다. 교육선진국이 그러하였듯 세계에 내놓을만한 교육 강국의 틀이 정립될 수 있는 계기가 되길 기대한다.

그러나 초·중등교육에서 최상의 교육복지는 사교육비를 경감시키고 교육격차를 줄이면서 교육의 질을 높이는 세 마리 토끼를 잡는 일이라는 점을 늘 염두에 두어야 한다. 대학교육에서도 세계적인 대학을 만드는 일과 함께 각기 다른 모습의 대학 특성화를 유지시키기 위해 범부처적인 노력을 기울이는 일이 중요하다.

일례로 WCU(세계대학)육성안이나 인재양성대학 육성 등 포뮬라 형태의 재정지원 방식에 있어서도 전국적으로 획일화된 방식보다는 개별대학이 추구하는 특성화를 존중하는 다양한 트랙을 활용하는 것도 바람직하다. 교육여건 중심의 정량적 지표도 고려하되 여건이 흡족하지 못하더라도 변화하기 위해 개혁의지를 가진 대학, 의대나 공대가 없는 인문사회·예체능 중심 대학 등에 대해서도 도약의 기회를 주어야 한다.

그리고 최대의 학생복지인 취업확대를 위해 산학연협력시스템을 현장착근형으로 다시 구축하는 일이 중요하다. 청년실업해소는 국가의 일차적 책임이기 때문이다. 인재양성 교육의 틀도 재외동포를 포함하는 세계적 틀 속의 인재양성 틀로 바꿔야 한다. 이제 세계를 향해 대한민국 교육영토를 넓히고 교육지도도 바꿔야 할 때이기 때문이다. 국가가 위기일수록 교육투자를 늘리고 교육을 강화해야 하며 교육개혁도 적극 추진해야 한다. 토니 블레어 영국수상이 말하듯 “교육은 최상의 경제”이기 때문이다.

헌것과 새로운 것*

세상을 살다보면 헌것과 새로운 것에 대한 생각이 확연히 다른 경우들을 보곤 한다. 그러나 분명한 것은 영원한 새로운 것도 없고 영원한 헌것도 없다는 사실이다. 다만 시간의 차이에 의해서 헌것과 새로운 것의 구분이 지어지는 것이 아닌가 하는 생각이 들 때도 있다. 헌것 없이 새로운 것이 있을 수도 없고 새로운 것이 헌것보다 반드시 낫다는 논리도 없기 때문에 새로운 것에만 매료될 이유가 없기 때문이다.

정권이 들어서면 새로운 정책과 새로운 가치를 부여하기 위해 많은 노력을 기울이는 것을 볼 때도 그렇고 새로운 것을 선호하는 일부 사람들을 볼 때도 여러 생각을 하게 된다.

요즘 헌것이면서 새로운 것 때문에 사회가 아픔을 겪고 있는 것을 보면서도 시간의 간극이 있을 뿐 헌것도 새것이요 새것도 헌것과 같다는 법어 같은 말을 할 수 밖에 없게 되었다. 다름 아닌 전직 대통령과 관련된 비리의혹과 이러한 수사과정의 모습이 복잡한 느낌을 준다. 전두환 대통령 이래 지금까지 지난 30여 년 가까이 헌것과 같은 동일한 비리사건을 마치 새로운 것처럼 언론이 다루고 국민들이 헌것과 같은 느낌으로 새로운 것과 같은 뉴스를 접하고 있기 때문이다.

---

*이 글은 2009년 4월 성숙한 사회 가꾸기 모임 원고이다.

흔히, 식상할 정도의 말이지만 돈과 권력을 동시에 쥐는 일은 매우 쉬울 수 있으나 깨끗한 권력을 유지하고 국민에게 진실된 권력으로 남기 위해서는 돈과 함께 하는 일은 위험천만한 일이다. 그래서 헌것이라 할 수 있는 역사를 배워 새로운 역사를 창조하기 위해 쓰듯이 헌것을 새로운 것을 위한 토대로 쓰기도 하고 새로운 것들이 헌것을 유지하기 위해 쓰이기도 하는 이유를 깨닫지 못한 데서 전직대통령들이 똑같은 과오를 반복하는 것이다. 결국 헌것이나 새것이나 모양과 위치가 다르고 강도가 다르지만 본질은 동일하다는 원리 때문일 것이다.

1980년대 초에 미국의 경영학자인 리프킨이 쓴 책 중에 '앤트로피'라는 책이 있다. 요즘 회자되고 있는 저탄소 녹색성장과도 연계될 수 있는 열역학 법칙인 '앤트로피'를 다룬 책이다. 이 책의 주요 골자는 열역학 법칙에 의하면 열(에너지) 총량은 불변하지만 에너지의 위치, 모습, 효용가치 등은 변화한다는 것이다. 그리고 인류가 쓸 수 있는 에너지를 지나치게 써버림으로써 쓸모없는 에너지양이 증가하게 되는 高앤트로피 사회가 되고 있다고 경고하고 있다. 헌것과 새로운 것 또한 위치가 다르고 모양이 다르고 강도는 다르지만 본질은 동일하다는 이유도 이러한 논리에 접목해 볼 수 있다 생각되는 것이다.

인류가 꾸준히 새로운 가치, 새로운 문명, 새로운 제도, 새로운 상품을 추구하면서도 끊임없이 부정직과 불의와 부정과 같은 이미 가치판단이 이루어진 헌것들을 반복하고 있지는 않은지 안타깝다는 느낌이다. 오히려 분명한 가치가 인정된 진실, 용기, 사랑, 정직

등 긍정적 옛 것들은 새로운 것으로 승화시키는 데 쓰이는 지혜로 필요하다.

유럽 이탈리아 여행 중 들린 화산에 붕괴된 폼페이의 모습 속에서 천여 년이 지났지만 모양만 다를 뿐 긴 시간이 지난 오늘날의 인간의 행동과 생활 모습이 유사한 점에 충격을 받은 적이 있다. 있을 것은 다 있고 할 것은 다 했다는 느낌이 들 정도였다. '이때도 인간은 헌것을 새로운 것으로 착각하면서 동일한 실수를 하면서 동일한 욕심을 부리고 있구나.'하는 생각을 한 적이 있다.

진정으로 새로운 것은 제도가 아니라 물질적인 것이 아니라 사람됨을 바꾸는 일이요, 사고자체를 바꾸는 일이다. 새로운 생각, 새로운 태도와 행동, 새로운 삶의 추구야말로 진정한 의미에서의 새로운 것이다. 새로운 핸드폰과 같이 새로운 기술에 의한 신상품이 새로운 것일 수 있으나 사람이 바뀌지 않으면 그 어떤 새로운 것도 모양과 품질은 새로울지 모르나 진정한 의미에서의 새로운 것일 수 없다.

KBS 신년해설*

이명박 대통령이 신년연설에서 '사교육 않고도 대학가게 교육개혁을 직접 챙기겠다.'는 강한 의지를 표명했습니다.

사교육비 문제는 역대정권 모두 교육개혁의 핵심적 과제가 되어왔으나 지금까지도 해결되지 못해 국민적 고통과 공교육 정상화의 걸림돌이 되어왔습니다.

사교육비 절감은 곧 공교육 정상화와 동전 양면의 관계라는 점에서 어떻게든 해결해야 할 교육적 과제입니다.

무엇보다 교육 경쟁력이 곧 국가 경쟁력이라는 점에서 사교육비 경감은 교육 선진국으로 도약하기 위한 선결 과제입니다.

우선 그동안 추진해 온 공교육 정상화와 사교육비 절감, 그리고 대학입시 자율화와 대학교육 경쟁력 제고 등의 교육개혁을 지속적으로 추진해야 합니다.

사교육비 경감은 공교육 내실화와 선진형 입학전형의 정착 그리고 사교육 대체서비스 강화 등 종합적이고 강력한 대책 없이는 풍

*이 글은 2009년 12월 31일 방영된 2010년 KBS 신년해설 원고이다.

선효과와 같은 또 다른 역작용을 낳을 수 있습니다.

기숙형고교, 마이스터고교 등 고교 다양화를 통한 공교육정상화정책을 적극적으로 추진해야 합니다. 또한 다양한 창의·인성교육활동을 바탕으로 학력 못지않게 창의력과 잠재력을 갖춘 학생이 다양한 방법으로 선발될 수 있도록 대학입시 틀도 개선해야 합니다.

특히 대학입시 자율화 차원에서 지금껏 추진해 온 대학입시사정관제가 제대로 정착될 수 있도록 대학과 정부, 학부모, 그리고 고등학교 모두 협력을 해야 합니다.

사교육 없이 대학을 진학하는 것은 공교육 정상화의 길이요 우리나라 교육을 바로잡는 핵심적 관건이기 때문입니다.

그리고 사교육비 경감을 위해서는 다양한 학교 간, 교사 간 선의의 경쟁이 우선되어야 합니다.

단위학교평가는 물론 교원능력개발평가를 전국 초·중등학교로 전면 확대해야 합니다.

이와 함께 외국어고 개혁과 영어학습 그리고 특기적성교육 등에 대한 보완책을 통해 사교육 없는 학교도 적극 강구해야 합니다.

이와 함께 수능준비와 대입정보 제공을 마련하는 등 저렴하고 질 높은 사교육 대체 서비스를 활성화해 대학입시를 준비하기 위한 사교육요인을 최소화해야 합니다.

KBS 신년해설*

2010년 경인년 새해가 밝아왔습니다.

이명박 대통령께서 신년 국정연설에서 밝힌 바대로 올해는 세계 금융 경제위기와 기후변화 등에 따른 세계 신질서 등장에 따라 선진일류 대한민국의 변화가 절실히 필요한 한 해가 시작된 것입니다.

교육계 또한 해야 할 일이 많은 2010년입니다.

우선 지난해부터 추진해 온 공교육정상화와 사교육비 절감, 그리고 대학입시 자율화 등의 교육개혁이 정착될 수 있도록 지속적인 노력을 해야 합니다.

공교육 정상화는 곧 사교육비 절감과 동전 양면의 관계라는 점에서 고교교육의 다양화 프로그램을 내실화하는 것이 중요합니다.

기숙형고교, 특성화고, 마이스터고교, 자율형공립고교, 외국어교육개혁 등의 고교 다양화와 공교육 정상화 정책을 적극적으로 추진해야 합니다.

그리고 대학입시 자율화와 사교육 없이 원하는 대학을 진학할

*이 글은 2010년 KBS 신년해설 원고이다.

수 있는 대학입학사정관제가 제대로 정착되어야 합니다. 이를 위해 대학과 정부 그리고 고등학교 모두 협력을 해야 합니다.

사교육 없이 대학을 진학하는 것은 공교육 정상화 못지않게 우리나라 교육을 바로잡는 핵심적 관건이기 때문입니다.

공교육 정상화를 위해서는 창의력을 갖춘 인재양성을 위한 다양한 학교 간, 교사 간 선의의 경쟁이 전제되어야 합니다.

단위학교 평가와 교원능력 개발평가를 전국 초·중등학교로 전면 확대해야 합니다.

또한 사교육을 최소화할 수 있도록 수능준비와 대입정보 제공을 마련하는 등 저렴하고 질 높은 사교육대체 서비스를 활성화해 대학입시를 준비하기 위한 사교육 요인을 최소화해야 합니다.

이를 위해 다양한 창의적 체험 활동을 통한 창의·인성교육 강화와 교육활동을 바탕으로 대학입학이 이루어지고, 대학입학사정관제를 통해 학력위주보다 잠재력을 갖춘 학생이 선발될 수 있도록 해야 합니다.

이와 함께 교육과학기술 선진화를 통해 세계 교육일류국가 도약의 틀도 마련해야 합니다.

특히 학부모들이 안심할 수 있고 교사들이 보람을 느끼며 가르칠 수 있는 학교환경을 만들어야 하며, 소외계층을 위한 맞춤형 교육 등 교육복지 정책도 적극 추진해야 합니다.

2010년은 믿음이 가는 교육개혁을 통해 교육희망의 새해, 교육선진국으로 브랜드화 하는 새해 그리고 사교육 없이 원하는 대학을 진학할 수 있는 사교육 없는 원년이 되기를 희망합니다.

KBS 해설 – 오바마도 칭찬한 한국교육*

흔히 교육은 사람을 만들고 사람은 교육을 만든다고 합니다. 세계 각국의 지도자들도 교육을 최상의 투자로 인식하여 교육개혁에 박차를 가하고 있습니다. 창의성과 과학기술지식력 신장, 그리고 다른 민족과 문화를 이해하고 더불어 살 수 있는 글로벌 사회성을 기르는 데 온 힘을 쏟고 있습니다.

그 동안 우리교육은 평등주의와 능력주의 간의 갈등과 입시위주 교육 그리고 사교육 고통 등에서 벗어나지 못한 점도 없지 않습니다. 그럼에도 지금까지 우리나라의 국력을 신장하고 세계경제 11위권으로 진입하는 데 교육이 결정적 기여를 하였다는 점을 부인할 사람은 없습니다.

비록 우리 교육의 명암이 존재하나 이제 우리 교육을 비판적 시각에서만 볼 때가 아니라 생각합니다. 어려운 환경에서도 인재 양성에 힘쓴 교육과 교육자들에게 격려와 감사함을 갖는 긍정적 자세가 필요한 때입니다.

우리의 초·중등교육은 어느 나라 못지않은 교육수준이고 만 13세와 16세 아동의 학업성취수준 국제비교에서도 세계 으뜸에 속합니다. 대학경쟁력도 세계 100위권 이내의 대학들이 나오기 시작했습니다. 미국 오바마 대통령이 한국교육을 칭찬하는 데도 충분한

---

*이 글은 2010년 2월 KBS 해설 원고이다.

이유가 있습니다. 제한된 여건 속에서도 세계 으뜸가는 교육열과 학생들의 노력의 결과 때문입니다. OECD 국가들도 우리나라를 교육기적의 나라라고 합니다. 전쟁의 폐허 속에서도 민주주의와 경제성장을 이뤄 무역수준 11위인 나라, 만 13세·16세 아동의 학업성취 수준이 세계 으뜸인 나라, 대학진학율 82.4%로 세계최고인 나라 그리고 국민의 지능지수 평균 102로 세계 2위인 나라라는 이유에서입니다. 이러한 모든 성과는 교육에 의해서 가능했기 때문이라는 것입니다. 미국의 유명대학원에서도 한국을 비롯한 아시아 국가들의 학업성취수준이 높다는 연구결과를 교재로 활용하면서 아시아 부모들의 교육열, 학습시간 그리고 공교육의 강화 등이 성취수준을 높이고 있다며 우리나라 교육을 본받고자 하고 있습니다.

이제 우리 온 국민 모두 교육 기적의 나라에 걸맞은 학습자, 교육자, 학부모 그리고 정부가 되기를 기대합니다.

IMF때 돌반지까지 내놓던 나라 사랑의 정신으로, 월드컵 때 지역이나 지위, 남녀노소를 불문하고 오직 한국인이라는 하나로 뭉쳐 '대한민국'을 외쳤듯이 이제는 온 국민이 세계 여러 나라들이 칭송하는 한국교육의 자부심을 키울 때입니다. 그럴 때 우리의 교육格은 더욱 높아질 것입니다.

이제 자녀교육을 통해 대리 보상을 얻고자 하는 「한풀이」 교육을 지양하고 우리 교육을 온 국민이 가꾸며 교육열을 건전한 방향으로 승화시키는 일만 남았습니다.

한국일보 대입전형 관련 인터뷰*

- 대입 자율화는 어느 정도 이뤄졌다고 보나

대입 자율화는 자율과 책무성의 조화가 필요한 사안이다. 특히 대학입시자율화는 우리나라 공교육 정상화의 관건이기도 하다. 이런 점에서 정부나 대학, 고교 그리고 학부모에 이르기까지 모두 입시관련 당사자들이 함께 노력해야 할 교육이 안고 있는 최대 과제 중의 하나이다. 현재 대입 자율화의 수준은 그 동안 MB정부차원에서 많은 노력은 하고 있지만 만족할 만한 수준에 이르지 못하고 있다.

반영 전형요소, 전형방법, 전형절차와 모집단위 등 상당부분 진척이 있었으나 아직도 대입자율화는 더욱 신장되어야 한다. 대입정상화와 자율화의 일환으로 도입된 입시사정관제 도입에 따라 한편으로는 도입과정에서 공공성 담보를 위한 사정관제 보완 장치 등이 이루어지고 있어 또 다른 규제요인이 되고 있다. 또한 3불정책의 폐지 여부도 중요한 자율화의 쟁점이 될 수도 있다.

- 2012년 말 대입 완전 자율화가 가능할 것으로 판단하나

2012년까지 완전 자율화가 이루어지기를 간절히 희망한다. 그러나 대입 자율화의 전제는 입시와 관련된 사람들 간의 협력과 노력 없이는 시간이 걸릴 수도 있다. 정부는 입시의 공정성과 공공성을

*이 글은 2010년 4월 「한국일보」 인터뷰 내용이다.

고려한 입시감독권 차원에서, 대학은 잠재 가능성을 가진 학생을 선발하려는 학생 선발권의 차원에서 그리고 고등학교 측에서는 교육시킨 학생들을 추천하는 추천권의 차원에서 학부모는 교육위탁권의 차원에서 마지막으로 학생들은 학교선택권이나 학습권의 차원에서 서로 협조하고 노력할 때만 대학입시 자율화는 가능하다 생각된다. 대입 자율화가 정착되면 공교육 정상화, 사교육비 경감 등도 가시적인 진전이 이루어지리라 생각된다. 2012년까지 제도적으로 완전자율화가 가능할 수도 있다고 본다. 그러나 학부모의 지나친 교육열 등 대학 입시문화가 건전화될 때에 운영의 내실화가 가능할 것이다.

- 3불 정책에 대한 입장은(특히 기여입학제)

3불정책은 언젠가는 없어져야 할 정책이다.

시대가 바뀌고 교육욕구가 변화하면 어떠한 정책도 변화가 불가피한 것이다. 고교등급제는 정보공시제의 활성화에 따라 그리고 수능 점수의 공개에 따라 이미 고교 간, 지역 간, 고교 특성 간 알려질 부분은 거의 알려진 상태이고 본고사 역시 면접이나 논술 그리고 다단계 선발과정에서 변형된 형태로 일부 시행되고 있다. 다만 영수국 위주의 암기형 학력위주의 본고사가 근본적으로 문제시되고 있어 제도적으로 금지되고 있을 뿐이다. 특히 기여입학제는 1988년 처음 화두가 된 이후 22년이 지난 현시점에서도 문제가 되고 있는데 주로 「국민정서」가 이를 허락하지 않기 때문이다. 우리나라에서 상대적으로 개인의 능력에 의해 사회계층이동 특히 상승

이동이 가능한 방법이 교육인데 이것마저 지위와 명예 계층에 의한 세습화 할 우려가 있다고 해서 반대하는 것 같다. 그러나 운영여하에 따라서는 반드시 그렇지도 않다. 오히려 소외계층에 장학금의 기회확대도 가능하고 교육 여건 개선에도 도움이 되리라 본다. 예를 들어 A대학교에서 기여입학제를 도입한다하면 정원 외 2%로 400명을 모집하되 동문자녀를 비롯한 여러 형태로 대학에 기여한 학교기여자 자녀에 국한시키고 최저학력기준을 설정한다면 기여입학제에 따른 쟁점을 최소화 할 수 있을 것이다. 특히 정원 내에 속한 일반학생들과의 기회의 형평성 문제도 해소할 수 있고 만약 기여금이 있다면 투명하게 특별회계로 관리하면서 장학금 등 특수목적에 사용한다면 오히려 저소득층 자녀들에게 대학교육의 기회확대도 가능하리라 생각된다. 아울러 유학하는 학생들을 우리나라 대학에 진학 시킬 수 있는 유학 대체 효과도 가져올 수 있다. 다만 못사는 것도 억울한데 부나 특정계층에 의해 교육이 세습된다는 국민정서의 문제는 풀어야 할 과제라 생각된다. 이제 3불은 폐지될 때가 됐다고 생각한다.

– 2011학년도 상명대 전형의 특징은(수시와 정시로 나눠)

우리 상명대학교의 2011 입시주요특징은 수시모집의 경우 총 695명을 1차, 2차 수시로 구분하여 모집하며 주로 입학사정관제전형으로 선발한다. 종래의 명인추천/CEO추천/스타학생전형은 지원전공분야 전문가 추천을 받는 전문가추천자전형으로 바뀌었고 교사교장추천자 전형과 특정분야에 탁월한 재능이나 자질을 갖춘 학생이 자신을 스스로 추천하는 자기추천자전형을 입학사정관이 선발한다. 특히 서울시 구청장 또는 본교자매결연 지방자치단체장이 추천한 해당 지역거주자 등 지역인재 전형이 있다.

정시모집은 나군과 다군 분할 모집으로 변경되었다. 일반학생 정시 전형은 수능 반영 비율이 10-20% 증가했고 학생부 반영 비율은 10-20% 축소되었다.

– 입학사정관제에 대한 평가는

입학사정관제는 필요한 제도이고 정착시켜야 한다고 생각한다. 그러나 입학사정관제만으로 우리나라가 안고 있는 입시문제를 해소시킬 수 있다고는 생각지 않는다. 우선 입학사정관제가 정착하기 위해서는 대학들의 노력이 절실히 필요하고 고등학교와 학부모들의 협력도 필요하다. 이명박 정부 들어 고교교육의 다양화 정책과 입학사정관제가 동시에 이루어지고 있기 때문에 이 두 정책이 성공적으로 정착되면 사교육 등 입시문제도 많이 완화되고 입학사정관제도도 정착되리라 본다.

– 대입자율화시대 대교협의 역할은

대입자율화시대의 대교협의 역할은 매우 중요하다. 특히 자율화시대에 맞게 전문성과 역량을 가지고 조율하고 학력을 유도하는 섬김의 리더십을 발휘할 때이고 이슈마다 이를 해결하고 국민으로부터 공감을 받을 수 있는 「이슈 리더십」을 발휘하는 일이 매우 중요하다. 감독과 통제 등 또 다른 정부기관의 역할을 하려 해서는 안

되며 화합과 조율의 리더십을 발휘하는 게 바람직하다 생각된다.

〈대학 개혁 및 재정, 기타〉

– 상명대 개혁의 특징은

상명대 개혁의 특징은 변화와 개혁을 주축으로 하는 'New Sangmyung' 개념이다. 긴 역사와 전통을 가진 상명대학교가 제2, 제3의 창학의 정신으로 21세기 변화에 주도적으로 대응하면서 세계적 대학으로 조속한 시일에 부상하는 것에 초점을 두고 있다. 특히 블루오션 전략과 글로벌 경영개념 그리고 학생고객 중심 학사운영을 들 수 있다. 이에 따라 교양교육 파괴를 통해 느낌이 있고 크게 볼 수 있는 교양과정을 도입했다. 예컨대 대사강좌, 명인강좌, 성공학강좌 등이 도입되었고 100권의 SM 위대한 책 시리즈를 통해 비판적 사고와 간접경험의 폭을 넓히도록 할 계획이다. 일학년 때부터 졸업 이후까지 학생들을 지도하는 평생지도교수제를 통해 학생들과의 밀착 학생지도가 가능하도록 하여 진정으로 교육다운 교육과 고객중심체제를 정립하도록 여러 가지 개혁을 추진하고 있다.

융복합학문적 추세를 감안한 에너지그리드, 그린생명과학과 등 국내최초의 융복합대학을 설립하였고 문화리더십시대에 필요한 문화예술경영학과 등을 신설하여 운영 중이다. 특히 대학원의 경우에는 감성공학, 시설안전 등 국내유일의 전공을 개설하는 등 시대에 부응하는 개혁과 함께 기초학문을 더욱 공고히 하는 개혁을 병행하고 있다.

교육격(敎育格)과 교육브랜드*

21세기는 융합과 소통, 창의 그리고 열린 세기로 특징지어 진다. 융합은 조직이나 계열 간 그리고 학문과 학문 간의 통섭의 의미를 지니고 있고 이러한 융합의 흐름은 교육에서 매우 주요한 변화의 축이 되고 있다. 「소유의 종말」의 저자 제러미 리프킨이 21세기를 「공감의 시대」로 인식하고 있는 것도 융합과 소통 그리고 열린 세기의 특성을 반영한 의미이다.

세기적 변화가 크면 클수록 교육 환경에 영향을 주기 마련이고 곧 교육방법과 내용 그리고 교육목표에도 영향을 끼치게 된다. 물론 대학교육을 비롯한 각급 교육에 변화가 불가피하다는 21세기의 변화 속도를 감안한다면 교육의 모습 또한 혁신이 필요한 시대이다. 그러나 PISA 등 우리나라 중등교육 국제 비교를 보면 만 13세와 15세 학업 성취수준은 세계적으로 으뜸그룹이지만 유독 대학의 경쟁력은 상대적으로 낮은 실정이다.

무엇보다 대학의 질은 교육 받은 인재의 수준을 결정하고 인재의 수준은 국가와 국민 개개인의 세계경쟁력과 직결된다는 점에서 이제 세기적 변화의 축인 융합과 소통, 창의 그리고 열린 교육 시스템을 유념할 때이다. 유치원에서부터 대학원 교육에 이르기까지 효율성과 효과성 그리고 경제성을 감안한 효율적 학교(effective schooling)

---

*이 글은 2010년 12월 「대학지성」 2010 가을·겨울 32호에 기고한 글이다.

체제를 구축하면서 세계적 인재에 손색이 없는 미래 지향적 교육과정과 교육방법을 창출해내야만 이러한 급격한 변화에 적응할 수 있다.

지식자본주의(knowledge capitalism)로 지칭되고 두뇌산업과 교육산업으로 지칭되는 21세기에 걸맞은 교육의 옷과 교육의 마음을 가져야만 이러한 변화들에 적응하면서 세계 으뜸 교육국가로 성장할 수 있다.

그러하기 위해서는 초·중등교육은 물론 대학 교육도 세계의 눈높이에 맞으면서 동시에 우리나라의 교육우수성을 신장시킬 수 있는 교육문화와 교육체제 그리고 교육의식이 정립될 필요가 있다.

한마디로 우리나라 「교육격」을 높여야 되고 그럼으로써 우리나라 교육을 통해 배출된 인력들이 세계무대에서도 경쟁력을 갖출 수 있고 국가의 경쟁력도 높이는 계기가 될 수 있다. 일찍이 미국 등 선진국이 그러했듯 핀란드는 교육을 브랜드화 함으로써 세계의 많은 나라들이 벤치마킹해가고 있고 핀란드의 국가브랜드 가치도 함께 높아지는 계기가 되고 있다.

세계 100위권 대학의 70%를 차지하고 있는 미국의 고등교육이나 인구에 비해 세계적으로 노벨상수상자를 가장 많이 배출한 이스라엘도 이미 교육이 우수한 나라로 브랜드화 되어 있고 교육과 더불어 국가수준도 높은 것으로 알려져 있다.

우리 대한민국도 경제수준이나 문화수준 등 여러 영역에서 많은 성장을 했으나 교육영역은 세계적 으뜸국가라 자부하기에는 아직도 한계가 있다. 이제 우리나라 「교육격」을 높이기 위해서는 시대와 미래를 읽는 교육과정과 함께 교실, 교사 혁명이 필요하다. 공급자 위주의 교육관에서 수요자 중심의 교육관으로 변화를 통해 「학습자 중심」교육현장으로 바꾸는 일과 통제보다 자율을 근간으로 한 세계경쟁력을 제고하는 일이 우선과제가 되어야 한다. 교육경쟁력은 통제보다 자율을 확대해 갈 때 더욱 가능한 일이며 간섭보다는 지원육성을 통해 이루어질 수 있기 때문이다.

OECD 국가들은 우리나라를 「교육기적의 나라」라고 지칭한다. 전쟁을 치른 열악한 환경에서도 세계적 국가로 성장시킨 원동력이 교육의 힘이라 보기 때문이다.

이제 대학에는 자율성을 근간으로 전폭적인 지원과 장려를 하고 초·중·고 또한 다양성과 자율성을 신장하는 정책을 통해 시대가 요구하는 교육과 교육문화를 정립함으로써 교육격을 높여야 한다. 이러한 노력을 통해 세계적으로 한국교육을 브랜드화 할 시점이다. 그럴 때 우리나라는 진정한 교육강국으로 거듭날 것이고 국격도 높아질 것이다. 물론 노벨상 수상자 배출과 세계적 우수대학들도 많아질 것이다.

반값 등록금, 반값 문화, 반값 경쟁력*

온 나라가 등록금 논쟁으로 휘말린 느낌이다. 논쟁이 어디서 누구로부터 출발하였는가도 중요하지만, 반값 등록금이 가능하다면 재원은 어디서, 누가, 언제, 얼마만큼 조달하느냐가 쟁점이다.

이번 등록금 논쟁을 보면서 우리나라 교육문화의 현주소와 정치문화의 현주소 그리고 세계 속의 한국 대학 위상이 적나라하게 드러난 듯하여 마음이 착잡한 심정이다.

우선 대학 교육의 사회적 기능이라도 제대로 알고 하는 소리들인지 무조건 반값 등록금이 실현되면 대학 세계 경쟁력도 제고하고 양질의 대학 교육을 해낼 수 있다는 것인지, 82%가 넘는 높은 대학 진학률이 국가·사회적으로 큰 보탬이 되는지, 그리고 어느 나라 어느 민족도 경하게 여기지 않는 대학 자율성이 담보되는지 고민하고 주장하는지 알 수 없다.

2014년까지 정부에서 총 6조 8,000억을 투자하고 대학들도 1조 5,000억 장학금을 투입하여 등록금 30%를 인하한다는 정부와 여당 간에 합의되지 않은 여당의 발표가 있었다. 그러면 2014년 이후는 어찌할 것인가 묻고 싶다. 그리고 물가인상과 감가상각비 등 제반 추가 예산이나 재정 부담은 누가 책임질 것이며 등록금 고지서에 당장 50% 등록금이 될 것이라 기대하는 학생, 학부모들의 요구는

*이 글은 2011년 6월 「서울신문」에 기고한 칼럼이다.

어떻게 할 것인지 묻고 싶다. 또한 소득 수준과 상관없이 똑같이 등록금을 낮추는 일이 합리적인지, 그리고 향후 물가 인상에 따른 증가요인은 감안되었는지 걱정이다.

물론 저렴한 등록금으로 양질의 교육을 하여 취업도 잘 시키고 국제 경쟁력도 높일 수만 있다면 얼마나 좋은 일인가? 더구나 어렵게 아픈 마음으로 등록금 마련을 위해 열악한 아르바이트 전선에 뛰어든 어린 학생들의 아픔과, 자식을 위해서라면 무슨 일이든 해서라도 대학을 보내고자 하는 부모님의 절박함과 높은 등록금 부담을 왜 모르겠는가?

대학 등록금을 절반으로 내릴 수만 있다면 내리는 것을 반대할 국민은 없다. 그리고 더 많은 학생이 대학에 진학하여 양질의 교육을 받고 고급 인재가 되는 것에 반대할 사람도 없다. 그러므로 대학 등록금 부담 경감이나 대학교육 기회 확대도 중요하다.

그러나 이에 못지않게 중요한 것 중 하나는 대학의 자율성을 존중하고 최고 학문의 전당인 지성인 집단에 최소한의 예의를 갖춰주는 일이다. 대학이나 재단을 마치 등록금을 가지고 안위하며 치부하는 집단으로 매도하는 사회 분위기만은 자제되어야 한다는 점이다.

대학뿐만 아니라 어느 기관 어느 조직이든 자율을 침해 받는다면 타율의 범위 내에서 제한된 발전밖에 할 수 없다는 것을 고려해야만 한다. 자율 없이 자유경쟁과 마켓 원리가 성립될 수 없고 이곳 저곳에서 간섭 받는 기관이 세계적 경쟁력을 갖출 수는 없다. 대학은 더더구나 그렇다. 대학 발전의 관건은 소위 2A라 볼 수 있는 자율(autonomy)과 책무(accountability)를 담보하는 데 있다.

우리나라가 세계 100대 대학에 들지 못하는 이유 중 하나도 지원은 하는 둥 마는 둥 하면서 상대적으로 통제와 간섭을 하기 때문이다. 국회에서 어느 의원이 '우리나라 바둑이 세계 제일인 이유가 무엇이라고 생각합니까?'라고 질문하였다고 한다. 교육당국자는 당황하며 답을 제대로 못했다 한다. 그 국회의원은 '간섭을 하지 않기 때문이다.'라고 답했다 한다. 선진 대학들이 그러하듯 시간이 좀 걸릴 수 있지만 자율은 곧 책무성을 낳고 책무성을 효율성과 함께 경쟁력을 배양한다는 점을 잊어선 안 된다.

반값 등록금은 할 수만 있다면 반대할 일이 아니지만 우선할 것은 청년 실업해소이고 세계적 대학으로 성장하게 하는 일이며 세계적 인재를 양성하는 일이다.

21세기는 두뇌산업의 시대이고 대학교육도 국가경쟁력의 첨병이 되어야 한다. 이웃 중국이 2020년까지 외국유학생 70만 유치목표를 삼고, 일본이 30만 외국유학생 유치 목표를 갖고 있는 것도 국제경쟁력에 자신이 있기 때문이다. 반값 등록금의 정치 사회학적 심리의 근간은 평등고등교육주의에서 비롯됐다는 오해의 소지도 이러한 점 때문이다.

이 차제에 사학진흥법을 제정하여 우리 고등 교육 예산을 OECD의 평균과 같이 GDP 1.0%로 확보하는 계기로 삼아야 하고 국립대학의 정원감축과 부실대학 구조조정 등 대학 또한 철저한 노력을 통해 새로운 자세로 거듭날 계기로 삼아야 한다. 반값 등록금, 반값 문화, 반값 경쟁력의 해법만으로는 희망이 없다. 자율에 터한 대학 경쟁력은 국가의 경쟁력이기 때문이다.

교육에 희망을 거는 사회*

우리 국민은 세계 어느 나라 사람들보다 우수한 민족이다. 끈기 있고 열정적이며 미래 지향적인 민족이다. 무엇보다 교육적으로 물불을 가리지 않을 정도로 열정을 가지고 있다. 부모 자신들의 희생을 감수하더라도 자녀들의 교육을 통해 사회적 계층 상승 이동을 추구하려 한다. 아이스링크에 가면 새벽부터 밤늦게까지 '김연아 키즈'와 부모들로 북적이고 골프연습장에 가면 '2세대 박세리 키즈'가 넘치며, 수영장에 가면 '박태환 키즈'가 가득하다.

요즘 세계적으로 열풍을 일으키는 'K-pops'와 같이 세계적인 아이돌스타가 되고자 땀을 흘리는 청소년과 학부모들도 많다. 그리고 방송매체에서도 영국의 폴 포츠와 같은 성악가를 배출하듯이 숨은 잠재력을 개발하기 위한 프로그램이 앞다투어 방영되고 있다.

한 마디로 우리나라 민족은 교육만큼은 계층과 성별, 지역을 초월하여 온 민족이 올인하는 사회가 되었다. 물론 '고3 가족'이나 '기러기 가족' 등 과열, 과잉, 과잉경쟁으로 지적되는 교육의 3과 현상에서 걱정할 부분도 없지 않지만 결코 비판적 시각으로만 볼 일 만은 아니다.

옛날에 한석봉의 어머니가 계셨듯, 맹모삼천지교(孟母三遷之敎)의 어머니가 계셨듯, 자녀 교육에 헌신하는 21세기형 어머니들이 이

*이 글은 2011년 8월「서울신문 열린세상」칼럼에 기고한 글이다.

땅에 존재한다는 것 자체로 우리나라의 장래는 어둡지 않다고 생각한다. 미국의 오바마 대통령이 우리나라 교육을 칭찬한 것은 한국 부모들의 뜨거운 교육열을 두고 한 말이겠고 OECD 국가들이 우리나라를 「교육기적의 나라」라 일컫은 것은 높은 대학진학율과 만 13세, 15세 아동들의 학업성취수준이 높은 것을 염두에 둔 칭찬이다. 물론 다른 나라 사람들이 우리나라 교육을 높이 평가하는 것은 좋은 일이다. 그러나 우리 교육이 진정 세계 제일이 되려면 간과해서는 아니 될 일이 있다.

우리나라 인재들이 세계적으로 큰 성과를 얻고 있는 것은 바로 반복된 훈련을 통해 얻어진 훈련학습의 결과라는 점이다. 스포츠 부분이나 일부 음악 부분, 심지어 'K-pops' 역시도 반복된 훈련의 결과라는 점이다. 이제는 반복된 훈련을 넘어 창의적이고 우리 것이면서 세계적 눈높이에 맞는 교육의 결과로 세계에 승부해야 한다. 가장 한국적 소재로 선진국의 방법론을 원용하는 창의적 연구나 소위 이 시대에 필요한 첨단 과학이나 예술문화 콘텐츠 그리고 삶의 진수를 다루는 창작들이 이에 속할 것이다.

이러한 바탕 위에 월드컵의 열기처럼, 온 나라 온 민족이 한마음이 되어 우리 교육 열기를 승화시켜 국·내외의 한민족을 인적자원화 한다면 가까운 장래에 맥켄지나 골드만삭스가 예견하고 있는 것처럼 우리 국민의 잠재력과 국가경쟁력은 세계 최일류 국가수준으로 성장하리라 생각된다. 싱가포르나 홍콩의 대학들이 세계적 대학이 되고 핀란드가 교육 최강국으로 우뚝 서듯이 우리의 교육열이 건전하게 승화된다면 교육 강국, 인재 강국, 경제 강국도 어렵지 않을 것이기 때문이다. 그리고 월드컵 때 온 국민이 이웃 간의 벽을 허물고 공하나 넣을 때마다 전국이 환성으로 가득차고 서로 얼싸안고 환호하듯 이웃의 아이도 내 아이처럼 조건 없이 사랑할 수 있는, 이웃과 함께 할 수 있는 교육열이 이 땅에 심어져야 한다.

그러기에 아픔을 알고 기쁨을 알며, 이웃의 고통을 아는 감성교육이 필요하다. 감성 없는 지성은 마른 지성이요, 지성 없는 감성은 격한 감성이 되기 쉽기 때문이다. 이제 모든 교육 현장에서 부모는 부모의 자리에서 교사는 교사의 자리에서 그리고 정부나 정치인들은 정치인의 자리에서 제대로 설 때 우리 교육열은 뜨겁지 않으나 꺼지지 않고 희생하지 않으나 희생 못지않은 결과를 가져올 수 있을 것이다.

한 가지 덧붙인다면 국민들의 「교육눈높이」를 맞추는 일이 필요하다. 무조건 대학 진학만을 고집하는 교육눈높이를 조정해야 한다. 현재 대학졸업년수 평균이 6.2년이나 되고 졸업 후 최소 11개월은 직업 없이 공백 기간을 경험해야 하며 청년층 비정년 인구가 102만 명되는 상황을 볼 때, 그리고 청년 실업자가 36만 명이라는 점을 고려할 때 부모들은 눈높이를 낮추고 기업들도 고졸자와 대졸자 간의 학력 격차보다 능력을 감안해야 한다. 고졸 취업할당제를 도입하는 것도 한 방법으로 고려해 볼 일이다. 다만 고졸자들이 언제든 대학 진학을 할 수 있는 기회를 부여한다면 교육 눈높이 조정은 가능할 것이다. 이럴 때 우리의 교육열은 전 국민의 인적자원화 틀 속에서 승화될 수 있을 것이다.

참된 교육의 눈으로 보면, 교육을 알면 알수록 교육이 무서운 것을 알 수 있고 교육에 용감할수록 교육은 인생을 건 도박이 될 수도 있기 때문에 교육은 마라톤이며 교육은 자기를 다시 그려가는 과정이라는 점을 인식해야 한다. 교육열이 높다는 점을 탓할 일은 아니지만 너무 뜨거워지면 교육에 취한 사회, 시험에 취한 학생, 사교육에 취한 부모의 모습을 벗어날 수 없기 때문이다.

그러기 위해서는 '어떻게 살 것인가?', '무엇을 위해 살 것인가?', '누구와 함께 살 것인가?'부터 제대로 가르치는 교육열과 교육시스템이 되어야 한다. 그럴 때 교육은 희망이 되고 희망은 결실이 될 것이다.

옥스퍼드대학의 대학생활*

옥스퍼드대학(Oxford university)은 800년이 넘는 역사를 가진 세계적인 명문대학으로서 14,500명의 학생(이 중 대학원생은 4,200명 정도)을 가진 대학이다.

옥스퍼드대학은 학문의 우수성에 있어서나 교육의 질적인 측면에 있어서도 세계의 명문 중에 명문에 해당한다. 또한 영어를 언어로 사용하는 국가 중에서 가장 오래된 대학이다.

옥스퍼드대학은 대학원의 경우 4,200명의 학생 중 100여 개국에서 온 2,200명 정도의 외국인 학생들이 재학하고 있다.

옥스퍼드대학의 특징 중의 하나는 다양한 학생 서비스 체제를 갖추고 있는 점과 장학제도가 잘되어 있다는 점이다. 옥스퍼드대학은 35개의 칼리지(college)와 7개의 홀(permanent private hall)로 구성되어 있고 기숙사 체제로 되어 있다. 이러한 기숙사 체제는 옥스퍼드대학의 특징 중의 하나이다.

옥스퍼드는 대학과 대학원 모두 그 학문의 우수성에 있어서나 학생 서비스체제 그리고 도서관, 박물관 등의 시설 등이 명문다운 면모를 갖추고 있다.

도서관의 예를 들면 대학 주요 도서관으로서 Ashmolean도서관, 보들레미안도서관을 비롯한 인도에 관한 인도도서관, 일본도서관,

---

*이 글은 2004년 월간동아에 기고한 글이다.

법학도서관, Rhodes House도서관, Radcliffe과학도서관, Taylor도서관, Codrington도서관 등이 있다. 특히 Ashmolean도서관은 영국과 유럽의 고고학과 고예술 그리고 고대사관련도서 등의 소장 가치가 매우 높은 도서들을 소장하고 있는 도서관이다.

물론 이러한 대학차원의 주요 도서관 시설 이외에도 각 대학 단위의 도서관들이 산재해 있다. 이러한 도서관은 Internet과 CD Rom 등의 정보망체제로 운영되고 있다. 옥스퍼드는 박물관 시설이 뛰어나 아쉬몰리안 예술/고고학박물관, 과학사박물관 등을 비롯한 대학박물관이 특이하다. 동물과 곤충, 지질학 관련 수집품과 28,000 이상의 광물소장품 등이 교육의 주요한 자료가 되고 있다.

옥스퍼드대학의 시설설비 부분 이외에도 소위 대학교육의 소프트웨어라 할 수 있는 커리큘럼과 교육활동 등도 다양하고 특색 있는 모습들을 보여주고 있다.

이러한 옥스퍼드의 특색들을 살펴보면 우선 컴퓨터서비스의 경우, 대학 밖의 타 대학과 연구기관 간을 연계하는 각 학문과 각 기관 간의 협력학문 연계체제(JANET)를 통해 조직적인 훈련과 교과과정의 운영이 되고 있으며 어학교육센터의 경우도 대학구성원이면 누구나 경비를 지불하지 않고 자유롭게 어학을 배울 수 있다. 특히 8개 국어인 불어, 독일어, 그리스어, 이탈리아어, 포르투칼어, 러시아어, 스페인어, 영어 등을 습득할 수 있는데 다섯 국가의 TV를 직접 청취하며 어학을 습득토록 하고 있다.

학생들의 서비스 체제와 관련하여서도 종교, 보건위생 관련문제 등에서부터 취미생활에 이르기까지 다양한 기관과 프로그램이 운영되고 있다. 물론 미국을 비롯한 서구대학들도 이러한 시설과 서비스체제가 없는 것은 아니지만 옥스퍼드대학의 경우는 미국의 대학들과는 달리 기숙사중심체제로 운영되고 있다.

학생조직체의 경우도 대학원생을 위한 옥스퍼드대학원 유니온(Oxford University Graduate Union : OUGU)과 학부생들을 망라한 OUSU(Oxford University Student Union) 그리고 옥스퍼드유니온사회(Oxford Union Society) 등의 학생활동을 지원하는 조직이 있다. 이러한 유니온은 대개 학술활동, 취미 등의 클럽활동 그리고 오락시설 등의 다양한 학생서비스 시설을 포함하고 있기 때문에 우리나라 경우의 학생회관과 유사한 특성을 지닌다. 특히 이러한 조직의 기능들은 학생활동의 대표성을 지닌다는 점과 대학생의 복지 및 질과 관련된 기능을 수행한다는 점이다. 물론 오락시설도 빼놓을 수 없는 특징이다.

이 중에서 특히 옥스퍼드유니온사회의 경우는 토론을 위한 학생과 대학 구성원들의 장이 되고 있다. 1823년에 설립된 유니온은 주로 사회에 대한 토론과 기타 여러 분야에 대한 학술적 토론의 단체로서 매우 중요한 역할을 수행한다.

물론 스포츠와 음악활동도 활발하여 옥스퍼드의 중요한 사례로서 소개할 수 있다. 스포츠의 경우에는 큐퍼스(Cuppers)를 비롯한 스포츠 활동이 매우 활발하다. 특히 조정경기 등은 옥스퍼드의 특별한 스포츠 활동에 속한다. 음악활동의 경우에도 옥스퍼드대학 오케스트라 활동이 활발한데 학교 내부만의 음악활동의 차원을 넘어 옥스퍼드 시립오케스트라와 협연이 이루어진다. 물론 합창단도 매일 연주를 하는 게 특징으로 꼽히며 18세기 홀리웰(Holywell)음악당이 있어 이러한 음악관련 행사가 이루어진다. 드라마도 대학드라마연구회 등이 활발한 활동을 전개하고 있다.

이러한 학생활동의 영역이 지니고 있는 특성 이외에도 근래 대두되기 시작한 유럽 내의 각 국가 간의 교육교류프로그램인 ERASMUS의 프로그램 등 다양한 연구와 학술활동은 옥스퍼드가 명성을 유지할 수 있는 중요한 요인이 되고 있다.

옥스퍼드대학은 대학 행정체계면에서는 학문적 특성과 옥스퍼드의 오랜 전통 속에서 자리를 굳혀온 칼리지(college)체제로 구성되어 있다. 학생생활은 구미대학들이 그러하듯 다양한 활동프로그램이 운영되고 있는데 특히 스포츠와 음악, 연극 등의 과외활동 등은 매우 수준이 높고 전통이 있다.

옥스퍼드대학의 특성 중의 하나는 장학금제도가 활발하다는 점인데 우수한 대학에 걸맞게 기부금에 의한 장학금, 출신 국가나 민족 혹은 종교적 배경에 따라 부여하는 장학금 등 여러 형태의 장학금 제도가 있다.

또한 도서관과 박물관 시설은 세계의 어느 대학과 비교될 수 없을 정도로 전통이 있는데 고고학이나 고미술 관련 자료와 자연사박물관은 매우 특색이 있다.

옥스퍼드는 케임브리지와 함께 영국의 자존심이 되고 있다. 분명 예외적인 대학임에는 틀림이 없다.

Ⅱ. 대학 교육정책 기조강연

대학의 이상과 사명*

대학은 위기이다. 선진국에 비해 고등교육의 역사가 상대적으로 짧은 우리나라 고등교육사에서 오늘처럼 대학이 위기를 맞고 있는 때는 그리 흔치 않았다.

선진국의 경우에도 대학의 이념과 기능 그리고 사명과 이상을 고민해왔던 때는 언제나 대학 위기에 처해 있을 시기였다. 화이트헤드(A.H. Whitehead)도 그리했었고 칼 야스퍼스(Karl Jaspers)도 그러했으며 허친스(Hutchins)와 크락 커(Clark Kerr) 그리고 퍼킨스(J.A. Perkins)도 대학의 본질에 대해 고민했을 때가 다 대학의 자율과 학문의 자유 그리고 대학 이상이 흔들릴 때였다. 1850년대에 'The idea of a university'라는 대학관을 펴낸 영국의 Newman 이후 거의 모든 대학론의 대가들이 대학위기 때마다 대학의 이상과 사명 그리고 기능에 대해 고민을 해오면서 어려울 때일수록 대학의 본질에 충실해야 한다는 것을 권고해왔다. 그러나 우리의 경우, 그동안 우리나라 고등교육의 이념정립이 제대로 되어있지 못한 이유는 대학의 본질과 대학의 이상 그리고 목적과 기능에 대해 연구를 축적해 오지 못한 이유가 크다. 더구나 더 큰 이유는 시류에 편승하는 정책과 정부와 정치권의 눈치 그리고 사회 환경에 적응하는 데 급급했기 때문이기도 했다. 그러나 대학이 위기일수록 대학의 본질과 이상 그리고 목

---

*이 글은 2012년 5월 「대학지성」(서울: 한국총장협회)에 기고한 글이다.

적과 기능에 대해 고민함으로써 과연 대학의 본질이 무엇인가를 재검증할 필요가 있다. 대학은 국가발전의 원동력이자 사회이상 실현의 근간이며 혁신과 진보 그리고 가치전승의 중추적 기제이기 때문이다.

1. 대학의 이념

1) 대학관의 변화

1852년 경, 영국의 뉴먼(J.H. Newman)이 대학의 이념이라는 용어를 사용한 이후 1940년대 2차 대전이 끝난 후 독일대학의 재건을 위해 실존철학자 야스퍼스가 대학의 기능을 연구, 교육, 사회봉사의 3대 이념으로 설명한 바 있는데 야스퍼스의 대학기능론이 오늘날 대학의 이념을 논할 때 회자되고 있다. 그러나 최초대학의 이념이나 목적 그리고 대학의 이상을 논했던 학자들은 베를린대학을 창설한 훔볼트(W. Humboldt), 피이테(J.G. Fichte) 그리고 슐라이머마커(F.E.D. Schleiermacher) 등으로서 대학의 학문 연구의 이념을 수립한 사람들이다. 대학의 기능 또한 독일형 대학인 상아탑(Ivory Tower)적 대학관에 기초한 것으로 소위 「고독과 자유」의 이념을 대학의 본질로 본 것이다. 그러나 근래에 이르기까지 대학의 본질을 논한 대학론자들은 이상, 이념, 목적, 기능, 사명, 활용성 등의 용어를 혼용해 가면서 대학이 어려운 시기마다 대학을 논하는 입장들을 취해왔다. 특히 19세기의 대학론이 이상, 이념, 목적, 등의 용어를 써온데 반해 20세기에 들어서는 기능(function)과 사명 그리고 활용성(user) 측면에서 대학의 본질을 논해왔다. 19세기의 대학 본질에 대한 논의들이 연구와 탐구 중심의 학문의 자유정신에 보다 치중했다고 본다면 20세기와 21세기의 대학 본질에 대한 논의들은 현실세계에 지식을 활용하고 운용하며 적응하는 데 치중한 대학관이라 생각된다. 흔히 대학을 '상아탑'이라 지칭하는 「상아탑적 정신」(ivory tower spirit) 보다는 자유교양교육과 전문직업교육에 중점을 둔 「전문 실용적 정신」(professional spirit)으로 전환되어 왔다는 점을 시사한다. 그럼에도 대학 구성원들과 대학사회는 지금도 상아탑적 가치와 실용전문적 가치의 혼재 속에서 자유와 고독을 구가하고 있는 것이 부정할 수 없는 대학 현실이다.

대학은 진리를 탐구하는 곳이자 학습하는 곳이고 학문연구와 응용이 이루어지는 곳이다. 그러므로 19세기 대학관이든 20세기 대학관이든 목적과 이상, 이념의 용어를 쓰든 기능과 사명 그리고 활용성의 용어를 쓰던 대학은 지고 지선한 진리탐구와 지식의 창출 그리고 지식의 응용의 장임을 부정할 이는 없다. 대학존립의 정당성은 진리탐구에서 찾아야 하고 대학 가치관에 따라 판단이 이루어져야 하며 무엇을 연구하며 무엇을 교육하고 무엇을 봉사하는가 또한 대학에 대한 가치판단에 의해서만 정당성을 부여받을 수 있기 때문이다.

2) 대학의 본질은 무엇인가?

대학본질에 대한 견해는 동서양에 큰 차이가 없다. 다만 대학의 태동과 대학의 성장과정에서 다소 목적과 기능이 다를 뿐이었다.

동양의 대학이념은 「大學」의 三綱領 八條目에서 찾아 볼 수 있고 중세 유럽대학들의 이념은 대학 성장과정에서 형성된 대학설립 목적과 연관되어 있다. 특히 독일과 영국 그리고 미국의 대학관은 본질적 차이는 없으나 기능적으로 다소 강조점이 다른 측면이 있다.

과연 대학은 왜 존재해야 하며 그 본질이 무엇인가? 그리고 기능과 목적이 무엇인가? 라는 기본적 질문에 터해 볼 때 대학의 본질은 진리탐구와 고도의 지식전수 그리고 지식의 응용을 통한 사회혁신에서 찾아야 될 것이다. 그리고 사회체제로서의 대학이 정치, 경제, 문화 등 사회의 다른 영역과의 관계에서 어떤 자리매김을 해야 하며 특히 학문적 자유와 대학의 사회적 권위를 유지할 수 있는 자율의 한계가 무엇인가에 대한 깊은 고민과 성찰 또한 간과할 수 없는 부분이다.

(1) 대학의 본질 : 교육, 연구, 봉사

사회의 큰 변화와 격동기인 르네상스의 여명기에 이탈리아를 중심으로 살레르노(Salerno)대학과 볼로냐(Bologna)대학이 탄생되었고 프랑스의 파리대학이 설립됨으로써 중세대학의 기원을 이루었다. 이들 대학들은 학문과 진리탐구에 대한 갈망에서 비롯된 길트(guild)사회 형식이었다. 볼로냐 대학의 법학부, 파리대학의 신학부 그리고 샬레노 대학의 의학부 등은 오늘날 대학의 핵심적 영역이 되어 왔고 1810년인 19세기 초 훔볼트(Humboldt)대학으로 지칭되는 베를린 대학이 설립되어 인문주의 교육과 무한한 진리탐구의 장으로서의 대학관이 정립되게 된다. 실제 오늘날 대학의 기능으로 회자되는 연구, 봉사, 교육 또한 2차 대전이 끝난 1940년 중반 세계적 격동기와 아픔의 시기에 독일의 철학자인 야스퍼스에 의해 주창되어왔다. 그러나 대학의 3대 기능의 근간이 되는 대학의 본질에 대한 논의들은 길트형 대학이 태동한 12세기 이후 수세기에 걸쳐 근대 대학들이 정립되어 왔다. 분명한 사실은 계몽주의 사조를 근간으로 한 훔볼트의 사상에서 보듯 대학의 자유, 학문의 자유를 명확히 하면서 대학은 고독과 자유로 대변되는 최고학문의 전당이라는 점을 강조한 것이다. 따라서 대학의 자유 없이는 값진 지식의 창조도 순수한 지식의 전수도 그리고 아름다운 봉사도 순수성을 잃게 되고 대학의 존립 당위성 자체에 회의를 갖게 한다는 것을 알 수 있다.

① 연구형 독일 대학의 이상

학문의 자유와 대학의 자유를 핵심 대학 본질로 보는 독일의 대학관은 '고독과 자유'로 압축되는 연구중심의 상아탑적 대학관이라 볼 수 있다. 대학은 학문연구의 장이자 어떻게 배울가를 배우는 장(learn how to learn)이라는 관점을 갖고 있으며 대학 체제의 구성 또한 학문연구와 진리탐구의 이념을 구현하는 데 두었다. 오늘날 대학의 도서관, 연구소, 강의 그리고 세미나 등의 전통은 모두 독일형 대학의 표본인 베를린대학에서 비롯된 것으로서 대학은 연구를 위한 연구에 의한 연구의 장이라는 본질을 주창하는 견해이다.

② 관리양성형 동양의 대학관

동양의 대학관은 관리양성형 대학으로 정의될 수 있다. B.C 124

년에 대학을 설립해 대학의 이상을 구현하려했던 중국이나 A.D 372년에 대학을 세운 고구려의 경우 모두 대학이념의 구현은 고급 관리 양성에 두었는데 대학의 이념에 대한 내용은 大學의 八條目의 구현에서 찾아볼 수 있다.

대학의 본질을 보는 동양의 대학이념은 전인교육 차원의 보다 포괄적이고 큰 틀의 의미를 부여하고 있다. 세상만물의 본질을 이해하고(格物) 지식을 넓히고(致知) 마음을 바르게 하며(正心) 정성스럽게 하며(誠意) 자신을 연마하여(修身) 가정을 다스리고(齊家) 나라를 다스려(治國) 온 세상을 평화롭게 만드는 것(平天下)을 대학의 궁극적 이념이요 본질로 보고 있다. 물론 이러한 큰 뜻을 지닌 대학은 유학을 주된 내용으로 하고 있었으며 국가에서 필요로 하는 관주도형 관리양성 목적이 대학의 기능이었다. 대학의 이념이나 본질은 다분히 도덕적 군자와 전인적 인재양성에 그 근간을 두고 있었다.

③ 영국형 교육중심대학 이상

교육중심대학 이상은 영국의 뉴먼(Newman)의 대학이념에서 찾아볼 수 있는데 뉴먼은 Oxbridge를 중심으로 한 영국의 대학이념을 정립했다고 해도 과언이 아니다. 그러나 1809년 독일의 베를린대학이 설립된 후 영국에서는 1826년 런던대학이 설립되면서 교양적 지식위주의 대학교육에 대한 재해석들이 이루어져왔다. 대학은 보편적 지식의 전수 목적과 지적인 기능수행이 그 본질적 목적이라는 것으로 지식 창출의 목적보다는 보편적 지식의 전수와 사회화의 기능을 대학의 본질이라 보았다. 소위 대학교육을 통한 인격형성과 영국의 신사교육이 대학의 본질이자 주요기능이라는 입장이다. 따라서 영국의 Newman형 대학 이상은 보편적 지식 전수를 위한 교육중심 대학의 이상이라 볼 수 있다.

④ 미국형 사회봉사형 대학

기독교 종교단체를 기초로 설립된 미국대학들은 초창기에는 대학의 이상을 영국형 교육중심대학에서 찾았다. 1636년 하버드대학의 설립 이후 대학원 중심 대학들이 세워지자 연구와 교육 이상을 대학의 본질로 정립하기 시작했다. 그 후, 군소대학의 설립이 이루어진 1860-70년대에 이르러 실용주의 풍토와 Morrill act 그리고 Land-grant 대학들의 탄생과정에서 사회봉사가 중요한 대학의 이념으로 등장하게 된다. 특히 실용주의의 진리관인 지식의 유용성은 사회봉사를 대학이념으로 성립하는 근간이 되었고 산업화와 지역적 발전에 힘입어 미국대학이념의 중요한 근간이 되었다. 물론 시카고대학의 Hutchins는 정치와 사회적 영향 그리고 산업화와 가치의 혼돈 때문에 지성 개발이 어렵다고 주장하며 미국대학의 위기를 극복하기 위해서는 인문교양교육을 강화해야 한다는 주장을 펴기도 하였다.

미국대학의 본질은 사회변화와 산업발전을 위한 대학의 적응과 대학의 본질인 상아탑적 가치를 지속적으로 존속시키는 이중적 이상을 구현하는 데서 찾아야 된다는 견해이다.

2. 대학의 이상과 사명

앞서 논한 바대로 대학의 이상과 사명에 대한 논의는 대학이 위기에 처한 격변기에 대두되었다. 대학의 이상에 대해 논한 대표적인 학자들인 Whitehead(1929), Ortega(1930), Jaspers(1946), Hutchins(1953), Ashby(1958), Kerr(1963), Perkins(1967) 등은 대학은 국가나 민족의 존립과 직결된다는 공통적인 인식 속에서 대학 이상과 사명을 논의해왔다. 이들은 대학의 이상을 기능수행면에서 이해했다. 대학의 이상을 기존의 지식과 삶의 열정을 결합하는 학습을 강조하면서 특히 자유와 고독 그리고 정신적 여지를 통한 학습과 창의력 및 상상력을 지닌 연찬기능이 대학의 이상이라 보았다. 이러한 견해는 Newman이나 Whitehead의 견해 모두 동일한데 '교수이념'과 '연구이념'은 물론 창조와 적응, 변화와 개혁 등 대학의 전반적 이상과 관련되었다. 한편 교양은 삶의 실존과 직결된다는 관점에서 전인적 인간 형성을 위한 교양교육을 대학의 중요한 이상으로 설정하고 연구와 교육 이외에 교양의 전달을 대학의 중요한 기능으로 삼은 Ortega나 Hutchins의 견해는 인문교양중심 대학교육관으로 이해될 수 있다.

심지어 '위대한 100권 교양서' 등의 자유교육을 주장한 Hutchins는 지식전달 및 창조의 기능을 가장 중요한 대학의 기능으로 인식하고 심오한 사고와 사상원리 그리고 불변의 진리를 다루는 일이 대학에서의 최우선이 되어야 한다면서 경험주의를 배격한다. Hutchins를 항존주의 철학자로 지칭하는 이유도 이러한 대학관에서 비롯된 것이며 대학 정신을 저버리는 기업과 정치 등에 대해 신

랄한 비판과 함께 정치가 대학에 관여하는 것에 대해 심각하게 반론을 제기하고 있다. 이점에서 근대의 대학 정신을 대변하는 대학의 자율과 자유에 대한 확고한 대학 이상이라 볼 수 있다.

미국의 'Sputnik shock' 이후 세계적인 대 변혁기에 제기된 Ashby의 대학관은 대학의 혼란은 불완전한 적응의 결과에서 비롯된 것이라 보고 대학의 유형에 따른 기능 분화가 필요하며 체제와 체계적 적응을 위한 교육과정 그리고 대학 이외의 사회와의 대학 적응이 필요하다고 강조하였다. 특히 과학 기술 혁명에 따른 대학 교육 전반의 적응이 필요하고 지식의 보존, 지식의 진보 그리고 지식의 전달이 주기능인 대학이 전문교육과 교양교육을 함께 하는 대학교육을 통해 사회의 변화에 적응해야 한다는 적응대학관을 전개하였다.

1960년대 들어 미국대학의 양적 확산에 따른 대학격변기에 대학의 기능이 다원화 되어야 한나는 주장을 한 Kerr는 대학의 대형화에 따라 대학의 기능이 다원화되어야 한다는 논리로써 대학이 사회적으로 필요한 기제가 되어야 한다는 실용주의적 입장의 다기능대학(multiversity)론을 전개하기에 이른다.

같은 1960년대 미국 대학교육상을 반영하듯 Perkins 역시 대학의 3대 기능을 지식의 획득, 전파, 그리고 응용으로 보고 연구와 교수, 공공의 봉사와 연관지어 대학관을 전개하고 있다.

특히 Perkins는 미국대학의 학부는 영국형 교육중심형 대학관이고 대학원은 독일 중심형 연구중심형 독일 대학관이라 인식하면서 학문의 자유정신 없는 대학은 사회를 위한 역할을 제대로 수행할 수 없다고 주장한다. 한편 독일 Jaspers의 대학 본질론은 대학의 사상의 자유 그리고 연구제일주의 대학관을 펴고 있다. 고독과 자유를 표현되는 Humboldt의 연구관보다는 더 유연성을 지니고 있지만 학문의 자유와 진리탐구 그리고 진리 전수가 대학의 본질이라 인식하고 있다. 무엇보다 학문의 자유를 위해 대학의 자유와 자율을 강조한 점이 두드러지는 그의 대학 본질론이다.

결국 대학 이상과 사명에 대한 학자들의 견해는 다소 차이가 있어 보이나 교육 연구 봉사의 세 기능에 대해서는 큰 이의가 없고 대학의 자율과 자유 그리고 사회적응에 대한 견해 역시 공통적인 논의들이다. 그러나 사회적응과 사회에 대한 교육적 기능에 있어서는 상아탑적 관점과 실용주의적 관점으로 대별할 수 있을 것 같다. 그리고 이들 대학 이상과 사명에 대한 학자들이 대학 본질에 대한 고민을 한 것을 모두 시대적으로 격변기였으며 대학의 위기 시대에 있었다는 공통점이 있다. 대학은 사회환경에 대한 적응과 상아탑적 진리탐구의 전당으로서의 전통을 조화롭게 지속해야 한다는 두 과제 속에서 본질을 추구하고 있는 듯 싶다.

3. 대학본질의 변화 : 신 대학관

21세기는 지식정보화형 대학 패러다임이 요구되는 시대이다. 그리고 21세기는 세계화, 정보화, 지식 집적화로 특징지어지는 지식정보사회이다. 따라서 모든 삶의 형태와 활동이 지식과 정보라는 요소에 의해 크게 영향을 받는다.

이러한 지식기반사회는 지식경영이 매우 중요시됨으로써 교육

시스템과 교육의 기능 역시 지식기반사회에 적합한 체제와 체계를 필요로 하게 된다. 21세기 대학 본질 면에서 가장 중요시되는 과제는 지식기반사회 구축과 지식의 창출 그리고 응용에 있다고 볼 수 있다. 흔히 21세기는 '3K 사회'라 볼 수 있는 지식 미디어, 지식 네트워크, 그리고 지식 인큐베이터로 집약될 수 있고, 교육의 기능과 역할 또한 '新 3R'로 대변되는 적시성(right time), 적절한 내용(right contents), 올바른 배출(right placement)을 수행하는 데 역점을 두게 된다.

이러한 시대적 변화는 대학교육의 새로운 패러다임을 요구하여 가장 효율적인 '지식의 웹(knowledge web)'으로 구축하는 데 정성을 쏟도록 하고 있다.

따라서 21세기 미래의 고등교육체제는 사회, 경제, 문화, 정치적 변화에 따라 그 구조와 운영면에서 이러한 변화들을 수렴하여 재구조화해야 하는 수렴 체제이면서 동시에 미래지향적 자기발전과 생존을 추구해야만 하는 자구체제적 특성을 갖게 될 것으로 예견된다. 이 점에서 대학본질의 변화에 따른 적응과 전통성을 지속하는 과제가 대학의 중요한 기능이 될 것이며 시대에 맞는 기능과 역할을 가장 효율적으로 수행해야 하는 열린 고등교육체제가 될 것으로 보인다. 특히 21세기는 신문화 혁명, 언어 혁명, 학습 혁명, 전자-교통-생명 공학 혁명 그리고 정보 혁명에 의해, 총체적인 삶의 혁명이 예견되는 사회이다. 이 점에서 볼 때 21세기는 대학교육의 대전환기라 볼 수 있으며, 대학의 본질과 대학 패러다임의 변화를 통해 대학의 이상을 구현하려 하고 있다.

우선, 폐쇄 체제로부터 개방 체제로의 변화이다. 입학에서부터 졸업까지의 전 과정이 유연성을 지니게 될 것이며, 가정-학교-직장이 한 교육과정의 선상에 서는 학습 체인 체제(chain system)로 전환될 것이기 때문에 현재의 엄격한 규정에서 벗어나 유연성을 지닌 체제로 개방화 될 것이다. 따라서 대학 체제는 '연성 체제(soft system)'적 특징을 띠게 되고, 지역과 국가를 초월함은 물론 제도와 비제도의 혼합적 특성을 띠게 될 것이다. 그런 면에서 사회현실과 상대적으로 괴리된 종래의 상아탑적 개념에서 벗어나 학습복합망(learning complex)의 이상을 추구하게 된다.

둘째, 공급자 위주의 체제로부터 소비자 중심의 체제로 전환되리라 본다. 이러한 변화는 '학생 소비자 시대(student consumerism)'의 확산을 의미하며 학생 중심의 과정(課程)과 과정(過程)으로의 변화가 불가피할 것이다. 결국 학생교육요구 중심으로 변화와 적응의 대학상이 될 것이다.

셋째, 교수 중심으로부터 학습 중심으로의 변화가 지배적일 것이다. 교수의 역할, 교과서의 채택, 교수 방법의 활용 등에 있어서 커다란 변화가 불가피할 것이다. 이러한 변화는 결국 무제도, 무형식, 무규제 교육이 보편화되고 학습자 중심 체제로의 변화를 주도할 것이라 생각된다. 그러므로 대학의 본질은 사회체제(social system) 특성이 강화된 스폰지형 대학형이 될 것이다.

넷째, 내국적 관점에서 국제·세계적 관점으로의 변화가 예견된다. 이는 통신과 교통 그리고 교수 방법과 매체의 발달에 따른 변화로서 세계가 한 교육의 장이 되고 세계가 교육 자원화되는 세계대학의 체제가 정착될 것이다. 물론 세계를 학습장으로 하는 세계

학습사회의 도래도 예견된다. 그러므로 대학 행정 체제로부터 대학 경영 체제로 변화될 것이다. 대학 경영에 있어서도 경영 전략, 전문 경영자적인 교육지도자 등의 요소가 강조될 것이다. 이에 따라 웹 경영, 학생 경영, 교수 경영, 전략적 경영 등의 다양한 기법이 요구되는 체제가 될 것이다. 한마디로 교육산업적 관점(educational industry)으로 변화될 것이다. 이러한 관점은 결국 대학 본질에 큰 변화를 의미하며 Perkins나 Kerr의 대학본질론과 유사한 의미를 지닌다. 한마디로 「기능형대학관」이 될 것이다.

다섯째, 전통적 대학과 비전통적 대학으로의 이원화가 이루어지는 이중 체제(dual system)의 가능성도 예견된다. 즉, 전통적인 대학 체제와 이와는 매우 다른 비전통적 대학 등의 체제가 공존할 것으로 보인다. 결국 상아탑적 요소와 비상아탑적 요소를 갖춘 자유와 고독 그리고 경쟁과 소외의 이중적 구조를 지니게 될 것이다.

결국 21세기 미래의 고등교육체제의 특성은 '체제 중심'으로부터 '내용 중심'으로, '학제 중심'으로부터 '학계 중심'으로 변환될 것이며, '교수 중심'으로부터 '학습 중심'으로 변화될 것으로 보인다. 이러한 전반적인 특성은 대학자율을 전제로 수요자 교육욕구에 부합하는 유연성 있는 대학 이상을 구현하기 위한 21세기형 새로운 대학의 본질로 자리 잡아 「신 대학관」이 정립될 것이다.

고등교육기관의 위기와 성인학습의 미래전망*

1. 문제제기 : 고등교육기관의 변화와 위기

고등교육기관의 변화는 대학의 기능과 역할의 변모와 관련되어 있다. 20세기 이전까지의 대학은 '가르치는 대학'(University of teaching)이나 '연구하는 대학'(University of research)으로 특징지어졌으나, 현재의 대학은 '연구와 교육'의 양면적 특징을 지니게 된다(John. Bowden, 1999).

그러나 향후 대학의 특징은 '학습하는 대학'(University of learning)의 모습이 두드러질 것이라는 견해가 많다. 이러한 대학 패러다임 변화의 요인은 학습 형태의 대변화와 학습자 특성의 변화 그리고 학습방법과 장소, 시간 등의 유연성과 무관하지 않다. 한 마디로 전통적 개념의 고등교육기관이 시대적 흐름에 맞게 지속적인 변화를 시도하지 않으면 위기를 맞게 될 것이라는 예견이다.

이러한 고등교육기관의 위기는 '학습하는 대학'으로의 변화뿐만 아니라 급격한 기술정보매체의 발달에 따른 학습방법의 변화, 정규학생 수의 감소와 성인학습자의 증가, 세계화에 따른 교과과정 자격증 등의 표준화 현상, 유비쿼터스 환경에서의 원격교육 증대와 비정규교육의 확산 등 지식정보화와 세계화에 따른 복합적인 변화의 흐름 때문이다. 특히 우리나라의 경우에는 교육인구 감소 특히

*이 글은 2008년 5월 한국성인교육학회 기조강연 내용이다.

정규대학 진학생들의 급격한 감소에 따른 미충원현상이 심화되어 대학의 위기를 맞고 있다. 이러한 위기를 해소하기 위해서는 고교 졸업자만을 대상으로 하는 정규학생의 고정적 개념에서 탈피하여 성인학습자와 시간제 학생 그리고 다양한 형태의 잠재적 학습자군을 학습 수요자로 개발하는 노력이 절실한 시점이다.

이와 함께 고등교육기관의 위기는 대체학습과 무캠퍼스학습(campusless learning)의 보편화와도 무관치 않다. 대체학습이나 무캠퍼스 학습은 빠르게 변화하는 지식정보화사회의 직업수행이나 자기개발을 위한 교육목적 하에서 세계적 관점에서 이루어지고 있다. 이러한 대체학습이나 무캠퍼스학습은 전통적으로 고등교육을 독점하다시피 해온 고등교육기관과의 경쟁적 위에 서게 되면서 고등교육기관의 위기 요인으로 대두되고 있는 실정이다.

따라서 고등교육기관의 위기는 근본적으로 기존의 대학들이 변화하는 학습자의 특성이나 학습방법 그리고 대체학습방법과 글로벌 패러다임의 급격한 변화에 적응하지 못하고 있다는 데서 기인된다. 흔히 21세기 대학들을 캠퍼스초월, 책초월, 교수초월을 전제로 하는 3無大學의 개념에 익숙해져야 한다는 점을 간과하고 있다는 점이다. 더구나 대학교육이 현장착근형 교육을 강조함에 따라 학습자들의 동기나 발달뿐만 아니라 사회적 변화(social change) 문제까지를 감안해야 하는 「변화 중심 학습」으로 전환되고 있는 점을 감안할 때 고등교육기관의 위기는 점차 심화되고 있는 형편이다.

2. 고등교육기관의 변화 : 패러다임 전환

고등교육기관의 변화 중심에는 두 고객이라 할 수 있는 학습자와 산업체의 교육적 요구가 주요 변인이 되어 왔다. 따라서 고등교육기관의 패러다임 변화는 언제나 대학 생존전략에 지대한 영향을 끼쳐 왔으며 패러다임 변화에 제대로 적응하는 대학은 발전의 기틀을 마련한 반면 부적응하거나 변화에 둔감한 대학은 낙후되거나 심한 경우에는 퇴출의 길을 걸어왔다. 뿐만 아니라 고등교육과 산업체 현장 간의 갭은 대학교육의 구조적 위기 요인으로 작용하여 청년실업확산과 대학교육지체현상을 초래하여 왔다. 고등교육기관의 변화는 다음 몇 가지 패러다임 전환으로 집약될 수 있다.

첫째, 공급자 위주 교육관에서 학습 수요자와 사회적 요구중심의 교육관으로의 변화
둘째, 연구와 교육 중심 대학관에서 학습 중심 공동체로의 변화
셋째, 정규학습자 중심에서 성인학습자와 비정규학습자 중심으로의 변화
넷째, 정형적 교과과정에서 유연성 있는 교과과정으로의 변화
다섯째, 교수방법의 대변화와 자기주도적 학습의 확산 등으로 주로 학습집적화(learning complex)나 학습공동체(learning community)로의 변화 특징을 갖는다.

3. 고등교육기관의 위기

고등교육의 위기는 대학 패러다임 변화와 대학 수요공급 측면에서의 학생 수 감소 그리고 재정취약, 과열경쟁체제, 특성화와 학습방법의 대변화 그리고 글로벌화 등에서 찾아볼 수 있다.

고등교육기관의 위기는 몇 가지 핵심적 개념 변화를 예시함으로써 이해될 수 있다.

① Responsive university
② Contract learning
③ Mobile learning
④ Invisible education
⑤ Televersity
⑥ Andraversity
⑦ Transversity
⑧ 3-less college
⑨ EBL, EL
⑩ Third learning
⑪ Higher professional adult learning
⑫ Virtual university
⑬ Learning space
⑭ Learning geography

이러한 새로운 개념들은 성인교육과 불가분의 관계에 처한 대학 변화를 잘 반증하고 있으며 특히 학생 수 감소는 성인학습의 활성화를 통해 위기를 극복하려는 것이 일반적 추세이다. 물론 구조조정이나 긴축 등 3R 전략 그리고 탈캠퍼스 접근 등 다양한 생존전략이 활용되고 있으나 가장 근본적인 대책의 하나는 성인학습을 활성화시키는 일이다.

4. 대학교육에서의 성인학습

우리나라 고등교육에서 가장 큰 문제로 대두되고 있는 것 중에 하나는 저출산 고령화 사회로의 급속한 진전이라 볼 수 있다. 향후 20년 뒤에 5명 중 1명이 65세 이상이 되는 초고령화 사회로 들어서게 된다. 출산율 또한 세계 최저출산국군으로 분류되어 여성 1인당 평생 출산자녀수가 1.2명(2005년 세계인구 조사보고서는 1.16명)으로 나타나 있다.

이러한 인구추계는 대학교육에서의 성인학습이 대안이 될 수밖에 없다는 점을 반증한다. 그러나 이러한 성인학습의 확대 경향에도 불구하고 우리나라의 경우 대학교육에서의 성인학습은 매우 제한적이고 일부 위탁교육 프로그램이나 특수대학원 그리고 평생교육원 등에 국한되어 있는 현실이다.

근래에는 만학도에 대한 입학허용과 2년제 대학에서의 문호 개방들의 진취적인 정책이 시행되고는 있으나 성인교육이 대학교육의 한 주축을 이루고 있는 선진국에 비교할 때 초기에 불과하다 하겠다. 학생 수 감소나 교육의 다양성 측면에서 고등교육기관의 위기가 확산되고 있다는 점을 감안할 때 향후 성인교육의 확대가 대학교육의 한 축이 되리라 본다. 따라서 성인학습의 미래를 예측해 볼 때 정규학생의 감소에 따른 성인 학습자의 대체고등교육인구 축으로의 자리매김은 가시적 현실이 될 것이다.

대학교육에서의 성인학습을 통한 위기극복 노력은 특별전형의 확대, 이동학습 등 학습방법의 변화, 원격교육 등 탈캠퍼스 학습의 확산 그리고 학생자원 고갈에 따른 성인학습자 입학규모의 확대 등의 정책적 고려가 주요인이 되고 있다 하겠다.

5. 성인학습의 미래 전망 : 성인교육 트랜드와 대학교육

21세기는 메가트랜드의 변화사회로서 인구변동, 사회체제 변화, 학습방법 등 교육매체의 변화 등 구조적 틀의 변화가 이루어지는 세기이다. 이러한 세기적 동향에 따라 대학 학습환경과 대학의 구조적 변화가 불가피하고 특히 학습자의 특성 변화는 주요 흐름으로 자리할 것으로 전망된다.

성인학습의 미래 전망을 집약해보면 다음 몇 가지로 정리될 수 있다.

① 이원적 인구구조(gerogreening society)의 도래에 따른 성인학습의 필요성 증대
② 유비쿼터스 환경과 글로벌 네트워크 환경에 따른 원격교육 증대
③ 융합적 삶의 확대와 생애발달학습의 증대
④ 글로벌학습 net 확대

⑤ 글로벌 표준화 증대

⑥ 홈스쿨링과 재택고등교육 증대

⑦ 전문계속교육 필요성 증대

⑧ 고용없는 성장 경향

⑨ 교육블록화 확산

⑩ 경험중심학습체제 확대

⑪ 수평적 교육관 대두

⑫ andragogy : pedagogy

⑬ Learning community 확산

⑭ Learning society

⑮ MCE 증대

⑯ 종교재교육 증대

⑰ 학습 카피테리아 일반화

⑱ Educational brokering

⑲ Boarderless Higher education 확산

⑳ Learning mobility 확산

㉑ 3K 사회 도래와 대학 역할의 변화

㉒ 재교육과 후속교육, 순환교육 등 증대

㉓ 평생교육원 역할의 변화

이러한 전망을 감안할 때 성인학습은 정규대학교육의 중요한 한 부분으로 확산될 것이며 고등평생교육기관으로의 패러다임 변화로 증대할 것으로 예견된다.

대학정보 공시를 활용한 대학 경쟁력 강화*

1. 대학 환경 변화와 정보공시제의 의의

교육기관이 관리 보유하고 있는 정보를 적극적으로 공개하는 제도인 정보공시제가 도입됨으로써 교육 수요자들인 학생, 학부모 등이 객관적인 정보에 근거해 대학과 전공학과를 선택하는 데 도움을 줄 것으로 기대되고 있다. 교육 관련 기관의 정보 공개에 관한 특례법에 의해 시행되는 정보공시제도는 대학 간의 선의의 경쟁을 통해 교육의 질을 늘리는 데 기여하리라 생각된다. 그간 지식생명주기의 단축과 지식 양의 폭승 등 대학 환경 변화는 대학들로 하여금 지식 정보화 사회에 적합한 교육의 질을 향상시키는 데 어려움을 겪게 하여 왔다. 이러한 대학 자체의 환경 변화 대응능력의 한계는 대학 간·학과 간 폐쇄적인 성향마저 있어 수요자인 학부모와 학생들의 대학 실상에 대한 이해의 폭을 넓힐 기회가 제한되어 있었다. 또한 유비쿼터스 사회의 도래와 정보화 사회의 확산은 누구든 어디서든 투명한 정보를 공유할 수 있는 정보 공유의 장을 넓혀 왔고 자연히 상대적인 비교와 함께 교육 수요자들의 선택권을 넓히는 데 일조를 하게 된다.

---

*이 글은 2009년 4월 17일 전국교무처장협의회의 기조강연 내용이다.

1) 대학 환경 변화와 정보 공시

정보 공시와 관련한 대학 환경 변화의 주된 흐름은 대학의 학생 관련 정보, 졸업생 정보, 대학 교육비 정보, 학교생활 관련 정보는 물론 입학과 교육프로그램 전반에 관한 정보 제공을 하는 경향이다. 이러한 경향은 비단 대학 교육에만 국한된 것이 아니고 초·중등교육을 포함한 모든 교육 기관에 관한 정보 공시가 일반적 경향이다. 미국 등 선진국은 일찍부터 국가 차원에서 정보 공시를 하여 왔으며 대부분의 국가들은 대학 자체에서 정보를 공유하고 있다. 일반적으로 대학협의체나 통계관련기관 그리고 평가기구에서 시행하고 있으며 사설교육정보기관이나 대학 간 지역 연합에서도 정보 수집과 제공을 하는 경우가 있다.

미국의 예를 들어보면 각 지역별 대학 및 학교 협의체(○○ Association of college and schools)나 국가통계센터(National center for Educational statistics) 그리고 사립대나 공립대 협의체 등을 들 수 있으며, 영국의 경우는 고등교육재정위원회(HEFC)나 대학입학지원센터(UCAS) 등의 협력 체계를 통한 국가 차원의 정보 공시 시스템이다. 일본 역시 국가 통계 기구와 평가 위원회 등에서 대학 관련 정보를 수집 분석하고 배분하는 역할을 수행한다. 일본의 경우도 대학 정보공시는 대학 시준 협회의 평가준거로 활용되고 있으며 대학의 질제고와 교육 여건의 개선을 위해 국·사립대학 모두 대학의 조직, 업무, 재무 등의 기본 자료는 물론 법인에 관한 정보까지도 제공토록 하고 있다. 이렇듯 세계적 추세를 볼 때 교육수요자들로 하여금 교육기관의 정보를 습득하게 함으로써 보다 투명하고 효율적인 대학 운영을 유도하고 대학 선택권을 확대해 나가는 환경으로 변화되고 있다.

2) 대학 정보 공시제의 의의

대학 정보 공시제의 의의는 대학을 제대로 이해하고 대학의 현황을 파악하게 함으로써 학습권과 교육권 그리고 교육위탁권을 신장하는 데 의의가 있다. 대학 정보 공시제의 의의와 목적을 장학해 본다면 다음과 같다.

① 교육 수요자의 알권리 신장
② 대학 간의 선의의 경쟁을 통한 경쟁력 강화
③ 정확한 정보 제공을 통한 학교 선택의 기회 제공
④ 대학 자체 평가의 준거 마련과 자율성 신장
⑤ 대학 정보 공시를 통한 대학의 사회적 책무성 제고
⑥ 대학의 장단기 발전 목표 설정의 준거 마련과 전략적 발전 방안 마련의 근거
⑦ 대학 자체적인 장단점 추출기회 제공
⑧ 국내외 대학 간 협력 전략 추구의 토대 마련
⑨ 산업체의 산학 협력의 준거 자료 제공
⑩ 산업체의 인적자원 활용과 채용의 준거 자료 제공
⑪ 정부의 정책 수행과 관련한 협력 및 학술 연구를 위한 정보 제공
⑫ 대학의 구조 개혁 촉진의 간접적인 효과 제공

등 대학의 자율성과 책무성 신장을 위한 토대 마련과 함께 선의의

경쟁 유도 그리고 교육 수요자들의 명확한 대학 현실의 이해와 선택 폭 확대 등이 대학정보공시제의 의의라 생각된다.

2. 대학 경쟁력과 정보공시제

대학정보공시제에서는 13개 분야 56개 항목을 수요자 관점에서 제공하고 있다. 이러한 대학관련 정보는 대학 경쟁력과 직간접적으로 관련된 중요한 지표들이라 볼 수 있다. 소위 고등교육 통계지표들인 정보공시 항목들은 크게 대학 운영, 교수, 학생, 직원, 교육 및 봉사, 연구, 재정 그리고 도서관과 시설정보지원 등과 관련된 교육여건 등의 주요 정보와 관련된다.

이러한 정보를 대내외적으로 공시하는 효과는 대학경쟁력 제고를 하는 데 일조를 하게 될 것임은 분명하다. 그러나 대학 경쟁력의 개념이나 준거를 어디에 두어야 하는지 그리고 대학 경쟁력의 핵심적 요인이 무엇인지를 명확히 하지 않은 상태에서의 정보공시와 대학경쟁력과의 정확한 연관성을 일반화시키는 데는 다소 논의가 더 필요하다 하겠다. 특히 정보공시 항목의 경우 대다수 지표가 계량화 할 수 있는 예컨대 교수 확보율, 취업률, 재정 규모나 재정지원 관련 지표, 대학의 신편입학 현황 등 정량적 지표라는 점을 감안할 때 여건이 좋은 대학경쟁력의 개념에 더욱 치중할 가능성도 없지 않다. 그러나 정보공시제의 활용을 통한 대학경쟁력 강화는 필요한 부분임에는 틀림없다.

1) 대학경쟁력의 요소로서의 정보공시

대학정보공시에서의 항목은 대학경쟁력의 직간접적인 요소이다. 그러므로 대학정보공시는 대학의 현황이나 위상에 대한 자기점검이나 객관적인 자기진단의 역할에 만족해서는 안 된다. 정보공시 지표나 항목은 모두 대학 경쟁력과 관련되지만 이를 개별 대학의 발전을 위한 충분한 준거 자료로서의 역할이 주어져야 한다. 예컨대 교수 확보율과 교수개발의 시너지 효과를 동시에 낼 수 있는 정보공시제에 대한 고민이나 대학재정 건전도를 높이기 위한 정보공시 등의 정보공시 항목 간의 대학경쟁력 제고를 위한 시너지 효과에 대한 관심이 더욱 중요하다. 대학경쟁력의 척도는 대학마다, 지역과 국가마다 다를 수 있고 차별화된 접근이 요구된다는 점에서 대학 경쟁력 제고의 기반이 될 수 있는 정보공시가 중요하다.

특히 대학은 3人체제(학생, 교수, 직원)이자 동시에 2원체제(기능체제와 지원체제)이며, 3요인체제(투입, 유환, 산출)이다. 따라서 단순한 조합을 해 본다면 3×2×3의 18개의 대학경쟁력 모델이 도출될 수 있다는 가정도 가능하다. 더구나 환경변화와 관련된 다양한 전략과 공시제도의 활용이 필요한 실정이다. 무엇보다 학생과 산업체를 수요자가 볼 때 교수와 직원 그리고 설립 주체들은 공급자의 입장이 될 수 있다. 따라서 대학교육공급자와 대학교육수요자들 간의 효율성과 역할 그리고 역학 관계를 감안한 공시제의 활용을 염두에 둘 일이다.

2) 교육통계와 정보공시

대학정보공시는 단순한 교육통계가 아니다. 정보공시는 통계 이상의 의미를 지닌 정보의 공유, 정보의 재생산, 정보를 통한 대학 간 위상 점검, 정보를 통한 선택과 집중 전략, 정보를 통한 평가 등의 커다란 의미를 지니고 있다. 그러므로 대학정보공시제는 정보의 신뢰성과 타당성을 전제로 한 정보제공 이상의 교육서비스 향상임을 염두에 두어야 한다. 이뿐만 아니라 대학과 기업 간 협력 체계 모색이나 총체적 의미에서의 고등교육 인재 개발 전략 수립 그리고 수요자의 만족도를 제고하기 위한 준거 설정의 의미를 지닌다. 그러므로 교육 통계에서 보듯 단순한 조합이나 기법의 차원을 넘어 국가의 대학경쟁력 강화를 위한 공유와 공시의 의미를 지녀야 한다.

3. 대학 경쟁력 강화를 위한 정보공시제

대학정보공시제가 도입된 이후 대학 간에 희비가 엇갈리거나 신입생 유치 전략의 일환으로 결과를 활용하기도 하고 상대적으로 지표가 열세인 대학들은 정보공시를 꺼려하고 있는 게 현실이다. 대학 간 차이는 대학에서 정보공시 의무 수행은 물론 홍보 등에도 영향을 미치고 있다. 이렇듯 정보공시제를 어떻게 받아들이고 활용하느냐에 따라 대학경쟁력 강화에 커다란 영향을 주기 마련이다. 정보공시제가 도입된 만큼 대학 여건이나 교육환경을 고려해 희망 대학을 선택하는 학부모들에게는 대학 간 좋은 비교 기준이 될 것이며 대학 자체도 자기 점검의 좋은 기제가 될 것이다. 물론 기업과 산업체 차원에서도 대학에 대한 보다 종합적인 현황을 파악할 수 있는 좋은 수단이 되며 산학협력의 좋은 판단 자료가 될 것이다.

그리고 국가차원에서도 대학 간의 차이나 우열의 판단 그리고 종합적인 고등교육 정책 수립의 준거 수단이 될 것이다.

대학경쟁력 강화를 위한 정보공시제 활용에 대한 몇 가지 관점을 살펴 볼 필요가 있다.

1) 대학 입장에서의 정보공시제 활용

우선 대학의 입장에서 정보공시제를 활용한 경쟁력 강화를 추구할 필요가 있다. 정보공시제 활용은 세계적 추세이고 수요자 중심 교육 패러다임 속에서는 불가피한 일이다. 대학의 입장에서도 정보공시를 효율적으로 활용해야 한다.

첫째, 대학 운영의 투명성 제고를 위한 장치로 활용해야 한다. 대학의 투명성 제고는 이미 대다수 대학에서 정착되고 있지만 정보공시를 통해 예·결신은 물론 대학 현황과 운영 전반에 걸쳐 공개함으로써 교육수요자들을 포함한 사회 전반으로부터 공인을 받는 결과를 초래하기 때문에 더욱 투명한 대학의 모습을 공시하는 효과를 가져 올 수 있다. 이를 통해 대학의 경영 효율화를 도모할 수 있다.

둘째, 대학경쟁력 강화를 위한 준거로써 활용해야 한다. 정보공시는 55개에 이르는 세부적인 내용을 담고 있기 때문에 대학 경쟁력 강화를 위한 준거 자료로 활용할 필요가 있다. 학칙과제규정은 물론 교육과정, 신입생과 재학생 충원율, 졸업생의 진학률과 취업률, 교원확보율, 전임 교원의 연구성과, 등록금, 법인을 포함한 대학의 예·결산, 대학 발전 계획과 특성화 계획 등 대학 전반에 걸쳐 있기 때문에 대학의 장·단기 발전을 위한 자체 준거 자료로써 활용해야 한다.

셋째, 대학 입시 전략 수립을 위한 정책수단으로써 활용해야 한다. 우리나라 대학들이 안고 있는 가장 큰 고민 중의 하나는 학생 수의 감소이다. 정보공시를 통해 각 대학 간 충원율과 지역 간 충원율 등을 감안해서 대학 입시 전략을 수립하는 정책적 준거 자료로써 활용할 필요가 있다.

넷째, 대학 간 상호 협력의 준거 자료로 활용해야 한다. 대학 간에는 상대적으로 우열이 있을 수 있고, 학문 영역 간 지역 간 혹은 규모 별로 차이가 있을 수밖에 없다. 정보공시를 통해 이루어지는 지표상의 차이를 상호 극복할 수 있는 협력의 준거자료로 활용할 필요가 있다.

다섯째, 대학의 평가나 구조조정의 준거로써 활용될 수 있다. 대학 자체 평가뿐만 아니라 대학의 구조조정을 위한 준거로 활용할 수 있다. 예컨대 대학의 장단점을 스스로 찾아낼 수 있고 장·단기적 관점에서의 구조조정을 위한 예비 지표로써 활용이 가능하고 나아가 「구조조정 예고제」와 같은 수단으로 활용함으로써 대학 경쟁력 강화가 가능하다.

여섯째, 대학 교육 서비스 시스템 구축을 위한 수단으로 활용될 수 있다. 정보공시를 통해 대학 교육의 질적 제고와 함께 교육 여건과 환경의 개선은 물론 자체 역량을 강화함으로써 대학 교육 서비스 시스템 구축을 위한 수단으로 활용될 수 있다. 무엇보다 수요자 중심 교육 체제를 구축하는 데도 일조를 할 수 있다.

2) 산업체 입장에서의 정보공시제 활용

정보공시를 통한 대학 경쟁력 강화는 대학 자체만의 노력이나 활용만으로는 최상의 결과를 도출해 낼 수 없다. 대학경쟁력은 국가와 사회 특히 산업체와 기업의 도움이 없이는 한계가 있을 수밖에 없기 때문이다.

정보공시는 대학 교육의 수혜자이자 수요자인 산업체와 기업의 입장에서도 충분히 활용이 가능하다.

첫째, 정보공시 활용을 통한 산학협력의 활성화를 위해서는 대학이 정보공시에서 제시된 학생들의 취업률이나 진학률 그리고 연구실적과 산학협력에 관한 직간접 지표를 활용해야 한다. 기업에서 이러한 준거를 통해 산학협력의 전략 수립이나 고용전략, 인적자원 개발 등의 대학 지원 연계망 구축의 준거를 찾을 수 있다.

둘째, 정보공시 활용을 통해 대학 전문가들의 자문이나 기술제휴, 특허출연, 그리고 산학협력 프로그램의 설정을 구체적으로 할 수 있는 준거로써 활용이 가능하다.

세계대학 평가방향과 방법론 모색*

개방화, 자율화, 다양화로 특징지어지는 시대적 변화추세는 국가 간에 있어서도 대학 간의 경쟁을 통해 국제적 인재양성과 국가경쟁력을 제고하려는 노력을 확산시켜 왔다. 특히 지난 1980년 이후부터 세계 각국에서 전개되고 있는 고등교육의 구조조정은 결국 대학교육의 질 관리와 질 높은 교육을 위한 노력의 일환이라 할 수 있다.

각국의 대학교육의 향상을 위해 주창하고 있는 자율과 책무의 관건 역시 대학 교육의 질 통제 기제 없이는 불가능하다. 따라서 대학교육의 질 제고를 위한 평가는 여러 나라에서 보편화 되어가고 있는 실정이고 세계적인 현상으로 자리 잡아 가고 있다.

더구나 21세기는 세계가 하나의 교육의 장이 됨으로써 국가 간 학점교류 및 상호 인정 등의 필요성이 증대하고 취업이나 자격증 취득에 있어서도 국제적 기준을 따라야 하는 것이 대학 환경변화의 주된 흐름 중에 하나이다.

무엇보다 세계적 경쟁력을 갖춘 대학교육을 위해서는 세계 수준의 기준과 척도에 부합하고 개별대학이 추구하는 특성화와 다양화에 걸맞은 대학평가시스템을 구축하는 과제가 요구된다.

EU 국가들의 경우 2005년 EU교육부장관들이 Bologna process

---

*이 글은 2009년 5월 중앙일보대학평가포럼 기조강연 내용이다.

Bergen회의에서 채택한 「유럽 고등교육권역 고등교육 질 보증지침」을 채택하고 있으며 국제기구인 UNESCO와 OECD에서 공동으로 채택하고 있는 「UNESCO/OECD 고등교육질 관리 가이드라인」 등도 세계적 관점에서의 고등교육 질 관리의 대표적인 예라 볼 수 있다.

대학평가인증의 역사가 100년 이상이 된 미국의 경우도 6개의 지역평가인정기구에서 8개의 기관평가인증위원회(commission for accrediting)를 설치하여 고등교육기관에 대한 평가를 시행하고 있다. 이들 평가인정기구들은 CHEA(Council for Higher Education Accreditation)과 미국교육부(USDE)의 승인을 받아 대학평가를 시행하고 있다.

국제적 수준에서의 대학평가는 여러 나라에서 시행되고 있는 최소한의 질 관리체제를 전제로 한 인증제(accreditation)의 형태와 국제기구에서 제안하고 있는 규범적인 제시에 해당되는 가이드라인(guideline), 예컨대, UNESCO-OECD 가이드라인, EU국가 간의 ENQA의 Standards and guidelines 등을 들 수 있다. 또한 지표(indicator)공시에 해당되는 스위스 IMD, OECD지표, UNESCO 통계지표, 우리나라의 정보공시 등도 국내외적 관점에서 대학 경쟁력 제고의 기제라 할 수 있다.

특히 오늘 논의의 주제에 해당되는 세계대학 순위평가와 관련된 예로서는 스위스 IMD의 경제발전기여도 평가, 중국의 상해교통대학 평가, 영국의 The Times 세계대학평가, 스페인 Webmetric의 세계 대학 순위평가, 그리고 올해부터 도입된 조선일보의 아시아 대학순위평가 등을 들 수 있다.

이와 다소 다르지만 미국의 News & world report, The Chronicle of Higher Education, Money잡지, German report, 그리고 일본의 기준협회, The Ranks 등도 순위평가의 대표적인 예라 볼 수 있다. 물론 우리나라의 경우에는 년조가 가장 오래된 중앙일보의 평가가 대표적인 예라 볼 수 있다.

1. 세계대학평가체제

1) 각국의 대학평가체제와 동향

(1) 미국의 대학평가

미국에서 평가인증의 역사는 100년 이상이 되었으며, 공적인 건강과 안전을 지키고 대중의 관심에 부응하기 위해 시작되었다. 미국에서 대학을 평가하기 시작한 직접적인 배경은 19세기 후반 대학의 난립과 수준 저하에서 찾을 수 있다. 즉, 고도의 자율성을 바탕으로 하는 미국의 대학 설립과 운영은 다양한 대학교육의 구현이라는 장점도 있었지만, 다른 한편으로 대학 간 질적 수준의 격차가 심각하게 나타나는 역기능이 초래되었다. 따라서 일정 수준 이상의 대학교육의 질을 유지해야 할 필요성이 요구됨에 따라 대학들이 자율적 질 관리를 목적으로 최소 요구 평가기준에 따라 평가하고 인정해 주는 일종의 '자기규제 방식의 평가'를 19세기 후반부터 실시해 오고 있다.

미국 대학평가인증제도의 발전 과정은 크게 3단계에 걸쳐 평가 내용의 강조점과 평가기구가 분화되어 온 것으로 볼 수 있다. 미국

대학평가인증의 태동기로 볼 수 있는 1세대(1880년대~1900년대 초)대학평가인증제에서는 고등교육기관의 성격과 입학요건에 주로 초점을 두었다. 그리고 2세대(1900년대 초기~1970년대 초)에 오면서 각 지역별 평가인정기구가 발족되면서 이들 기구들에 대한 조정과 더불어 학문 분야 혹은 전문 분야 프로그램에 대한 평가를 위한 기구로 확대되었다. 그리고 평가기준에 있어서 질적 기준 충족보다는 양적 평가에 주력했던 시기라고 할 수 있다. 그리고 3세대(1970년대~현재)라고 불리는 시기에는 고등교육기관 및 프로그램의 질 표준 및 자체 연구 강화와 더불어 고등교육의 질 제고를 위한 새로운 평가 모델 개발에 주력하고 있는 것이 그 특징이라고 할 수 있다.

현재 미국의 지역평가인증기구(Regional Accrediting Organizations), 전국평가인증기구(National Accrediting Organizations)와 전문 프로그램 평가인증기구(Specialized and Professional Accrediting Organizations) 등의 체제로 이루어지고 있다.

미국의 대학평가에서는 단순히 '평가'(evaluation)가 아닌 '평가인증'(accreditation)이라는 용어를 사용하고 있다. 미국에서 일반적으로 사용되고 있는 평가인증의 의미는 개별 대학과 대학 프로그램을 일정한 평가기준에 따라 평가하고, 인증 여부를 결정·공표하는 절차로 사용되고 있다. 이러한 '평가인증'의 개념에는 고도의 자율성을 바탕으로 설립되고 운영되는 미국 대학에 대한 자기규제적 질 관리의 특성이 반영되어 있는 것으로 볼 수 있다.

영국을 비롯한 유럽의 대다수 국가들이 단일 기구에서 평가인증사업을 시행하는 반면, 미국은 다양한 민간기구에서 평가인증사업을 실시하고 있으며, 이들 평가인증기구에 대한 승인은 별도로 실시하고 있다.

평가의 내 및 기준은 일반적으로 개별대학이 지역평가인증기구에 평가인증을 신청하면 지역평가인증기구의 회원교가 되기 위한 종합평가가 실시된다. 그리고 각 피평가 대학들은 대학 자체평가보고서를 제출하기 전에 협의회에 예비심사를 의뢰하게 된다. 먼저, 예비심사를 위한 체크리스트를 살펴보면, 사명(mission), 인가(authorization), 관리(governance, 통치), 교수(faculty), 교육 프로그램(educational program), 재정(finance), 정보공개(public information) 등을 들 수 있다. 예비심사를 위한 준거는 '학위를 수여하는 기관이어야 한다', '충분한 수의 전임교원을 확인해야 한다'와 같은 형태로 기술되어 있다. 지역평가인증기구가 대학의 평가인증 여부를 판단하기 위한 증거는 다음의 다섯 가지이다.

- 준거 1 : 기관은 명확하고 공인된 목적을 갖고 있어야 하며, 그 목적은 대학이 내세우는 사명과 조화를 이루고, 또한 고등교육기관에 적합한 것이어야 한다.
- 준거 2 : 기관은 목적을 달성하기 위하여 효율적으로 조직된 적절한 인적, 재정적, 물적 자원을 보유하고 있어야 한다.
- 준거 3 : 기관은 교육목적 및 기타 목적을 현재 수행 중이어야 한다.
- 준거 4 : 기관은 그 목적을 계속하여 수행해 나갈 가능성이 있

어야 한다.

• 준거 5 : 기관 운영의 실제와 부서 간 및 타 기관과의 관계가 성실해야 한다.

뉴욕 주 교육부에 제시하고 있는 고등교육기관 평가인증핸드북(2000)에 따르면, 대학평가의 내용으로 기관의 목적, 사명, 목표에 따른 성과, 자원(재정/교수/시설/도서관/정보 등), 교수(능력과 자격, 프로그램과 서비스 제공의 적합성, 평가와 전문적 책무성), 교육과정(대학 수준과 학점통합, 기관목적, 교과과정과 필수교과, 기관 목적달성을 위한 기관 효과성 평가), 입학요건, 교육과정을 위한 지원, 행정(책무성, 정책목표, 학생고충처리, 소비자 정보) 등을 제시하고 있다.

평가제도 운영 및 절차에 있어서는

• 자체연구
• 동료에 의한 서면검토
• 현지방문평가
• 평가인증기구에 의한 판정
• 계속적인 외부검토 등의 절차를 따른다.

미국의 대학평가인증제도는 최근 지역평가인증기구와 전문 학문분야 평가기구들의 질 표준을 강화하고 다양화하는 것이 가장 큰 특징이라고 할 수 있다.

WTO, GATS, Doha Round 등 국제화, 개방화에 따른 고등교육

시장개방으로 인한 고등교육의 질 인증에 관심이 모아지고 있다. 고등교육 시장개방에는 고등교육기관과 학문 분야 프로그램에 대한 상호 인증이 요구되며, 국제적 수준에서 이루어진다는 점에서 국제적으로 공인될 수 있는 질 인증 체제 도입이 논의되고 있고, 이러한 상황을 미국 내 다른 고등교육 평가인증기구는 물론 외국 평가기구에게도 권유하고 있다. CHEA는 고등교육 개방화에 따른 국제적 인증을 중요한 이슈로 여기고 있으며, 고등교육에 대한 질 인증에 있어서 각 국가의 제반 정치·경제·사회·문화적 환경을 고려해야 함을 강조하고 있다.

(2) 영국의 대학평가

영국의 대학평가는 1983년 9월 대학총장위원회(Committee of the Vice-chancellors and Principals : CVCP)가 「대학의 연구·교육의 질과 수준을 유지하고 감독하기 위한 방법과 순서」에 관한 조사검토위원회를 설치하여 대학평가를 위한 준비작업이 된 이래 오늘에까지 이르고 있다. 동 위원회과 1986년 7월에 제출한 보고서에서는 각 대학은 더 효율적으로 운용될 여지가 있다고 권고함과 동시에 대학평가를 행함에 있어서는 재정상, 조직 운영상의 측면뿐만 아니라 신뢰할 수 있는 일관성을 갖는 종합적인 평가기준의 개발이 필요하다고 권고하고 있는데 대학평가의 준거는

- internal indicators : 학부지원자의 시장동향(전공분야별), 학위취득률과 학위의 등급, 상급학위 지원자 수, 상급학위 취득률과

그 소요연수, 연구비 수혜약, 수업의 질

- external indicators : 졸업생(학위취득자)의 취업현황, 학위취득자의 최초직업, 학교 부자의 판단에 의한 평판, 교수진에 의한 출판물과 그 이용현황, 특허·발명·컨설턴트 업무, 학회활동(소속, 수상), 학회에서의 발표실적
- operational indicators : 단위비용, 교수학생비율, 수업규모, 선택과정(코스)의 개설현황, 교수의 부담, 장서 수, 컴퓨터실 등을 담고 있다.

현재 영국에서 실시되고 있는 대학평가는 고등교육재정 지원을 위한 학과평가와 고등교육 품질 보증에 목적을 둔 대학종합평가로 대별할 수 있다. 고등교육 재정지원을 목적으로 실시된 학과평가는 UGC에서 UFC로, 다시 HEFC로 바뀌어 온 것으로 정리할 수 있다. 다른 한편으로 그리고 1997년에 와서는 고등교육 품질보증에 그 목적을 두고 평가를 실시하는 HEFC와 고등교육 품질 보증에 주요 목적을 평가 실시하는 HEQC의 평가의 기능을 통합하여 QAA라는 새로운 대학평가 재단법인을 설립하는 등 또 한 번의 평가주체 기관의 변화가 모색되고 있다.

HEFC는 각 학문 분야별로 각 대학·고등교육기관의 각 학과에 대하여 그 연구의 질과 교육의 질을 3~5인의 전문가로 구성된 평가팀이 서류심사, 3일간의 현지방문평가, 관계자와의 면담 등 일정한 방법·기준에 기초하여 평가하였다. 평가결과는 몇 개의 등급으로 나누어 발표되었고, 이 결과는 HEFC가 각 대학·고등교육기관

에 배분하는 국고보조금의 금액에도 일부 반영된다.

한편, QAA는 영국의 고등교육의 현안 문제인 고등교육자격에 관한 전문적인 기구의 구축, 전국적인 외부시험위원의 인정과 확보, 국고보조금을 수급조건으로 한 새로운 교육평가 시스템에 참가의 의무 등을 역점사업으로 추진하고 있다.

QAA의 평가절차는 미국이나 한국과 비슷하게 ① 대학자체평가 연구보고서 작성 및 제출, ② 평가단의 평가연구보고서 검토, ③ 평가단의 사전회의, ④ 평가단의 대학현지 방문평가, ⑤ 평가보고서 작성 및 발표, ⑥ 대학의 추수보고서(fellow-up-report) 제출로 정리된다.

영국의 대학평가가 갖는 특징의 하나는 평가대상 대학은 평가가 실시되고 1년이 지나면 평가결과와 관련한 추수보고서를 제출하도록 하여 계속적인 관리가 이루어진다. 영국의 대학평가제도의 평가방법 및 절차는 미국과 큰 차이가 없으며, 대학과 정부 간의 관계, 성취 지표의 적용, 재정지원연계 등에 있어서 독특성을 지니고 있다.

대학들을 평가하는 항목은 크게 Teaching과 Research 분야로 나누어진다. Research 분야의 경우에는 평가 대상의 모든 학과에 대하여 각 학과별로 평가를 한다. 평가항목을 교수진의 연구실적, Full-time 교수진의 비중, 그리고 그 가운데 연구가 활발한 교수진의 비중 등으로 되어있어, 주로 교수진의 연구 활동에 큰 비중을 두고 있다는 점을 알 수 있다. 평가 결과는 Research 분야의 경우 7단계의 점수로 나뉘어 발표된다. 5a와 5는 국제적으로 우수, 4는 전

분야에서 국내적으로 우수, 3a와 3b는 대다수 분야에서 국내적으로 우수, 2는 절반까지의 분야에서 국내적으로 우수, 1은 국내기준 미달 등의 평가의미가 부여되고 있다.

한편 Teaching 분야에는 Excellent(최우수), Satisfactory(우수), Approved(양호), Unsatisfactory(불량) 등 4단계로 평가결과가 발표된다.

(3) 호주의 대학평가

호주평가기관의 대표적인 기구인 AUQA(The Australian Universities Quality Agency)는 호주대학들의 질 인증(quality assurance)을 위해 감독, 감사, 결과보고 등의 역할을 담당하고 있다. AUQA의 구체적인 활동을 살펴보면, ① 5년 주기로 자기인증(self-accrediting) 대학들과 개별주의 대학 평가기구들을 감사하는 기능, ② 감사결과를 보고서로 완성하여 일반에게 제공하는 기능, ③ 신규 대학과 비정규 고등교육기관에 대한 인증기준을 제시하고, ④ 호주 고등교육기관 시스템과 대학평가절차 등에 대한 지표 비교 및 이들의 국제적 우위 보고 등이 주요한 부분을 차지하고 있다.

평가내용과 기준의 측면에서도 호주의 대학평가는 개별 대학의 자체평가(self-review)를 바탕으로 이루어지고 있으므로, 평가내용 및 준거는 자체평가보고서를 서술하기 위한 지침서를 기준으로 설명될 수 있다.

대학의 질을 보여줄 수 있는 부분(quality framework)을 범주별로 제시하고 있는

- 대학의 정황(context)
- 교수 – 학습(teaching and learning)
- 연구(research)
- 지역사회봉사(community service)
- 직원배치(staffing)
- 서비스(service)
- 시설(facilities)
- 결과(result)
- 피드백(feedback)
- 해석(interpretation) 등이 해당된다.

2000년대 접어들면서 호주정부는 AUQA란 평가기구를 새로이 조직하여 평가대상 대학들이 중심이 된 동료평가(peer review) 방식의 대학평가에서 보다 광범위한 분야에 속한 전문평가자 그룹(expert panel)을 중심으로 한 대학평가를 실행함으로써 평가기구의 신뢰성을 증진시켜 나가고 있다.

호주 대학평가의 특징을 살펴보면 다음과 같다.

첫째, 평가내용면에서 개별 대학의 특성을 인정하여 대학의 특성에 기초한 측정을 진행하고 있으며, 이에 따른 평가결과에 기초하여 해당 대학에 대한 후속적인 지원을 결정하는 맞춤식 평가를 지향하고 있다.

둘째, 대학의 자체평가(self-assessment) 제도를 장려함으로써 대학의 자율성과 이에 기초한 책무성을 강조한 평가를 권장하고 있다.

셋째, 대학에 대한 평가는 해당 대학이 달성한 목표에 근거한 평가를 강조할 뿐, 이에 이르는 과정에 대한 어떠한 경로의 선택에 대한 자율성은 충분히 인정하고 있다. 이를 의미하는 용어로 'steering at a distance'가 사용되고 있다.

넷째, 대학평가는 대학이 지향하는 목표에 대해 실행한 수행정도(performance)에 근거한 평가를 진행하고 있다.

(4) 일본의 대학평가

일본의 대학평가는 종래의 대학 스스로의 내부자에 의한 자기점검 평가에서 대학의 개성화와 국제적 기준에 부합되는 고등교육의 품질이 보장되는 대학개혁을 전제로 하는 인증평가로 과감하게 전환을 시도하고 있다.

1991년 대학설치기준 개정을 통하여 도입했던 자기점검평가 시행과정에 노출된 대학교원들의 소극적 참여와 형식적인 평가에 그치는 문제점을 개선하기 위하여 2002년 「학교교육법 일부를 개정하는 법률」을 통하여 제3자 평가에 의한 인증평가제도를 도입함으로써 대학평가제도의 변화를 꾀하고 있다. 따라서 일본의 대학평가의 최근 동향에 나타나 있는 주요특징은 첫째, 대학평가의 국제적 동향을 감안하여 대학의 교육활동을 중심으로 평가를 실시하는 것을 지향하고 있으며, 둘째, 1991년부터 각 대학이 시행해 오던 자기점검평가에서 각 대학의 개성화와 질적 충실도를 확인할 수 있는 인증평가제도로의 전환을 들 수 있고, 셋째, 교육·연구 활동에 대한 식견을 가진 외부 인사들로 구성된 제3자 평가 도입을 지적할 수 있다.

(5) 중국의 대학평가

중국의 대학평가는 1992년 시장경제 도입으로 인한 고등교육 관리 체제가 변하면서부터 본격적으로 실시되었다. 그러나 중국의 대학평가는 아직 개선해야 할 부분이 많다. 예컨대, 대부분의 평가가 정부(교육부) 주도로 이루어져 행정적 색채가 지나치게 농후하며, 평가지표가 너무 세세하고 평가과정이 번잡하여 대학에 부담을 주고 있는 것으로 비판받고 있다. 아울러, 평가를 준비하는 대학 또한 임시성·단기성 대응에 치중하거나 부정한 수단을 동원하여 좋은 점수를 받고자 하는 경향까지 나타나는 것으로 지적된다.

최근 중국 대학평가의 추세와 향후 중국의 대학평가의 발전방향을 다음과 같이 전망할 수 있다.

첫째, 중국에서 대학평가는 국가와 지방행정관 이외에도 민간도 참여하도록 유인하고 있으며, 평가부분도 정규 교학사업평가 이외에도 전문 부분별로 다양하게 수행하는 추세로 나아가고 있다. 예컨대, 국가중점실험실, 인문사회과학 중점연구기지 등 부분별 평가의 다양화를 지향하고 있다.

둘째, 정규 대학교학사업의 평가에 있어서는 1990년대 후반부터 평가항목의 공통성이 증가되는 경향을 보이고 있으며, 평가내용은 사회요구를 반영하여 점차 풍부해지는 방향으로 나아가고 있다.

셋째, 고등교육의 자주권이 지속적으로 신장되는 가운데서도 대학평가를 통한 정부의 고등교육에 대한 거시적 조정·통제 기능은 향후 더욱 강화될 것으로 보인다.

넷째, 대학평가와 재정지원의 연계가 더욱 긴밀해질 것이다. 국가의 고등교육에 대한 재정지원의 선택과 집중의 경향을 띠게 됨에 따라 재정지원 결정에 대한 대학평가 결과의 영향력 또한 한층 증대될 것으로 전망된다.

2) 대학평가의 국제교류와 협력 체제

국가 간 고등교육의 교류 및 평가협력기구로는 ENQA와 INQAAHE 등을 들 수 있다.

국가 간 고등교육의 상호교류에 있어서 가장 선도적 역할을 해왔던 유럽 지역의 경우, ENQA의 창설은 고등교육 질 인증에 있어서의 경험을 공유하고 이를 발전시킬 목적으로 추진된 소위 European Pilot Project에서 비롯되었다. 나아가 고등교육에 있어서 질 인증에 관한 협력을 촉구한 유럽 정상회담의 권고가 그 결정적 계기가 되었다.

ENQA 더불어 INQAHHE는 대학평가를 실시하고 있는 세계 각국평가기구들의 연합 네트워크 성격을 갖고 있는 바, ENQA가 회원국들에 대하여 가격기준과 활동에 있어서 규정상 제약과 구속성을 띠고 있는 데 비하여 이 기구는 상호 정보교류와 세미나를 통하여 국가별 평가사례와 경험을 함께 공유하고, 우수한 사례를 확산시키고자 하는 학술적 성격을 많이 지니고 있어 각국의 평가기구의 협력 방법 모색에 귀중한 경험을 제공해줄 것이다.

3) OECD/UNESCO 세계국가 간 고등교육 질 보장 지침과 전망

OECD/UNESCO의 고등교육에 대한 가이드라인은 국가 간 고등교육 서비스 공급과 관련한 기관과 단체를 정부, 고등교육기관, 학생단체, 질 보장과 인증기관, 학위·자격인증기관 및 단체로 분류하고, 각 기관 단체별 권고안을 제시하고 있다.

OECD/UNESCO 지침이 담고 있는 주요 내용은 다국간 고등교육 질 관리와 이러한 질 관리를 위한 각 정부 간 상호 정보교류를 중요 사항으로 담고 있다. 특히, 각 국가의 형편에 따라 다양한 형태의 평가기구와 평가주체가 있기 때문에 정부기관이든 민간기구이든 이러한 고등교육 질 관리와 인정기구에 대한 국가 간 상호 인정도 주요 내용을 담고 있다. 그리고 각 국가들이 상호 질 관리와 질 관리 기구의 인정을 위한 다자간 협약을 권고하고 있다. OECD와 UNESCO가 공동으로 지침을 마련하고 있기 때문에 OECD 회원국은 물론 OECD 회원 국가가 아닌 UNESCO 회원국가 모두에게 이 권고가 적용될 것이다.

2. 대학평가방법론 모색

대학평가는 평가의 목적과 대상 그리고 결과활용 등에 따라 방법론에 있어서도 다른 접근을 하고 있다. 특히 평가의 주체가 누구인가에 따라서 목적과 결과활용이 다르며 국가나 사회가 처한 대학교육환경도 중요한 변수가 되고 있는 실정이다.

일반적으로 대학평가는 최저수준의 질 관리를 담보하려는 평가 인증제도(accreditation system)와 평가등위나 급간을 설정해 수준을 판별하려는 경쟁위주의 등위평가(ranking system)방법이 주류를 이루고 있다. 정부나 준정부적 질 관리 기구의 경우는 인증제도 위주의 평가 방법론을 택하고 있는 반면 수요자 중심의 비정부기관들의 경우에는 순위평가를 선호하는 경향이다.

순위평가를 시행하고 있는 대표적인 기관들은 언론기관들로서 세계적 관점에서나 국내적 관점에서 시행되고 있는데 1990년에 들어 이러한 경향이 확산되고 있다.

인증제의 경우는 일정수준의 고등교육 질 관리에 초점을 두어 일정인정주기를 인정하고 결과 활용에 있어서도 정부의 재정지원의 전제조건이나 직접적인 새징지원과 연계하고 있다. 그러나 순위평가의 경우에는 일정인정주기를 부여하기보다는 영역별 수월성 여부에 근거한 상대평가 방법론을 택하고 있으며 주로 수요자중심이 사회적 평판도를 중시하고 있다.

이번 세미나의 주된 관심 방법론인 세계 대학 순위 평가 방법론의 주된 경향을 요약해보면 다음과 같다.

① 세계대학순위 평가는 각국의 언론매체 중심으로 이루어지고 있는 특성이 있다.

② 세계대학순위평가는 공급자의 입장보다는 교육수요자의 입장에 비중을 두어 평가를 시행하는 특성이 있다.

③ 평가지표에 있어서는 정성적 지표와 정량적 지표를 활용하되 정량적 지표위주의 평가 시스템이라 할 수 있다.

④ 평가영역은 교육, 연구, 국제화, 대학의 일반적 여건, 졸업생의 평판도, 대학규모 등으로 구성되어 있다.

⑤ 방법론에 있어서는 평가인증제와 다소 차이를 보이고 있으며 현지방문평가의 비중이 낮고 지표의 분석에 치중하는 편이다.

⑥ 연구영역의 경우에는 주로 SCI, SSCI와 A&HCI 등 국제적 수준의 연구실적과 인용논문지수를 중심으로 평가되고 있다. 일부순위평가기관에서는 상위연구자 인용지수나 네이처나 사이언스지 논문, 노벨/필즈 수상자 수를 중요시하기도 한다.

⑦ 세계대학순위평가는 대학의 투입-산출 모형 중에서도 효율성 위주의 평가보다는 산출 즉 결과나 업적위주의 평가방법론을 택하고 있다.

⑧ 세계대학순위평가는 평가지표의 설정에 있어 문화적 요소나 각국의 여건 등을 큰 비중으로 다루고 있지 않은 특성이 있다.

3. 세계대학순위평가 방법론의 쟁점

세계대학순위평가는 세계적 관점에서 대학의 질 관리와 선의의 경쟁을 유도한다는 측면에서 큰 의미가 있다. 특히 국가 간 대학교육격차의 해소와 함께 교육 수요자들의 교육선택권을 신장한다는 긍정적 측면도 있다. 그러나 이에 못지않게 평가대상기관이나 평가철학점 관점에서 고려해야 할 쟁점도 있다.

외국의 세계대학평가기관들의 평가지표나 가중치, 그리고 영역 등에 있어서 뿐만 아니라 결과의 분석 틀에서도 받아들이는 입장에서는 다소 차이가 있을 수 있다. 방법론상의 쟁점을 요약해보면 다음과 같다.

① 평가지표나 영역이 특정국가나 오랜 연조를 가진 대학들에 유리하게 설정될 수 있다는 점
② 대규모 대학보다는 적정규모의 대학에 유리하게 작용할 수 있다는 점
③ 대학의 기능분화 즉 연구중심, 교육중심, 산학협력중심 등의 관점보다는 항목이나 지표중심관점에서의 평가라는 점
④ 동료평가와 평판도 평가 등에 있어서의 정성적 평가가 가미된 부분에서의 신뢰성과 타당성의 논쟁이 있을 수 있다는 점
⑤ 측정모델이나 측정오차의 최소화 방안이 미흡하다는 점
⑥ TQM 관점에서의 질 관리와의 괴리성에 문제점이 있을 수 있다는 점(대학지표와 상호인과관계 추정 미흡 등)
⑦ 순위에 따른 낙인(labelling)효과에 대한 보완부분이 부족하다는 점(다면적 랭킹 검토 필요)
⑧ 대학의 정체성과 설립 목적 등의 다양성과 관련된 쟁점

등을 들 수 있다. 이러한 쟁점들을 최소화하는 방법론적 모색이 오늘의 대학평가포럼의 취지라 볼 수 있다. 구조방정식 모형을 이용한 지표 간 인과관계나 영향관계 모델이라든지 대학순위차이에 대

한 통계적 유의성 검증을 위한 보완책 그리고 대학의 랭킹이 갖는 종합적 분석의 틀 마련 등은 바람직한 평가방법론의 하나라 보인다. 이와 함께 순위평가 확장모형을 통해 상대적 효율성과 효율성 방안을 제시하려는 시도인 기관모형의 확장모델인 상대적 효율성, 성장비율분석 함수적 접근 방법, 회귀분석 방법 등의 순위평가가 갖는 한계성을 보완하려는 좋은 시도로 보인다.

4. 제안

1. 평가기관의 입장
2. 피평가기관의 입장
3. 절차와 결과 분석상의 입장
4. 글로벌 관점에서의 입장

글로벌 IT 교육추세와 국내대학의 현실*

1. 21세기와 IT

IT기술은 21세기 지식정보화 사회에서 필수적인 기술일 뿐만 아니라 부가가치의 측면에서나 사회경제 문화적 파급효과의 측면에서 매우 중요한 산업분야이다. 세계적으로 지난 20여 년 동안 IT 기술은 괄목할만한 진전을 거듭해왔으며 향후 2020년까지 신기술로서 세계시장을 주도할 것으로 전망된다.

특히 우리나라의 IT 기술 수준은 SRAM, IFT-LCD, CDMA 등 첨단 분야에서 세계최고의 국제경쟁력을 갖춘 기술을 다수 확보하고 있는 실정이다.

이러한 IT 분야에서의 세계적 경쟁력은 IT 교육경쟁력에서 찾아볼 수 있다. 특히 IT 인력의 전공역량강화, IT 인재양성, 그리고 첨단기술 분야 재교육 등 IT 인재육성을 위한 정부의 노력과 중점지원에 힘입은 바 크다.

그 대표적인 산업의 하나가 global 기준에 부합하는 현장적응력과 국제경쟁력을 갖춘 인력양성을 목표로 하는 교과과정개편, IT 인턴십 등을 통합적으로 지원하고 있는 NEXT 사업(IT 교육경쟁력강화사업)을 들 수 있다. 우리나라뿐만 아니라 세계적 관점에서의 IT

---

*이 글은 2009년 9월 NEXT 2009 컨퍼런스 기조강연 내용이다.

교육추세는 우리나라와 큰 차이가 없으며 IT 관련 세부영역에서 다소 앞서거나 뒤쳐져 있는 등 기술격차(technological gap)가 있을 뿐이다.

2. 글로벌 IT 교육추세

global IT 교육의 추세는 대학에서의 IT 교육여건개선과 전공역량강화, 차세대 성장 동력에 대한 투자와 인재양성 그리고 재교육을 통한 IT 융합기술인력양성 등으로 집약되고 있다. 해외 인력양성과 교육 추세를 개괄해 보면 다음과 같다.

1) 미국

미국의 IT교육은 자격증 획득과 취업 간의 연계시스템을 통한 맞춤식 교육이 폭넓게 운영되고 있다. 이러한 IT 교육은 민간차원과 정부차원에서 다양하게 운영되고 있는데 미국이 안고 있는 정보통신인력의 부족현상 때문이다.

특히, AAAS(미국과학증진협회)가 주도하는 'project 2061'을 통한 IT 기술교육지원과 산학협력에 의한 IT 기술교육프로그램이 중요한 경향인데 학생들의 학업과 경력을 동시에 개발하기 위한 SWOT (School to work opportunities) 프로그램 등이 확대되고 있다. 한편 미국 대학들에서는 융합 IT 연구와 인력양성에 집중하고 있고 특히 차세대 첨단기술분야의 기초가 되고 있는「IT 플로서 α」시스템을 강화해 나가고 있는 추세이다.

2) 인도

IT 분야에서 상대적으로 앞서가는 나라 중의 하나인 인도는 IT 중심의 대학 정규 교육기관들(예컨대 IIT 등)과 비정규기관에서 IT 인력양성에 노력하고 있고 IMPACT 프로젝트와 같은 컴퓨터 산업인력양성프로그램을 확대해 가고 있다. 이러한 프로그램은 기술개발과 인력양성의 통합된 인력양성 프로그램의 특징을 지니고 있다. IT 인력양성을 위한 산업기금제도와 해외수출인력을 중심으로 하는 네트워크를 구축하여 글로벌 IT 변화를 습득, 활용토록 하는 데 노력하고 있다.

3) 일본

일본은 크게 두 가지 경향으로 집약될 수 있다.

산업체 중심의 IT 기술과 IT 융합기술연구와 인력양성체계가 활성화되어 있어 현장중심, 재교육중심의 IT 교육이 잘 운영되고 있다는 점이다.

또 하나는 「Research Compact」 등의 산학연 형태의 연구집약형 IT 연구와 고급인력양성체제가 강화되고 있다는 점이다. 특히 주요 연구중심형 대학에서의 IT 기술집약형 연구체제 운영은 눈여겨 볼 만한 추세라 볼 수 있다.

4) 호주

호주 역시 타국가와 마찬가지로 민간 IT 업체와 연계를 통한 IT 교육이 강화되고 있다는 점을 들 수 있다. 특히 IT 기술인력이 부족한 상황이어서 대학에 위탁교육형식을 많이 취하고 있고 기초 IT 등이나 첨단기술의 일부는 직업훈련기관에 위탁하고 있다. 타국가와의 차이는 직업훈련교육체제인 TAFE에 따라 공교육체제 내에서 IT 인력양성교육을 하고 부족 IT 인력의 수급을 위해 IT 이민정책을 적극 추진하고 있다는 점이다.

5) 영국

영국은 현장연수교육훈련과정 중심으로 IT 인력을 양성하는 한편 대학에서 특성화 중심으로 운영되고 있는 특징을 갖고 있다. 청년실업 해소책의 하나로 New Deal 정책을 추진하여 IT 교육을 시행하고 있다. 이외에도 NVQ(National Vocational Quantification)과 기존에 시행해온 YTS(Young Training Scheme)를 통해 IT 교육을 하고 있다.

3. 우리나라 대학의 IT 교육과제

우리나라는 자타가 공인하는 IT 강국이고 대학교육에서도 IT 학과의 중요성을 인식하여 지난 10여 년 동안 IT 교육에 관심을 쏟아왔다.

2007년 경우를 보면 공학계열 IT학과 학생 수는 65,204명이며 자연계열 등 IT관련학과 등과 합하면 114,228명으로 집계되고 있다. 이러한 IT 학과는 제어계측, 전기공학, 전자공학, 반도체 컴퓨터공학, 멀티미디어, 정보공학, 통신, 전산학 등이고 IT 관련학과는 자연계는 물론 인문사회와 예체능 계열까지 망라되고 있다. 한편 대학원 수준의 경우는 총 11,245명의 입학현황을 보여주고 있으나 박사는 1,528명에 불과한 실정이다.

우리나라 대학의 이러한 현황은 향후 IT 분야의 변화에 따라 변동이 불가피하리라 보인다. 우리나라 대학의 IT 교육현황은 2008년 경우 GDP의 17.3%와 전체 수출액의 37%를 차지하고 있는 국가핵심산업인 IT를 감안할 때 더 많은 IT 고급인력양성이 필요하리라 전망된다.

우리나라 대학의 IT 교육현황보다 IT 교육과제를 논의해 볼 필요가 있어 보여 몇 가지 교육과제를 제시하고자 한다.

첫째, 우리나라가 주도하는 IT 분야 공학교육인증 국제협약체인 서울어코드(Seoul accord)가 출범한 만큼 IT 공학 교육의 국제표준을 정립하는 데 적극 노력해야 한다. 또한 미국, 영국, 일본, 캐나다, 호주 등이 가입하게 된 만큼 산학연관 협력에 의한 현장수요지향적 IT 인력양성을 강화해야 한다.

특히 1989년 출범한 기계, 토목, 화공 등 전통적 공학인증과 관련된 12개국 간의 협약인 '워싱턴 어코드'와의 협력은 필요하다.

둘째, 대표적인 국내 IT 기업들과 함께 융복합 시대에 걸맞은 창의적이고 실무중심위주의 IT 전문인력을 양성함과 동시에 R&D와 연계한 석박사급 인력양성을 강화해야 한다.

셋째, 현재 전 세계시장의 30% 이상을 차지하고 있는 휴대폰과 윈도우7 출시와 DDR3 D램 채용비중 확대 등 수출이 호전될 수 있는 반도체에 관해서도 시대적 상황에 맞는 재구조화가 필요하다.

넷째, 디스플레이패널, IPTV, 자동차와 IT를 결합하는 new IT, 임베디드 SW 융합프로젝트 등, SW융합 전문인력양성을 위한 교과과정 개편과 인력양성 틀을 마련해야 한다. 융합실용분야 교수인력의 채용도 확대해야 한다.

다섯째, 글로벌 맞춤형 IT 인재양성을 위해 IT 인증을 강화해야 하고 게임영역의 활성화를 위해 '글로벌 게임 허브센터'(빌게이츠 투자)를 적극 강화해야 한다. 아울러 디지털미디어 예술과 HCI(Human-computer interaction) 등을 활용한 융합에도 관심을 두어야 한다.

여섯째, 국제 컴퓨터 활용능력 인증인 ICDL(International Computer Driving Licence), CAC(Computing Accreditation commission) 평가인증 등 실무과 업중심의 국제표준 IT 자격과정을 적극 도입하는 등 다국적 기업을 겨냥한 교육이 강화되어야 한다.

일곱째, 기술변화가 급격한 IT 교육에서 계약학과의 활성화와 재교육형 교과과정의 확대 또한 간과해서는 안 된다.

여덟째, 이외에도 생명공학, 환경공학, 로봇공학, 피지컬인터페이스 중심 전자공학, 웹아트, 기계공학 등 인접학문과의 융복합 IT 교과과정과 대학 IT 교육체제가 시급히 설정되어야 한다.

아홉째, 유비쿼터스 시대를 대비해 정부가 추진해온 'IT 839 전략' 즉 8대 신규 서비스인 WIBro(휴대인터넷), DMB 위성(지상파), 홈네트워크시스템, 텔레매스틱서비스, RFID 활용서비스, W-CDMA 서비스, DTV 방송서비스, 인터넷전화(VOIP)와 3대 인프라인 광대역통합망, U-센서 네트워크, 그리고 차세대인터넷 주소체계 등과 관련된 대학 IT 교육을 염두에 두어야 한다. 또한 9개 신성장동력인 디지털TV, 홈네트워크기기, IT SOC, 차세대 PC, 임베디드 SW, 디지털콘텐츠, 텔레매스기기, 지능형로봇 등 IT 기반 신기술 교육인력 양성이 절대적으로 필요하다.

21세기 유망전공과 대학선택의 지혜*

1. 21세기 지식기반사회의 도래

신세기(新世紀)가 도래하고 있다. 신세기는 정보화, 세계화, 전문화로 대변되는 지식기반 사회(knowledge society)로서 산업구조의 변화와 삶의 양식 변화 그리고 교육양식의 변화가 가속화될 것이다.

특히 어떻게 창의적으로 지식을 활용하여 '경쟁력 있는 지식'과 '생산화한 지식'으로 재창출하느냐의 과제가 21세기의 주요한 교육적 기능이 될 것이며 교육내용이나 대상의 선정에 있어서도 탈제도, 탈학교, 탈획일 등의 다양한 잠재력 개발에 치중될 전망이다. 물론 창의력을 계발하기 위한 교육적 노력은 대학생 선발에 있어서도 다양한 선발과 다양한 전형요소를 통해 잠재력 있는 다양한 학습자를 발굴하는 일이 무엇보다 중요시 될 것이다.

이러한 시대적 환경변화 속에서도 대학은 기본적으로 교육과 연구 그리고 사회봉사의 기능을 수행하는 지성의 전당이며 개인적 차원에서도 적성과 자질을 개발하여 사회에서 필요로 하는 인간이 되고자 연구하고 학습하는 곳이다. 따라서 어떠한 전공을 선택하여 어느 대학에서 수학하느냐는 개인적 차원에서 뿐만 아니라 사회·국가적 차원에서도 매우 중요하다 하겠다. 성공적으로 대학에 진학

*이 글은 2004년 7월 대입정보 119에 기고한 글이다.

하는 문제는 한 가정의 가장 중요한 과제일 뿐만 아니라 개인적 차원에서도 중요한 인생의 한 과업으로 인식되고 있는 실정이다. 이 점에서 대학진학은 우리나라 교육의 근본적 문제와도 관련되어 있고 연중행사로 온 국민이 관심을 집중해야만 하는 사회의 교육병리적 현상이기도 하다. 마치 대학입학을 위해 초·중등교육이 존재하고 있다는 느낌이 들 정도로 우리의 학부모와 학교들은 학생들은 좋은 대학에 진학시키는 데 교육적 정열을 쏟고 있고 교육정책도 이러한 입시위주의 교육에 커다란 영향을 받고 있다. 1945년 해방 이후 우리나라 대학입시제도는 크게는 15번, 세부적으로는 35번이나 바뀌어 1년 2개월마다 입시제도가 바뀌어 온 셈이지만 아직도 대학입시는 학부모, 학생, 교사들의 삶에 절대적인 영향을 주고 있는 실정이다. 그러나 이러한 입시위주의 풍토와 교육문화 전반을 교육적 차원에서 바라볼 때 몇 가지의 중요한 질문이 불가피하다. 대학에 반드시 진학해야 하는가? 그리고 반드시 일류대학에 진학해야만 하는가? 또한 세칭 인기 있는 학과를 전공해야만 하는가? 등에 대해 우리 모두 냉정히 생각해 볼 시기가 온 듯 하기 때문이다. 물론 대학교육이 한 인간의 삶에서 어떠한 의미를 부여하는 것이며 대학진학을 위해 어떠한 절차와 전략이 필요한지 그리고 무엇부터 먼저 결정해야 할 것인지에 대해서도 체계적인 노력이 요구되는 시점이라 할 수 있다.

지금 우리나라의 현실처럼 개인의 적성과 자질과는 상관없이 무조건 일류대학에만 진학하려는 경향도 바람직하지 않으며 대학입시가 인생의 전부인 것처럼 생각하는 과잉경쟁적 사고도 결코 바람직하다 볼 수 없다. 그러나 한 인간의 삶에 있어서 어느 대학을 졸업했느냐가 무슨 전공을 했느냐 못지않게 큰 영향을 받고 있는 우리나라 현실을 감안할 때 올바른 대학선택을 위한 지침과 대학진학을 슬기롭게 하는 지혜가 더더욱 필요하다 하겠다. 따라서 올바른 대학선택을 하기 위한 자기 스스로의 점검은 물론 고등학교 졸업직후 대학에 곧바로 진학할 것인지 일정기간 취업 후 진학할 것인지에서부터 대학과 전공 선택에 이르기까지 신중에 신중을 기해야 할 것이다.

2. 21세기의 유망전공영역

21세기는 변화의 세기이다. 그리고 과학과 기술의 급격한 발달에 의해 대학교육과 직업세계에도 커다란 변화가 불가피하다고 예견되고 있다. 따라서 현재 유망 직종이나 인기 있는 전공영역이 미래사회에서도 인기 있는 유망영역이 될 것이라는 생각은 잘못이다. 그러므로 대학전공을 선택할 때에도 이러한 변화들을 고려해야만 한다. 현재 이 지구상에는 32만 여 종의 직업이 있다고 보고 되고 있다. 따라서 직업세계에는 많은 변화가 예상된다.

일반적으로 21세기는 정보화 사회, 일과 학업 그리고 휴식의 구분이 없는 융합적 사회(blended society) 그리고 컴퓨터를 수단으로 사회가 움직이게 되는 사이버 사회(cyber society) 등으로 지칭되고 있다. 따라서 기술적으로나 문화·사회적으로 엄청난 변화를 예고하고 있다. 21세기의 주요한 변화는 다음과 같다.

- 생활수준의 향상과 삶의 변화에 따른 복지와 환경 그리고 삶의 질에 대한 관심의 증대
- 산업구조의 변화에 따른 첨단과학분야, 서비스산업, 유전공학과 해양 및 우주 산업의 활성화
- 인구구조의 변화와 노령화 추세의 확대
- 여성의 사회진출과 가족기능의 변화
- 고학력화 사회에 따른 평생교육의 증가
- 정보화와 사이버체제의 확대, 교통과 정보통신 발달에 따른 국제화의 확대
- 인공소재의 개발과 신소재의 발달
- 생명공학의 발달과 의료기술의 급속한 신장에 따른 인간생명의 연장(124세까지의 생존)
- 가상현실(virtual reality)의 확대에 의한 사회, 경제, 문화, 교육의 대혁신
- 항공산업, 우주산업, 새로운 에너지, 마이크로 일렉트로닉스 등의 첨단산업의 발전
- 소규모 벤처기업의 확대와 지식집약산업의 확대
- 합리적 개인주의의 증대에 따른 오락과 여가선용에 의한 레저산업의 번창
- 자격증 중심의 사회와 재택근무사회의 등장
- 시간제 직종의 급격한 확대

등을 들 수 있다.

이러한 사회의 특성을 감안해 볼 때 21세기의 유망전공영역은 첨단과학 분야나 서비스산업과 관련된다 하겠다.

21세기의 유망전공영역은

- 가족복지 등 사회복지 환경분야
- 생명공학분야 등 유전공학분야
- 해양산업분야
- 우주산업분야
- 광산업 분야
- 대체 에너지 분야
- 레저 및 관광산업 분야
- 건강관련 분야
- 산업교육분야
- 노년학과 가족치료분야
- 컴퓨터공학분야
- 신문방송학, 영상매체분야 등 대중매체분야
- 신소재개발분야
- 국제통산 및 협력분야
- 특수작물 및 신 작물, 해저자원 등 새로운 농·어업분야
- 컴퓨터 디자인 및 컴퓨터예술분야

등 다양한 분야를 들 수 있다.

대학과 전공 선택은 적어도 10년 앞은 내다보고 결정해야 하며

지금과 같은 기술변화를 감안할 때 현재의 인기직종이 21세기에도 인기직종이 된다는 단순한 생각은 바람직하지 않다.

3. 대학선택의 지혜

대학선택을 위해 지혜로운 첫 걸음은 자기 자신에 대한 냉정한 관찰에서부터 출발해야 한다. 이러한 자기통찰은 대학교육에 대한 올바른 이해를 하고 있는지와 밀접한 연관이 있다. 대학은 과연 무엇을 하는 곳이며 내 자신은 대학교육을 받을 준비와 능력을 갖추고 있는가? 그리고 능력과 준비가 되어 있다면 무슨 영역이나 전공이 적성에 부합되는가? 대학 졸업 후 어떠한 진로를 선택할 것인가? 또한 대학에 대한 정확한 정보를 충분히 수집하여 결정했는가? 등이 자기 스스로 대학진학을 위한 목표가 분명한지 그리고 준비가 되어 있는지를 점검하기 위한 첫 걸음이라 할 수 있다. 그러므로 대학선택의 지혜를 다음 몇 가지 사항에 대한 자기 점검에서부터 출발하여야 한다.

- 대학이란 무엇인가?
- 대학은 어떠한 종류가 있는가?
- 누가 대학을 가고 싶어 하는가?
- 대학진학을 위한 첫 걸음은 어디에서부터 시작해야 하는가?
- 대학에 진학할 만큼 경제적인 뒷받침이 되는가?
- 대학진학이 나의 삶의 목표와 부합되는가?

등이다.

우선 대학이란 무엇인가? 결코 쉬운 질문은 아니다. 그러나 개인적 차원에서 생각할 때보다 높은 지식을 습득하고 자기 자신의 적성과 잠재능력을 개발하여 사회에서 보다 필요로 하는 인재가 되기 위한 최고학부이다. 따라서 자기계발의 가능성이 있는 곳인가? 적성과 흥미에 부합되고 필요한 전공과 존경하는 교수가 있는가? 그리고 지역적으로나 경제적 측면에서 적합한가? 등이 함께 고려되어야 한다. 이와 함께 어떤 종류의 대학에 진학할 것인가를 고려해야 한다. 물론 우리나라의 대학들에 대해서도 이해하여야만 한다. 현재 우리나라에는 181개 4년제 대학과 155개 2년제 대학이 있고 몇 개의 특수 고등교육기관이 있다.

즉 우리나라 대학은 그 종류 면에서

① 공립 / 국립 그리고 사립대학

② 4년제 대학과 2년제 대학

③ 일반대학과 특수목적대학(교육대, 산업대, 방송통신대, 과학기술대)

④ 서울소재대학과 지방소재대학

⑤ 대규모대학과 소규모대학

⑥ 남녀공학대학과 여자대학

⑦ 신설대학과 역사가 깊은 대학

⑧ 특수고등교육기관(사관학교, 경찰대학, 세무대학, 철도대학)

등으로 크게 구분될 수 있다. 물론 대학선택을 할 때 이러한 대학의 종류와 특성을 고려해야 함은 물론이다. 일류대학만을 지상최고의 가치로 여기는 우리의 입시문화도 이제 보다 과학적이고 체계적이며 합리적 차원으로 변화되어야 하기 때문에 무엇보다 이러한 대학의 종류를 선택의 기준으로 우선 고려해야 한다.

공립대학은 지방자치단체에서 설립·운영되는 대학으로서 서울시립대학교, 인천대학교 등을 들 수 있고 특수목적대학은 교육대, 개방대, 방송통신대, 과학기술대 등을 들 수 있다. 또한 특수대학은 사관학교, 경찰대학, 세무대학 등을 들 수 있다.

다음으로 누가 진학하는가에 관련해서는 2004학년도의 경우 2년제 대학까지 647,940명을 선발하는데 고교졸업생 607,242명, 재수생 261,423명, 검정고시 출신자 10,416명 그리고 해외거주자 자녀 105명 등 879,186명이 대학을 지원하게 된다. 지혜로운 대학선택의 첫 단계는 개인의 경제적 여건 그리고 개인의 흥미와 적성 등을 고려해서 대학에 진학할 것인지 아닌지를 선택해야 한다. 이때 결정해야 할 가장 중요한 사항은 고등학교 졸업 후에 진학할 것인가를 결정하는 일이다. 우리 현실과 비록 차이가 있기는 하지만 선진국의 경우는 일정기간 직장생활을 한 후 대학에 진학하는 사람도 많다는 점을 눈여겨볼 필요가 있다. 삶은 질주해야 할 100m 단거리 경주가 아니라 인내와 자기계발을 필요로 하는 마라톤 경주와 같다는 점을 대학진학에서도 염두에 둘 일이다. 이렇게 대학 진학에 대한 뚜렷한 목표를 확인한 다음에는 구체적으로 준비를 해야 한다. 우선 대학진학을 위한 준비단계를 보면 편의상 다음 몇 가지 단계로 구분할 수 있다.

- 자신의 흥미와 적성 그리고 삶의 목표의 재점검(고등학교 1학년)
- 대학진학여부의 결정(고등학교 1학년)
- 대학 진학 시 전공의 결정(고등학교 1-2학년)
- 전공과 관련된 대학의 정보수집(고등학교 1-2학년)
- 대학의 선택(고등학교 1-2학년)
- 선택된 대학의 입시정보수집(고등학교 1-2학년)
- 대학입시준비와 구체적인 전략(고등학교 1-3학년)
- 대학입시 참여(고등학교 3학년)
- 실패 시 대안(입시직후)
- 대안의 실천(고교 졸업 후)
- 대학생활에 대한 준비(수능 이후 또는 대학 합격 후)

물론 대학진학을 위한 준비단계는 반드시 이러한 절차와 순서를 밟아 갈 필요는 없다. 그러나 슬기로운 대학진학을 위해서는 자신의 적성과 흥미를 먼저 감안하여 대학진학과 전공이 인생의 목표에 어떻게 부합될 것인지 그리고 어떤 특성을 지닌 대학과 전공을 선택하여 학업 후 어떤 직종에서 무엇을 할 것인지를 신중히 생각한 후 결정해야 한다. 그리고 대학진학은 완전히 새로운 삶(new life)의 시작이기 때문에 4년 혹은 그 이상을 생활할 공간이기도 하다. 그러므로 자신에 대한 점검 및 목표설정과 함께 대학선택 시에 대학에 관련된 내용을 충분히 수집해서 선택을 하도록 하여야 한다.

첫째, 대학이 대학진학에 필요한 수능성적, 내신, 면접, 논술 등 전형에 관련된 중요 자료와 대학과 학사운영, 학과나 전공소개, 대학의 이념 등 대학전반을 이해할 수 있는 소개 자료를 제공해 주고 있는가? 이러한 정보는 입시요강과 요람을 통해 얻어질 수 있다.

둘째, 대학이 입학 후 생활하기에 쾌적한 환경과 교육적 분위기를 갖추고 있으며 신입생 오리엔테이션부터 졸업 때까지 학생을 배려하여 지도하고 있는가? 대학의 환경과 교육적 분위기에 관해서는 대학의 위치, 규모, 전통 등을 살펴봄으로써 알 수 있다.

셋째, 다양하고 훌륭한 교양교육, 특히 어학교육과 논리적 사고를 개발하는 프로그램이 잘 되어 있는가? 그리고 사회에서 요구하는 교육 예컨대 컴퓨터, 외국어 교육 등이 활성화되어 있는가? 이러한 내용들은 대학요람이나 교과과정표 그리고 교양강좌에 관한 자료에서 알 수 있다.

넷째, 대학이 심화전공과정과 함께 풍부한 선택과목이 설정되어 있는가? 전공관련 부분도, 전공관련과목 그리고 선택과 필수비교 등을 통해 알 수 있다.

다섯째, 훌륭한 교수진을 확보하여 양질의 교육을 하고 있는가? 대학교육에서 훌륭한 교수진의 확보는 매우 중요한 과제이다. 그러므로 교수확보율, 교수지명도, 대학평가결과 등을 통해 지원하고자 하는 대학에 관련된 내용을 습득할 수 있다.

여섯째, 훌륭한 도서실과 컴퓨터 시설 등 교육의 기본시설 등을 구비하고 있는가? 이 질문에 대한 내용도 대학평가결과, 대학요람 등을 통해 얻어질 수 있다.

일곱째, 학생복지시설(기숙사, 학생회관, 상담소, 체육시설, 음악시설, 진로지도센터, 의료지원시설 등)이 적절히 확보되어 있는가? 그리고 교통은 편리한 곳에 위치하고 있는가?

여덟째, 대학캠퍼스 주변 환경은 안전하고 쾌적한가? 지역사회는 문화적으로나 사회적으로 건전한가?

아홉째, 동창회 활동이 활발하고 취업률이 높으며 전망이 밝은가?

열째, 정규교과 이외에 과외활동 프로그램이 활발한가?

등을 염두에 두고 필요하다면 진학하고자 하는 대학을 먼저 방문할 필요도 있다. 이러한 모든 점을 충분히 고려하여 자신에 가장 적합한 대학과 전공을 선택해야 한다. 물론 교사나 상담교사, 부모 그리고 선배들과도 상의할 필요가 있다.

대학의 종류, 대학에 대한 정보를 습득한 후에는 구체적으로 입시전략단계를 설정할 필요가 있다. 물론 고등하교 이전에 생각할 일과 고등학교 재학 시에 생각할 일 그리고 입시와 관련하여 성적, 취미, 특기, 수능준비 등에 대해 생각할 것 등을 설정하여 신중하게 정리해야 한다.

- 큰 규모의 대학을 갈 것인가? 소규모 대학을 갈 것인가?
- 대도시에 위치한 대학을 갈 것인가? 소규모 도시에 위치한 대학을 갈 것인가?
- 기숙사 생활을 할 것인가? 부모와 함께 생활할 것인가?
- 여학생의 경우, 남녀공학을 진학할 것인가? 여자대학에 진학할 것인가?
- 왜 대학에 반드시 진학해야만 하는 것인가?

- 경쟁이 심한 대학에서 요구하는 입학조건은 무엇인가?
- 가장 선호하는 대학은 어디이며 다음 대학은 어디인가? 그리고 차선책은 무엇인가?
- 실패했을 때 어떻게 할 것인가?
- 부모는 어느 대학 어떤 전공을 원하고 계신가?
- 학교에서는 어느 대학 무슨 전공을 권하고 있는가?

이러한 생각들을 정리한 후에 고등학교 1학년부터 고등학교 3학년 사이에 대학진학을 결정할 일이 있다. 우선 고등학교 1학년 말부터 2학년 초에 결정해야 할 일은

- 대학과 전공의 선택

다음으로 고등학교 2학년 초부터 3학년까지 결정해야 할 일은

- 수능시험전략
- 진학하고자 하는 대학의 전형요소에 따른 준비
- 진학하고자 하는 대학의 방문
- 진학정보의 수집
- 희망전공분야에 대한 숙지(필요한 경우 면담)
- 특차모집, 정시모집, 특별전형에 관련된 자료 화보

등이다. 이런 다음 수능을 치루고 원하는 대학에서 필요로 하는 전형요소에 따라 철저한 준비를 해야만 한다.

4. 대학선택의 10계

진학하고자 하는 대학을 선택할 때 극히 상식적이지만 염두에 두어야 할 기본적인 사항은 다음 10가지로 정리할 수 있을 것이다.

① 자신의 적성과 흥미에 맞는 전공을 선택하라.
② 전공과 관련 없이 무조건 성적에 따라 대학을 선택하지 말라.
③ 큰 대학, 일류대학이 반드시 좋은 대학이라 생각하지 말라.
④ 대학진학에 대한 준비가 부족하면 충분한 준비 후에 진학하는 지혜도 필요하다.
⑤ 현재 인기 있는 학과가 졸업 후에도 지속적으로 인기가 있을 것이라는 생각은 하지 말라.
⑥ 대학진학이 인생의 중요한 부분이긴 하나 삶의 모든 부분이라 생각하지 말라.
⑦ 부모와 교사의 의견도 함께 존중하라.
⑧ 성적이나 학력부분이 부족하면 비교과 부분으로 승부하라.
⑨ 수도권 대학만을 고집하지 말라.
⑩ 대학보다 전공을 우선으로 선택의 기준을 삼아라.

한국 교육개혁 성과와 전망*

1. 들어가면서

21세기는 '세계화', '정보화' 그리고 '학습고객화'로 특징지어지는 지식기반사회로서 인간의 삶의 형태와 활동이 지식이라는 요소에 의해 크게 영향을 받고 있다. 이러한 지식기반사회는 '교육경영'과 '지식경영'이 매우 중요시됨으로써 교육시스템과 교육의 기능 역시 지식기반 사회에 적합한 체제를 요구받고 있다. 특히 국가경쟁력은 교육에 의해 좌우될 것이라는 예측이고, 21세기 교육발전전략으로서 가상 중요시되는 과제 또한 지식기반사회 구축과 지식의 창출 그리고 응용에 필요한 창의적인 인재를 양성하는 데 두고 있다.

교육환경의 변화를 주도하는 이러한 시대적 전환은 모든 국가로 하여금 교육의 새로운 패러다임을 요구하고 있으며 국가발전전략의 큰 틀 또한 사회와 국가 전체의 구도 속에서 교육체제의 경쟁력 제고가 최우선의 개혁과제가 되고 있음은 이론의 여지가 없다. 미국, 유럽 등 선진국은 물론 개발도상국들도 교육개혁을 적극적으로 추진하면서 지식기반사회에 부합되는 기본여건과 활용체제 구축을 서두르고 있는 실정이다.

우리나라도 지난 10여 년간 많은 교육개혁안을 통해 시대에 맞

*이 글은 2004년 11월 한국비교교육 국제학술세미나 기조강연 내용이다.

는 교육의 틀을 마련하기 위한 노력을 기울여 왔다. 특히 1990년에 들어 문민정부와 국민정부 시절에는 수많은 교육개혁안이 제시되었고 이러한 개혁안의 추진과정에서 갈등과 변화를 경험하기도 하였다. 따라서 한국교육개혁에 대한 성과와 전망을 살펴보는 일은 향후 교육개혁의 방향을 설정하기 위해서도 필요한 일이다.

2. 3정부의 교육개혁성과 : 문민정부, 국민정부, 참여정부

해방 이후 현재까지 우리교육의 변화와 발전을 이해하기 위해서는 교육이념과 단계별 교육체제 그리고 학제 등 종합적인 접근이 필요하다. 특히 한구교육의 발전단계에서 시기별 구분이나 정부의 교육정책별 변화 과정에 따라 여러 관점이 가능할 것이지만 이 글에서는 1990년대 이후의 3정부인 문민정부, 국민정부 그리고 참여정부의 교육개혁과 관련된 부분을 중심으로 논의해보고자 한다.

1990년대 한국교육에서 강조되어 왔던 것은 '국가경쟁력 강화'를 위한 교육이었으며 그 대표적인 교육개혁안은 1995년 5월 31일에 발표된 5.31교육개혁안이라 볼 수 있다.

일반적으로 우리나라 교육개혁의 발자취를 되새겨 볼 때 1960-70년대에는 발전교육론적인 입장에서 경제발전을 위한 교육이 강조되어 왔으며 교육개혁의 추진에 있어서는 중앙집권적인 체제에 의한 정부주도적 개혁을 그 특징으로 지적할 수 있다. 그러나 1990년대의 교육개혁은 1960-70년대의 국가발전전략과 같은 국가경쟁력 강화를 위한 교육을 추구하면서도 분권화와 자율화의 기조를 견지하고 있는 점이 시대별 차이로 지적될 수 있다. 1990년 초 문민정부의 개혁이 지난 10여 년간의 교육개혁의 기반 틀을 마련했다고 볼 수 있는데 그 공과는 보는 입장에 따라 많은 논란의 여지가 있다. 문민정부의 개혁은 분권화와 자율화의 기조 위에 이루어진 것으로 5.31교육개혁안을 통해 지난 10여 년간의 교육정책의 기본 틀을 마련하였지만 완정된 제대로의 틀을 마련하지는 못했다. 이러한 문민정부의 교육개혁 틀을 계승한 국민정부 역시 자율화와 분권화의 기조를 유지해 왔지만 교육공동체 내의 관련 주체들인 교사, 학부모들을 포함한 이해당사자들 간의 견제와 균형을 중시하는 '교육민주화'를 강조하는 경향이 더 컸었다. 국민정부는 교육주체들이 참여하여 의견을 개진하고 이를 집약하여 공론화하고 이를 바탕으로 제도화하거나 실천하는 틀을 중시하였다. 반면 참여정부는 지식정보화 시대가 요구하는 인재양성의 획기적인 변화에 주목하고 개혁과 통합의 두 전략을 주축으로 지방과 중앙의 균형발전과 지역 간, 계층 간, 성별 간, 차별해소를 중요시하고 있다. 이를 위해 '교육개혁과 지식문화 강국의 실현'을 설정하여 교육혁신을 추구해오고 있는데 분권과 자율 그리고 참여를 기본원칙으로 설정하고 있다. 이들 3정부의 교육개혁 내용을 보다 세분화해서 성과를 살펴보기로 한다.

1) 문민정부

문민정부의 교육개혁은 '세계화 추진을 위한 국가경쟁력 강화'를 정책의 기조로 삼아 교육체제를 재구조화하려는 노력을 기울였으며 첨단과학기술 교육과 대학교육의 경쟁력 강화에 역점을 두었다. 특히 WTO체제에 따른 국제화와 세계화의 촉진은 문민정부의 교육개혁에 영향을 주어왔는데 교육과정편성과 운영권한의 변화라든지 초·중등 수준의 단위학교 책임경영제 도입 그리고 6차 교과과정의 시행 등 많은 변화가 있었다. 고등학교의 경우도 시도교육청의 권한이 크게 확대되었는데 1995년 5월 31일 교육개혁안에 따라 단위학교의 자율성을 확대하여 학교교육의 효과를 극대화한다는 취지에서 학교운영위원회를 초·중등 고등학교에 설치 운영하여 학부모의 참여를 확대하였다. 이와 함께 대학교육의 개혁은 대학정원조정, 학생선발, 교원임용, 학위등록 등에 대한 자율성의 확대에 두었으며 특히 대학입시에서 대학의 자율성을 신장하여 1994학년도부터 대학수학능력시험 실시, 고등학교 내신성적 반영, 대학별 본고사를 골격으로 하는 선발제도를 도입하였다. 그러나 대학입시에서 고교내신성적을 40% 이상 반영하는 것을 의무화하여 고교교육 정상화를 도모하려 하였다. 그 후 대학 학생선발권에 관한 자율이 더욱 확대되면서 전형시기, 전형절차를 자율화하였지만 1997학년부터는 대학별 본고사를 논술고사로 대체하였다.

문민정부의 대학교육개혁은 대학의 특성화와 연구여건의 개선에 치중하였는데 주로 소수대학의 특성화정책이 강조되어 특정분야를 집중 육성하는 전략을 추구하는 정책을 추진하여 왔다. 현재 우리나라 교육개혁의 기조라 볼 수 있는 「선택과 집중 정책」이 이때부터 시작되었다고 볼 수 있다. 문민정부의 교육개혁의 특징은 초·중등교육보다는 고등교육정책에 비중을 두어왔는데 연구중심대학을 선정하여 대학원을 집중 육성하는 정책을 추진한다든지 대학모형의 다양화와 특성화 방안을 적극 추진한다든지 하는 대학기능분화 정책이 중요시되었다. 초·중등교육에 있어서는 지방교육자치제의 확대와 교육의 분권화에 치중하여 1996년 지방교육자치제도의 개혁방안을 제시하고 교육위원과 교육감의 선출 방식을 개선하였다.

문민정부의 '교육개혁위원회'에서 제시한 5.31 교육개혁안은 「교육의 자율화」를 핵심 이상으로 삼아 지방교육위원회의 활성화, 소위 대학 설립 준칙주의로 대표되는 대학설치기준의 완화, 교육과정 편성의 탄력화 등의 내용을 담고 있다. 그러나 5.31 교육개혁안은 현실성이 다소 떨어진다는 비판을 받아왔고 교사와 학부모의 이해와 실천의지가 부족하였다는 지적이 지속되었다. 물론 교육개혁안의 현장실천과정에서 개혁의 내용, 실천방법, 시기 등을 효율적으로 조성하고 관리하는 모니터링 시스템이 확립되지 않았다는 지적과 함께 정부주도적 획일적이고 하향적인 개혁이 갖는 한계성에 대한 비판도 적지 않았다.

그러나 문민정부의 5.31 교육개혁안은 정보화와 세계화로 특징지어지는 21세기의 변화에 맞추어 '열린교육사회', '평생학습사회'를 건설하는 데 필요한 신교육체제의 비전과 목표를 추구하고 있다는 점에서 나름대로 의미를 부여할 수 있다. 문민정부 교육개혁의 핵심이라 볼 수 있는 5.31 교육개혁안의 주요 특징은 교육의 다양화, 학습자중심교육 추구, 자율과 책무성에 바탕을 둔 학교운영 그리고 교육복지국가(edutopia)구현 등을 근간으로 하고 교육의 수월성과 경쟁원리를 도입하는 데 역점을 두고 있다. 5.31 교육개혁안의 주요내용은 ① 학점은행제 도입 ② 최소전공인정학점제 도입 ③ 교육정보화 추진위원회 구성 운영 ④ 다전공, 복합학문 연구와 대학모형의 다양화 ⑤ 단설전문대학원 설치 ⑥ 대학설립준칙주의 도입 ⑦ 대학정원 및 학사운영자율화 ⑧ 국제관계 전문대학원 육성 ⑨ 학교운영위원회 설치 ⑩ 학교장 초빙제 시범 실시 ⑪ 교사 초빙제 시범 실시 ⑫ 필수과목 축소와 선택과목 확대 ⑬ 외국어 교육 강화 ⑭ 대학입학제도 개선 ⑮ 5세아 조기 취학 허용 ⑯ 특목고 학생선발방식 개선 ⑰ 교육과정평가원 설치 ⑱ 교원양성 및 연수제도 개혁과 보수, 승진체제 개선 ⑲ 교육재정 GNP 5% 등의 방대한 내용의 개혁안을 수립 추진하였다. 그 후 1996년 2차 교육개혁방안이 추가되어 전문대학에 심화과정을 도입하고 현장직업 계속교육을 위한 신대학 도입과 신교육과정 편제의 도입, 초등학교 1학년에서 고등학교 1학년까지 10년을 국민공통기본교육기간으로 설정하는 수준별 교과과정의 도입 등을 추진하였다. 이와 함께 의학과 법학전문대학원 도입도 추진하였다. 이외에도 교육관계법령체제를 개편하여 교육기본법, 초·중등교육법, 고등교육법, 사회교육법을 제정하거나 개정하였고 그 후에도 3차 개혁방안(1996. 8. 20), 4차 개혁방안(1997. 6. 2) 등을 통해 지방교육자치제도 개혁, 교원정책, 사학자율성과 공공성 제고, 교육정보화 신장, 유아교육, 공교육체제 확립 그리고 사교육비 경감대책 등을 추진하였다.

문민정부의 교육개혁의 근간은 5.31 교육개혁안과 후속개혁방안들로서 우리나라 초·중등교육과 대학교육에 이르는 전반적인 개혁내용이라 할 수 있다. 그러나 앞서 지적한 바대로 지나친 정부주도적 개혁이 가진 한계성을 극복하지 못하고 현실과의 괴리가 컸으며 교육주체들의 개혁의지 미흡 등으로 인해 성공적으로 개혁을 추진하지 못하고 시행착오를 겪기도 하였다. 특히 개혁의 추진과정에서 적지 않은 무리와 부작용이 따르기도 하였으며 그 원인은 교육문제에 대한 충분한 진단 없이 정부주도로 추진됨으로써 현장의 변화가 미흡했으며 교육의 경쟁원리 도입에 따라 교육불평 등을 확대시켰기 때문이라는 진단이다. 다만 1990년 이후 우리나라 교육개혁의 주요 틀을 마련하였다는 점에서는 어느 정도 인정을 할 필요가 있을 것 같다.

2) 국민정부

국민정부는 문민정부와 마찬가지로 교육개혁을 그 어떤 개혁보다 주요 핵심적 정부개혁으로 인식해왔다고 볼 수 있다. 문민정부가 관주도적 개혁을 추진해 왔다면 국민정부는 「교육민주화」 쪽에 비중을 두어 교원, 시민단체, 교육 NGO 등이 주축이 되어 공동체적 교육개혁운동을 추진한 것을 그 특징으로 지적할 수 있다. 특히 다양한 교육주체들이 참여하는 '교육개혁추진단'을 두어 정부 비개입 원칙을 중시하는 수월성 추구를 강조하였다. 이러한 교육개혁정책의 기조는 효율성과 경쟁을 근간으로 하는 신자유주의적 접근으로서 다양성과 창의성을 존중하는 개혁에 치중하여 온 것을 주요 특징으로 지적할 수 있다. 이를 위해 정보화교육과 평생교육체제의 구축 그리고 교육제도와 내용의 다양화 확대 등이 이루어졌다. 국민정부의 교육개혁정책은 '새교육공동체위원회'를 발족하여 추진되었는데 대표적인 개혁내용은 「교육비전 2002 : 새로운 학교문화 창조」에서 제시한 고교장 추천제, 수행평가, 학교생활기록부 등 새로운 대학입학전형제도개선책과 학습자중심의 열린교육 그리고 창의성과 인성교육을 위한 새로운 학교문화 창조 등이다.

국민정부 교육개혁 중 대표적으로 논란이 되고 있는 내용은 교원노조합법화와 교원정년단축 등으로서 이해그룹에 따라 지금까지도 논쟁이 되고 있는 실정이다. 국민정부의 교육개혁의 청사진을 종합적으로 제시한 것은 「교육발전 5개년 계획」으로서 1999년부터 2003년까지 5년간 연차적으로 추진될 8개 분야와 재정확보 방안이었다. 이 안에 따라 특성화 고교 도입, 성과급 도입, 수행평가 도입 등은 물론 시·도교육청 조직개편도 추진되었다.

국민정부의 교육개혁 내용 중 비중 있는 내용은 앞서 지적한 교원노조 합법화와 교원정년단축 이외에도 두뇌한국 21(BK 21), 2002년 대학입시제도 개선안으로서 이러한 개혁들은 참여정부에서도 지속되는 사업내용들이다. 이외에도 국민정부의 주목할 만한 교육개혁 내용은 교육정보화 종합발전방안(2001. 5), 교직발전 종합방안(2001. 7), 교육여건개선 추진개혁(2001. 12) 등으로서 초·중등교육에서의 학급당 인원의 감축, 종합학교 전산망 구축, 그리고 인적자원개발 틀의 마련 등은 하나의 치적으로 인식될 수 있는 계획안이었다.

국민정부의 교육개혁은 문민정부의 5.31 교육개혁의 기조라 볼 수 있는 소비자 중심시장논리에 치중하였다고 볼 수 있다. 국민정부의 개혁철학은 교원정년단축이나 교원성과급 도입 그리고 선택과 집중원칙에 따른 재정지원과 연계된 평가사업 등에서 잘 나타나 있다. 이러한 효율성 추구와 경제 원리에 입각한 국민정부의 개혁은 지나친 시장원리와 여론 중심적 인기영합주의라는 비판도 있어왔다. 특히 포퓰리즘은 정치권이나 이해집단의 공세에 의해 나타났지만 자율과 경쟁원리를 도입하고 수월성을 추구하는 정책전환을 통해 이를 완화해 나갔다. 국민정부의 교육개혁에서 간과될 수 없었던 쟁점의 하나는 교육주체자들인 교사나 교수 그리고 학교를 개혁의 동참자로 인식하지 못하고 개혁의 대상으로 삼았다는 비판이었다. 이러한 비판은 결국 교육계를 정치적 이해집단의 갈등현장으로 변화시킨 부작용을 초래하기도 하였다.

국민정부의 주요 교육개혁안은 ① 교육개혁추진단의 상설기구화 ② 사교육비경감 대책 ③ 대학선발제도 개선 ④ 대학교육의 자율화와 특성화 ⑤ 교원처우 개선 ⑥ 교육환경 개선과 학교폭력 근절 ⑦ 사학의 공공성과 사율성 보장 ⑧ 학력중심사회로의 전환 ⑨ 특수교육지원 강화 ⑩ 유아교육 공교육화 등 73개 추진과제를 설정하였다. 국민정부는 문민정부의 기조 위에 교육개혁정책을 추진하였지만 이해집단 간의 갈등으로 일관성과 체계성을 유지하는 데 어려움을 겪었고, 근본적으로는 '인적자원 개발'을 근간으로 하는 경제논리와 '공교육의 강화' 라는 교육논리간의 상충현상을 초래하기도 하였다. 이러한 이해상충에 따른 갈등에도 불구하고 학교정보화의 근간을 마련하고 교사와 교육시설 등 학교교육여건을 정비하는 데 큰 기여를 하였다고 볼 수 있다.

3) 참여정부

참여정부의 교육개혁에 대한 논의는 정권의 전반부라는 점에서 아직 이르다고 볼 수 있다. 참여정부가 추진하고 있는 교육개혁은 '교육혁신'이라는 기조가 의미하듯 올바른 역사의식과 시대인식을 바탕으로 교육의 공공성과 복지를 강화하고 분권과 자율, 참여를 기본원칙으로 삼고 있다.

참여정부의 교육개혁은 우선 참여와 자치를 통한 교육공동체 구축을 위해 '교육혁신위원회'를 구성하여 운영하고 있으며 단위학교의 참여와 자치 확대를 위해 교사회, 학생회, 학부모회의 법제화를 통한 학교자치를 강화하려 하고 있다. 이와 함께 대학운영의 민주성과 자율성을 강화하기 위해 대학지배구조를 개편하여 교수회 등을 법제화하고, 대학운영위원회를 설치 운영하기 위한 법제화도 추진 중에 있다. 참여정부교육개혁의 중요한 부분 중의 하나는 지방분권 및 학교자치의 확대와 강화로서 교육인적자원부의 개편을 통한 업무의 위임과 이양을 들 수 있다. 이 개혁은 아직 진행 중이므로 공과에 대한 판단이 이르지만 참여정부의 지방균형발전과 분권화의 한 축으로 이해될 수 있다. 특히 공교육 내실화와 교육복지확대를 위해 사교육비경감방안을 지속적으로 추진하고 평준화정책의 기조를 유지하려는 강한 의지를 엿볼 수 있다. 교육평준화정책의 기조는 학벌타파와 대학서열 완화정책에서 볼 수 있는데 서울대 학부정원의 단계적 축소와 대학원 중심대학으로의 전환유도 그리고 지방대 육성, 수능시험 개혁 등 일련의 정책추진과정과 연관되어 있다. 참여정부의 교육개혁은 학력차별 금지제도 도입을 통한 학벌

중심에서 능력중심으로의 정책전환을 추진하고 있는 것도 모두 유사한 접근이라 볼 수 있다.

참여정부의 교육개혁 중 주목해야 할 부분 중의 하나는 지방대학육성책으로서 권역별 대학특성화를 통해 대학, 산업체, 지자체, 연구소 등의 상호연계를 통한 지역인재육성과 지역 R&D의 핵심주체로의 육성, 그리고 지역균형발전정책이다. 소위 NURI(New University for Regional Innovation)사업을 통해 매년 2,200억 예산을 투입한 76개 과제가 선정, 추진되고 있는데 참여정부 교육개혁의 핵심이라 볼 수 있다. 또한 2008년 대입개선안도 이해당사자들 간의 많은 논란과 갈등을 겪은 후 발표되어 수능을 9등급화하여 변별력을 낮추는 대신 학교생활기록부의 신뢰도를 높여 공교육을 정상화하고 사교육비를 경감시키려는 개혁을 추진 중에 있다. 이와 함께 대학을 구소소정하기 위해 대학구조조정을 위한 법적 근거마련이 추진되고 대학구조조정개혁안이 발표되는 등 대학개혁이 진행 중에 있다. 특히 대학정원감축과 정보공시제도의 도입, 그리고 적정수준의 교수확보여건 강화 등이 중요한 내용으로 설정되고 있다. 참여정부의 교육개혁의 종합적이고 구체적인 안들은 아직도 진행 중에 있지만 기본 근간은 교육복지와 지역균형발전 그리고 학벌타파와 지역 간, 계층 간 교육격차 그리고 교육 강화에 초점이 맞추어져 있다 하겠다. 현재 입법이 추진 중인 사립학교법은 이해당사자들 간에 커다란 갈등이 일고 있는데 공공성과 투명성을 강조하는 입장과 설립주체가 사적인 주체라는 교육이념을 강조하여 사학의 자율성과 정체성 그리고 특수성을 주장하는 입장 간에 첨예한 대립양상으로 치닫고 있어 교육공동체훼손이 우려되고 있다. 이외에도 그 동안 추진이 지지부진했던 법학전문대학원의 도입이 2009년까지 추진되고 있고 유아교육의 공교육화 그리고 초·중등교육의 강화 방안 등이 추진되고 있다.

참여정부의 교육개혁의 성과는 출범 2년째라는 점에서 아직 논의하기에는 이른 시점이라 볼 수 있지만 개혁철학 면에서 기존의 국민정부나 문민정부와 같은 측면도 있으나 근본적으로 많은 차이가 있다. 한 마디로 기존의 교육개혁이 경제원리와 신자유주의적 입장에 선 경쟁과 효율성을 강조한 반면 참여정부는 지역균형발전과 평등 그리고 학벌타파를 통한 능력주의를 강조하는 참여적 평등교육이념에 더 무게를 두고 있다고 볼 수 있다. 이러한 기조 위에서 기존의 교육체제를 혁신하려는 노력이 엿보이지만 성, 지역, 계층 등 교육이해집단 간에 갈등의 소지를 안고 있다는 점도 간과할 수 없는 점이다. 참여정부의 교육혁신 노력은 향후 3년여 동안 더 지속될 것으로 보이기 때문에 기존의 교육개혁의 성과를 충분히 분석하여 보다 내실있는 교육혁신 노력이 있으리라 기대해 본다. 이러한 노력이 성공한다면 우리나라 교육의 내실화에 큰 영향을 줄 것으로 본다.

3. 한국교육개혁의 전망

우리나라 교육개혁의 성과는 3정부가 그간 추진해온 일련의 개혁안들에서 알 수 있듯이 정권의 통치이념에 따라 다소 차이를 발견할 수 있다. 그러나 기본근간은 자율성 확대, 분권화, 책무성 신장, 국제경쟁력 제고 그리고 공교육 정상화와 사교육비 경감 등이었다. 향후 우리나라의 교육개혁을 전망해 볼 때 이러한 개혁기조는 유지될 것으로 보이지만 참여정부의 지역균형발전과 학벌타파 그리고 교육주체간의 참여적 제도 마련 등의 성패에 따라 방향이 달라질 수 있다고 보인다. 다만 간과할 수 없는 점은 급격한 교육환경의 변화로서 이러한 변화와 무관한 교육개혁은 이루어지지 않으리라 생각된다.

우리나라 교육개혁의 전망을 몇 가지 관점에서 집약해 본다면 다음 몇 가지로 요약될 수 있다고 생각된다.

첫째, 공교육 정상화를 위한 개혁은 지속될 것이다. 우리나라의 특수한 교육열과 학부모의 교육소원 그리고 사교육의 일반화 등을 감안해 볼 때 사교육비 경감대책과 함께 공교육을 내실화하고 경쟁력을 강화시키는 개혁을 지속적으로 추진할 것으로 본다. 이러한 개혁들은 초·중등교육의 발전방향과 관련된 교원양성수급체제 개선, 다양한 교실 및 지원시설 확충, 학생의 기초학력지도 및 평가체제 구비 그리고 초·중등교육의 자율성과 다양성 확대 등을 들 수 있다. 이러한 일련의 개혁 속에는 특목고의 위상정립과 자립형 사립학교 제도시행 그리고 대안학교의 다양화 등 고교평준화 체제의 보완 등도 포함될 것으로 보인다. 물론 학생의 능력과 적성 소질에 다른 수준별 학습과 능력별 수업 그리고 비교과과정의 활성화 등도 강조될 것으로 보인다.

둘째, 사회변화에 따른 인력수급체제의 재정비와 보완이 이루어질 것으로 본다. 21세기 교육환경의 급격한 변화에 따라 국제화 시대에 걸맞은 교육이 강조될 것으로 보이며 국제교육지원사업과 교육개방환경에 적응할 수 있는 제도마련 그리고 통일에 대비한 교육도 주요한 개혁내용으로 포함될 것으로 보인다. 이외에도 국제경쟁력을 갖춘 교육체제와 인력양성을 위한 대학개혁 방안들이 지속적으로 추진될 것으로 보인다.

셋째, 삶의 질 향상에 따라 소외계층 등을 위한 교육복지정책과 교육서비스 제공이 강화될 것이다. 삶의 질 향상에 따라 소외계층이나 지원과 보상이 필요한 교육대상자들에 대한 교육복지가 확대될 것으로 보인다. 이러한 노력들은 교육취약계층의 학습기회 확대와 지원체제와 관련된 개혁방안들을 포함하며 여성, 특수교육과 저소득층 등을 비롯한 교육취약계층의 교육 질 향상과 교육복지 정책이 확대되고 컴퓨터 정보소외계층의 정보격차 해소와 교육격차 해소 노력도 강화될 것으로 본다.

넷째, 학교교육체제의 강화와 함께 평생교육체제도 강화될 것으로 보인다. 학교를 평생 지적능력개발을 위한 열린학습의 장으로 전환시키기 위한 노력이 지속될 것으로 보인다. 대학의 전문직업교육기능 강화와 산학연 협동프로그램의 확대, 고교직업교육체제 개편 그리고 직업기초교육강화와 진로교육강화가 이러한 일련의 방안이 될 것으로 보이며 국가기술표준의 개발과 민간자격제로의 활성화 그리고 사이버교육의 활성화 등 평생교육행정체제를 효율적으로 운영하려는 개혁이 지속될 것이다. 이러한 개혁은 인적자원개발을 위한 제반개혁과 관련될 것으로 본다.

다섯째, 교육공동체의 구축과 참여교육이 활성화될 것으로 보인다. 공교육을 활성화하고 지역사회를 교육의 장으로 활용하기 위해서는 교육주체들간의 협력과 참여가 확대되어야 한다. 이를 위해 교육공동체의 구축이나 교육주체들 간의 참여확대를 위한 제도적 노력이 지속될 것으로 보인다. 이를 위해 현재 운영되고 있는 학교운영위원회, 각종 협의회 그리고 NGO 등 각 주체들간의 공동참여를 위한 여건 마련 등이 더욱 중시될 것으로 보인다. 특히 참여정부의 지역균형발전정책이 좋은 예로서 지역, 정부, 시민 그리고 학교가 교육공동체로서 교육경쟁력과 국가균형발전을 추구하는 역할을 수행할 것으로 보인다.

여섯째, 자율의 확대, 분권화 그리고 책무성 강화가 주요교육개혁 내용이 될 것으로 본다. 교육에서 자율성 확대는 세계적 추세로서 우리나라 역시 예외가 될 수 없다. 따라서 대학교육은 물론 초·중등교육에서도 분권화와 자율성이 지속적으로 확대될 것으로 보이며 이러한 맥락에서 교육지방자치의 내실화와 대학의 자율화정책이 대폭 신장될 것이다. 물론 자율화와 함께 질 제고와 교육의 사회적 책무성을 강화하는 평가체제가 보편화되어 주요한 교육개혁정책으로 자리 잡게 될 것으로 전망된다. 특히 국제적 기준을 요구하는 국제수준의 질 관리와 프로그램 그리고 교사의 전문성이 강조되는 개혁정책이 추진되리라 본다.

일곱째, 대학의 구조조정과 초·중등교육에서의 인성교육 그리고 창의성 교육이 강화될 것으로 전망된다. 학생 수의 감소, 교육재정의 한계 그리고 대체고등교육의 증가에 따라 대학의 구조조정이 불가피해짐으로써 대학 간의 합병과 통폐합 그리고 대학의 폐교에 이르기까지 강력한 대학구조조정이 이루어질 것이고 특성화 유도를 위한 노력이 이루어질 것으로 예견된다. 이와 함께 산학연협력체계와 국내외 대학 간 협력체계도 주요한 개혁현안으로 대두될 것으로 보인다. 또한 초·중등교육에서는 입시제도의 개선과 함께 인성교육과 창의성 개발교육 정책이 더욱 강화될 것이다. 그리고 참여정부의 교육개혁정책의 정착여부에 따라 지역균형발전을 위한 교육분권화와 주체 간 협력체제 구축이 강화될 것으로 전망된다.

4. 맺으면서

교육은 국가의 장·단기적 계획을 필요로 하는 과제이다. 이점에서 올바른 교육개혁의 설정여부는 국가경쟁력과 직결되며 개개인 학습자들의 잠재가능성을 극대화하는 관건이기도 하다. 그 동안 우리나라의 교육개혁은 수많은 개혁안들이 제시되어 시행되어 왔으나 근본적인 틀의 혁신을 통한 효율적 교육체제와 사교육비 위주의 교육문화 정착에는 실패한 것을 부인할 수 없다.

앞으로의 교육개혁은 21세기에 걸맞은 총체적인 개혁의 틀을 마련하는 데 주력해야 할 것으로 생각된다. 입시제도의 개혁이나 사교육비 경감을 위한 제도적 노력도 필요하지만 근본적으로 2만불 시대와 21세기의 지식정보화 사회에 걸맞은 체제로 전환을 모색해야 한다. 이를 위해서는 지나친 국가주의적 교육관이나 인기영합주의적 교육관 또는 현안 문제중심의 미시적 교육개혁관에서 벗어나 진정한 교육주의적 개혁관에 터하여 지속적이고 예견할 수 있는 교육개혁이 추진되어야 한다. 이럴 때 전문성을 갖춘 '소신 있는 교사가 있는 교육', '학부모가 신뢰할 수 있는 학교', '학생이 즐겁게 공부할 수 있는 교실'이 가능할 것이다. 일반적으로 세계 각국의 교육개혁의 방향이 그러하듯 우리도 일곱 가지 특성을 신중히 고려해야 할 것이다.

첫째, 공급자 위주의 교육에서 수요자 중심교육으로의 전환을 추구하고 있다는 점이다.

둘째, 교육중심 사고에서 학습중심 사고로의 전환을 추구하고 있다는 점이다.

셋째, 캠퍼스 중심의 정형적 교육체제에서 비정형적 평생교육과 대체교육체제의 확대를 추구하고 있다는 점이다.

넷째, 자국중심의 교육관에서 세계적 틀 속에서의 세계교육관으로의 전환을 시도하고 있다는 점이다.

다섯째, 특성화와 다양화 그리고 전략적 학교경영을 염두에 두는 전략적 교육시스템으로의 전환을 하고 있다는 점이다.

여섯째, 교육의 효율화와 인성을 갖춘 창의적 인적개발에 치중하고 있다는 점이다.

일곱째, 자율성과 함께 질 관리를 강조하는 수월성을 강조하고 있다는 점이다.

이러한 특징들은 곧 21세기에 필요한 인성과 창의성 그리고 전문성을 지닌 인재양성과 국가경쟁력 추구에 교육목표를 두고 있다는 것을 의미한다. 따라서 우리나라의 교육개혁에 있어서도 이러한 추세를 감안하여 우리인재를 우리 토양에 맞게 육성하여 세계적 인재로 양성해야 한다.

결론적으로 OECD 국가들도 우리나라의 교육성취를 가리켜 교육기적의 나라(country of educational miracle)라 부러워하듯이 교육내실화를 할 수 있는 백년을 내다볼 수 있는 진정한 교육개혁이 요구된다.

이명박 정부의 국민통합의 과제*

1. 국민통합 무엇이 문제인가?

국민통합은 우리국민이 안고 있는 국가적 과제이다. 국민통합은 역대 정권마다 화두로 삼아온 과제이고 해결하고자 하는 노력 또한 없었던 것은 아니다. 그러나 건국 이래 좌우이념의 대결, 동서 간의 지역갈등, 계층 간의 갈등, 노사 간의 불협화, 남녀 간의 성평등과 관련된 이견 등 시대와 상황에 따라 대두되어온 국민통합을 저해하는 요소들은 언제나 사회갈등의 기폭제 역할을 해왔다.

특히 산업화 과정에서 표출된 계층 간 갈등의 문제가 확대되면서 건국초기의 이념 갈등과는 다른 차원의 진보와 보수의 논쟁의 근원이 되고 있는 실정이다.

또한 핵가족의 보편화에 따라 세대 간 갈등도 사회적 이슈가 되어왔고 남녀 간 성역할의 변화에 따른 성평등의 문제도 국민 통합의 한 과제로 등장하고 있다.

무엇보다도 우리나라의 특수적 요인이라 할 수 있는 남북갈등과 동서갈등의 문제는 국민통합과 국가발전을 위해서 반드시 해결해야 할 국가적 과제로 여겨지고 있다.

국민통합의 과제들이라 할 수 있는 계층갈등, 성별갈등, 노동갈

---

*이 글은 2009년 7월 국민통합포럼 기조강연의 일부 내용이다.

등, 노사갈등, 세대갈등, 동서갈등 그리고 남북 간의 이념적 갈등은 우리 국민이 지니고 있는 성향과 그리고 사회구조적 요인이 복합된 결과로 볼 수 있다. 특히 정치적으로 굴곡의 역사를 가진 연유로 동서갈등이 심화되어 왔고 정치문화 또한 감성위주의 정치문화로 자리 잡게 되었다.

동서갈등의 원인에 대한 견해도 다양하지만 지역연고주의의 심화가 동서갈등의 촉매역할을 해왔다 볼 수 있다. 이러한 국민통합의 저해 요인들이 확대재생산되고 시대적 상황에 따라 다른 형태를 띠어오면서 결국 국민이나 국가 전체의 통합과 안정보다는 자신과 연고에 집착하게 만드는 데 기여해 왔다.

국민통합이 우리나라의 국민적 과제임에도 불구하고 국민통합의 저해요인들은 냉정함보다는 과도한 열정과 과잉경쟁의 문화와 접합되어 일부 편견과 아집 그리고 흑백논리로 확대 재생산되고 있고 이제는 우리나라의 문화구조, 정치구조, 교육구조에 이르기까지 광범위하게 영향을 미치면서 하나의 국민의식으로 자리 잡고 있다.

2. 국민통합 저해요인

국민통합의 문제를 야기하는 기본적인 요인을 몇 가지로 집약할 수 있다.

첫째, 국민의식구조의 한 부분을 차지하고 있는 자기중심적 경쟁 심리와 의존적 연고주의 심리이다.

우리 국민은 사회적 이슈나 국가적 위기 시에는 놀랄 정도의 국가 우선주의 심리나 국민화합적 성향을 보여주기도 하지만 이런 경우를 제외하고는 자기중심적 경쟁 심리와 의존적 연고주의 심리를 보여주고 있다. 예컨대 근래에 들어 ① IMF 극복을 위한 노력이나 ② 월드컵 때의 온 국민적 응원열기 그리고 ③ 독도문제 등의 경우에서 보여주듯 통합적 화합주의 성향도 없지 않다. 이러한 통합적 화합주의는 한시적이여서 「돌반지 국민통합」, 「월드컵 대한민국 정신」으로 닉네임 지을 수 있는 형편이다. 그러나 지연, 학연, 혈연 등의 의존적 연고주의 심리나 나우선주의적 경쟁심리는 국민통합을 저해하는 심리적 기저로 생각된다.

둘째, 우리나라 근대사 과정에서 발생된 이념적 갈등구조의 사회적 현상을 들 수 있다.

일제항쟁 과성에서부터 6.25 한국전쟁 그리고 현재의 정권창출 과정에서 보여주는 성향에 이르기까지 이념과 반목 구조가 중요한 국민통합저해의 요인으로 자리 잡아 왔다. 이념적 반목구조는 분단의 아픔과 함께 우리나라의 아픔과 질곡의 역사라 해도 과언이 아닐 정도의 통일 이후에 이르기까지 해결해야 할 과제이다.

셋째, 남북분단 이후 북한의 정체성과 관련된 갈등구조를 들 수 있다.

큰 차원에서 북한을 우리 민족으로 인식하는 데는 이의가 크지 않으면서도 북한정권에 대한 인식과 지원방법 그리고 통일전략에 이르기까지 북한관련 태도에서 북한의 정체성에 대한 인식에 이르기까지 남북 갈등의 구조적 요인을 들 수 있다. 특히 근자에 들어서는 이념적 반목구조와 대북한자세와 연관되어 사회전반에 걸친 진보와 보수 논쟁이 중요한 국민통합저해요인으로 인식될 수 있다. 사상과 이념적 반목구조는 자본주의와 사회주의에 대한 근본적 인식의 차에서 비롯된 요인이라 볼 수 있다. 특히 이념적 요인은 일반이 인식하듯 적대적이고 편견적 사고를 갖는 사상적 낙인과는 다르지만 대북한인식 그리고 진보와 보수의 논쟁의 기저가 되고 있어 개인의 가치 지향성과도 연계된 복합적 요인으로 인식된다. 다만 지금의 진보와 보수논쟁은 기존의 이념적 논쟁과는 다소 다른 변화(change)와 혁신(innovation)의 관점, 복지와 성장의 관점, 빈부에 대한 관점, 평등과 능력주의 관점 등 이념에 기초하고 있으면서도 탈이념화적 지향성을 지닌 다소 현실적 개념의 성향적 요인으로 이해된다.

넷째, 지역 간 갈등요인을 들 수 있다.

지역 간 갈등요인은 정치적 이해주의 갈등요인이자 격차구조에서 비롯된 동서갈등현상이라 볼 수 있다. 부추기는 동력은 정치적 이유이고 나타난 현상은 격차구조라는 점이 사회구조적 요인이라 볼 수 있는 부분이다.

다섯째, 문화적 특성과 사회심리적 현상을 몇 가지 지적할 수 있다.[1)]

1) 5과 의식구조

우선 5과 현상이라 볼 수 있는 과잉, 과열, 과잉경쟁, 과잉보호, 과잉편견 등을 지적할 수 있다.

---

1) 이 부분은 2007년 국민통합행동화포럼 발제 원고(2007.2.5)를 재구성한 것이다.

5과 현상적 구조는 민주화과정에서 형성되어온 과도한 열정과 배타주의 성향 그리고 산업화 과정에서 기인된 과잉경쟁의 문화 등이 접합되어 일부 편견과 아집 그리고 흑백논리로 변질되어 왔다. 이러한 5과 현상적 구조는 경제-사회-교육문화에서부터 정치 문화에 이르기까지 광범위하게 영향을 미치고 있으면서 국민의식을 지배해왔다. 물론 이러한 5과현상적 구조는 국민 통합에 저해요인으로 자리 잡았다 해도 과언이 아니다.

2) 3미이즘(3me-ism)

3미이즘은 우리 국민들의 지나친 모방심리나 사회적 동조현상으로 집약될 수 있는 '나도주의'(me-too-ism)와 편법이나 탈법 그리고 수단 방법을 가리지 않는 내가족, 내지역을 우선하는 이기주의, 지역주의 그리고 결과지상주의적 성향인 '나먼저주의'(me-first-ism) 그리고 책임회피와 방관, 냉소주의적 태도인 '나아니야주의'(not-me-ism)를 들 수 있다.

이러한 3me-ism은 무책임과 편법적 결과주의로 나타나 국민통합의 저해 요인으로 자리 잡아 왔다.

3) 상대적 박탈감

또 다른 국민통합의 저해 구조의 하나로서 계층간, 지역간, 세대간, 학력간의 격차구조에 비롯된 상대적 박탈감(relative deprivation)을 지적할 수 있다.

사회적 구조적 문제라 할 수 있는 격차구조는 도시와 농촌, 영남과 호남, 서울과 비서울, 남과여, 장애인과 비장애인, 가진 자와 갖지 않은자, 세대 등에 따라 확대심화 되어왔다.

특히 1970년대 이후 산업화 과정에서 급격히 확산되어 온 격차구조는 양극화 현상과 동서갈등현상, 서울과 비수도권 간의 갈등현상으로 다양화 되어왔다. 이와 함께 연계 고리를 이루어오면서 소위 SKY 대학 절대주의 현상마저 나타나 교육격차 = 계층격차, 소득격차 = 문화격차, 소득격차 = 삶의 질 격차 등식을 이루는 지경에까지 이르렀다.

이러한 격차구조는 정보화 사회가 확산되면서 정보격차, 문화격차를 초래하고 지역 간 세대 간 격차와 연결되고 있는 실정이다. 한마디로 사회, 문화, 교육격차는 구조적 사회병리 현상으로 고착됨으로서 상대적 박탈감을 증폭시키면서 사회갈등의 주요요인이 되고 국민통합의 걸림돌로 작용하기에 이르렀다.

4) 폐쇄, 배타적 이중적사고

우리사회의 중요한 병폐 중의 하나는 지나친 2중적사고 체제이다. 지나친 편견과 배타주의 귀천의식과 일류지상주의, 그리고 폐쇄적 성향 등이다. 동서갈등의 중요한 요인 중의 하나도 지역 배타주의 성향과 폐쇄적 품성을 들 수 있다. 요 근래 들어서는 다문화, 다민족 사회로 진입하면서 외국인에 대한 편견도 사회갈등의 한 부분을 차지하고 있다. 외국인 근로자와 결혼 이주 여성 등을 포함하여 100만 명이 넘는 외국인이 있다는 점을 감안할 때 향후 국민통합을 위한 주요한 과제가 될 것으로 예견된다. 세계화가 확대되고 있는 현실 속에서 피부색에 따라 가치를 부여하고 국력에 따라 인간을 대하며 특정 국가를 무조건 선호하는 등의 외국인에 대한 양가감정은 국민통합의 저해요인이 되어가고 있다.

3. 국민통합의 과제

국민통합의 과제는 ① 1945년 해방 이후 좌우갈등, ② 남북분단 이후의 남북 갈등, ③ 1960년 4.19혁명 이후 오늘에 이르기까지의 민주주의 추구에 따른 민주와 반민주 갈등, ④ 1970년 산업화이후 도시와 농촌, 빈부, 계층, 노사갈등, 대기업과 중소기업간 갈등 그리고 ⑤ 1970년 이후의 동서갈등이 혼재되어 갈등의 다각화가 전개되어 왔다.

특히 1980년 민주화 과정에서의 민주화 세력과 반민주화 세력간의 갈등이 심화되고 서구문화의 급격한 유입과정에서 파생된 세속화된 개인주의는 서구사회의 합리적 개인주의와는 다른 형태로 자리매김함으로서 전통적 가치의 붕괴와 몰가치확산 그리고 아노미적 물질주의와 접목됨으로서 배타적 흑백논리를 배태시키고 있는 실정이다. 따라서 이명박 정부의 국민 통합의 과제는 이러한 구조적 갈등을 해소하는 총체적 관점에서 접근이 필요하다 판단된다.

물론 단시일에 모든 갈등 문제를 일시에 해소할 방책은 있을 수 없다. 다만 단 한 가지라도 해결하려는 의지와 함께 장기적 관점에서의 체계적이고 지속적인 해법 모색이 필요하다.

예시적 관점에서 20대 과제를 제시해보면 다음과 같다.

① 약자우선주의적 차원의 「개발복지」 개념 도입

② 친환경적 공동개발정책추구(지리산 공동개발, 남해안 공동개발, 농수산 생태계보존, 문화보존 등)

③ 동서간 교차 문화교육 시행

④ 영호남연합공천제도입(교차공천제도입, 지역간할당제 등)

⑤ 영호남 지방자치단체 협약 예산제(예산중상호협약사업, 공동배정 등)

⑥ 동서통합기업육성(사원의무교류)

⑦ 자치단체 교류근무제 활성화, 교사 교류, 학생 교류 활성화 등

⑧ TV특집정례화와 동시방영시간설정

⑨ 전시군 자매결연 협약 추진, 전학교간 자매결연 추진

⑩ 청년실업 쉘터시스템 구축(기업, 대학, 관공서, 지역사회 등)

⑪ 실버기업군정립(50% 이상 실버세대고용 등)

⑫ 성격차 이해 뱅크 도입(교육, 역할기대, 직업연동 등)

⑬ 세대격차해소를 위한 봉사연대 구축(100프로그램)

⑭ 교차진보 – 보수교육제도 운영(진보학교, 보수학교 교차교육프로그램)

⑮ 국민통합 프로그램 일정기간 운영(방송, 언론매체 등)

⑯ 농어촌이해 교육프로그램 운영(전 학교대상 체험프로그램)

⑰ 맞춤형 통일교육 프로그램 운영

⑱ 중도실용주의형교육 프로그램 운영

⑲ 정치 사회화 교육 강화(50만 리더십 프로그램 강화)

⑳ 교사교육재편(국민통합형교사 양성정책 도입)

국민통합의 과제를 해결하기 위해서는 국가적 차원의 종합정책

과 지역차원의 정책 그리고 세칭 「국민통합 안전망」을 구축할 필요가 있다.

지난 2007년 2월 필자가 제시한 대전제를 감안하여 논의해보면 다음 몇 가지로 집약될 수 있다.

첫째, 정부 차원의 국민통합관리시스템을 가동할 필요가 있다. 예컨대 복지 안전망, 동서화합 안전망, 교육 안전망, 갈등 관리 안전망, 통일교육 안전망 등 국민 통합 안전망을 구축할 필요가 있다.

둘째, 정부 정책 수립에 있어 국민통합을 조율하고 저정할 수 있는 지역별, 대상별, 갈등 유형별 협의 조정 기구를 구축할 필요가 있다. 정부 차원의 「국민통합위원회」나 「국민통합 비서관제」 도입을 비롯해 지역별, 대상별, 유형별 국민통합 network를 구축할 필요가 있다.

셋째, 여론 주도 세력을 대상으로 한 「국민통합실천할당제」나 「국민통합실천책임제」 등을 도입하여 오피니언 리더들의 국민통합 주도 세력화하는 노력이 필요하다.

넷째, 「세계속의 한국」, 「새로운 한국」, 「탈지역화한국인」 그리고 「국민통합한국인」상을 정립하기 위한 한국 탈한국적 국민통합 정책 함양책을 종합적으로 정립한다.

다섯째, 전 교육기관에서 국민통합 교육을 실시하고 교사교육, 평화교육, 환경교육, 정치사회화교육, 성교육, 부모교육, 소비자교육, 세계화교육 등에서 국민통합 내용을 다룬다.

여섯째, 정권 차원을 초월하여 지역, 계층, 성, 세대 이념을 초월한 탕평인사정책을 일정기간 시행한다.

일곱째, 정치문화를 재정립하여 지역갈등을 유발하거나 이념적 논쟁을 유발하는 정치 개혁 작업을 적극 검토한다.

4. 국민 통합 제안

중도실용화합을 추구한다는 이명박 정부의 국민 통합의 과제는 무엇인가? 몇 가지 통합 방향을 고려할 필요가 있다.

첫째, 중도 실용주의 정책의 강화
둘째, 국민통합형 복지 정책 추구
셋째, 정치 문화 재정립과 국민 통합형 선거제도 보완
넷째, 교육 복지 개념 적극 도입
다섯째, 갈등구조와 갈등심리의 재편 노력
여섯째, 정권을 초월한 국민통합안전망 구축
일곱째, 국민통합교육 강화
여덟째, 지역구조의 재편과 행정구역의 전면 개편
아홉째, 극단적 진보와 극단적 보수의 완화책 강구
열 번째, 대북한관의 격차해소책 강구

저출산 고령화 시대의 고등교육정책 방향*

1. 노청사회(gerogreening society)의 도래

우리나라는 저출산과 고령화 사회로 급격히 전환되고 있다. 2026년에는 인구 5명 중 1명이 65세 이상의 노년인구가 되는 초고령사회(super-aged society)가 될 것이라는 예측이다. 또한 UN 인구기금의 발표에 의하면 우리나라 출산율이 1.22명으로 전세계 평균인 2.6명의 절반에도 못 미치고 2005년의 경우 출산율은 세계에서 가장 낮은 1.16명에 불과하여 2003년 24세 이하 인구가 35%인 것이 2026년에 23%로 줄어들고 55세 이상 인구비율은 17%에서 36%로 증가할 것으로 보인다.[1] 이러한 급속한 저출산 고령화 사회로의 전환은 경제 사회 문화 전반에 영향을 줄 뿐만 아니라 교육전반에도 큰 영향을 줄 것이며 유치원 교육에서부터 고등교육에 이르기까지 교육시스템의 개혁이 요구된다. 더구나 21세기는 상대적으로 인구가 적절히 유지되고 국민의 평균연령이 젊은 국가가 경쟁력을 갖게 되며 세대 간, 성별 간, 지역 간, 국가 간 균형적인 사회일 때 국가건강도(national health)가 높다고 볼 수 있다. 더구나 인구가 적절히 유지되고 출산율이 높으며 고령인구가 늘어나는 사회는 일종의 노청사회(老青社会: gerogreening society)로서 교육시스템의 안정이 가능하다고 볼 수

*이 글은 2005년 10월 교육개발원 기조강연 내용이다.

1) 통계청(2001). 연령별 추계인구, 서울: 통계청

있다.[2)]

그러나 현재의 우리나라처럼 저출산 고령화가 큰 변화 없이 지속적으로 가속화되게 되면 사회전체가 노령화되고 사회전체의 인프라나 가치체계에 변화가 불가피하여 고등교육의 경우에도 학생감소와 함께 평생교육체제로 기본 틀의 변화가 있을 수 있다. 이 점에서 고등교육 정책도 '교육인구학'적 바탕 위에서 장단기적 방향 설정이 필요하고 '모든 이를 위한' 대학의 개념과 고령사회에 적합한 재교육과 기본교육의 이중구조적 체제로의 전환 등이 요구된다.

2. 저출산 고령화 사회의 특징과 교육과제

1) 저출산 고령화 사회의 특징

저출산과 고령화는 동전의 양면처럼 연관된 문제이다. 그리고 두 흐름이 모여 시너지효과를 발휘하게 된다. 사회, 경제, 문화, 교육의 제반영역에 지대한 영향을 주게 되며 특히 연령별 균형을 갖춘 적정인구 사회와 안정적인 인구증가가 이루어지는 사회에서 필요했던 시스템과 인프라에 영향을 주어 사회적 문제를 야기하게 된다.

현재의 저출산 현상은 미래예측에 소홀한 인구 정책에도 큰 원인이 있지만 사회 경제적 환경의 변화도 큰 몫을 담당하고 있다 볼 수 있다. 교육비 부담과 자녀양육에 대한 부담, 그리고 보육시설의 부족과 대가족제도의 변화, 그리고 여성들의 자기개발 선호현상 등도 직·간접적인 영향을 주어왔다. 그러나 6회 세계지식포럼이나

---

2) 노청사회는 필자의 신조어로서의 노년을 지칭하는 gero의 접두어와 청년을 의미하는 녹색화를 합한 합성어이다.

EU보고서에서 지적하듯 인구증가 없이는 경제성장이 불가능하다는 점을 인식할 필요가 있다.

〈표 1〉에서 보듯이 2001년 우리나라 현행추계와는 달리 지난 3~4년 동안 급격한 변화가 예견되고 있고 인구감소는 유럽의 성장을 가로막았듯이 우리나라의 잠재성장 능력을 급격히 저하시킬 우려도 배제할 수 없다. 세계지식포럼이나 EU보고서가 지적하듯 우리 또한 예외가 될 수 없다.

저출산 고령화 사회의 특성은 다음 몇 가지로 정리될 수 있을 것이다.

① 발달단계에 따른 생애주기에 필요한 삶의 과제(life task)와 생애

〈표 1〉 현행추계(2001년) 및 특별추계(2005년) 비교

		특별 추계		현행 주계	현행 추계와 차이
		고위	저위		
총인구	2005년	48,294	48,281	48,461	△167
	정점	50,373	49,527	50,683	△727
	도달 연도	2025년	2017년	2023년	
	2030년	50,164	48,215	50,296	△967
	2050년	44,650	39,904	44,337	△1,989
고령사회(14%)	도달연도	2018년	2018년	2019년	
초고령사회(20%)	2035년	2026년	2025년	2026년	
합계출산율	2005년	1.21	1.17	1.37	
(명)	2035년	1.60	1.00	1.40	
평균수명	2005년(남, 여)	74.8, 81.5		74.4, 81.2	
(세)	2030년(남, 여)	79.2, 85.2		78.4, 84.8	
	2050년(남, 여)	80.7, 86.6		80.0, 86.2	
국제이동	적용연도	2000~2003년 4개년 평균		1995~2000년 6개년 평균	

출처 : 프랑크쉬르마허(2005), 고령사회, pp.37

주기(life cycle) 자체에 영향을 주게 된다.

② 복지, 교육, 의료, 삶의 질 등 사회적 안전망과 사회구조에 변화가 불가피하게 된다.

③ 교육의 개념과 교육인프라의 재구조화가 불가피하게 된다.

④ 노동력 감소에 따른 취업구조와 산업구조의 변화가 이루어진다.

⑤ 가족체계의 변화와 함께 복지체계의 대변화가 불가피하게 된다.

⑥ 평균수명의 증가에 따라 삶의 형태가 변화되고 노인의료 시스템과 연금 등 제반 사회체제의 대변화가 불가피하다.

⑦ 해외노동인구의 유입과 이동에 따라 가치이식과 문화이식 등의 변화가 이루어지게 된다.

⑧ 농어촌과 도시 간, 빈곤층과 부유층 간의 삶의 질과 사회적 격차가 확대되게 된다.

이러한 특성 변화 이외에도 저출산 고령화사회 도래에 따른 기존 사회의 붕괴와 재구조화가 확대될 것으로 보인다. 고령화 사회의 제반 문제만을 살펴볼 때 평균수명 연장에 따른 퇴직 후의 삶의 문제가 더욱 큰 사회적 쟁점으로 대두되게 될 것이다. 즉 노인취업의 문제라든지 연금의 문제, 의료시스템의 문제가 더욱 필요한 과제로 등장하게 되어 고령화에 따른 노인복지비용은 증가하게 함으로서 정부의 재정부담이 더욱 커지게 된다. 차세대 강국은 인구가 많은 인도, 중국, 미국 등으로 예측되는데 이들 국가들도 고령화 사회의 측면을 가지고 있으나 적정수준의 인구와 풍부한 자원, 그리고 훈련된 낮은 임금의 노동력 등에 의해 어느 정도는 보완될 수 있다. 이러한 점에서 우리나라의 급격한 고령화 사회와 다른 측면이 있다. 저출산의 경우에도 고령화 못지않게 적잖은 문제를 야기하게 된다.

고령화 사회일 때는 노년복지의 확대와 강화라든지 산업구조 측면에서 실버산업의 확충 등이 이루어져 기존의 사회 인프라의 확대가 주된 사회적 과제이다. 그러나 저출산 사회일 때는 사회인프라의 확충이 아니라 축소와 재편이라는 과제가 대두됨으로써 이중과제를 안게 된다. 일반적으로 저출산과 고령화가 동시에 진행되고 있는 사회는 저출산에 따른 사회인프라의 축소개편과 함께 고령화 사회에 필요한 고령사회 구조로의 보완·재편을 이루어야 하는 과제를 해결해야 한다.

〈표 2〉에 예시된 바대로 저출산 사회, 고령화 사회의 특성적 인구변동 사회에 따라 제반 사회적 과제가 달라지고 정책적 고려도

〈표 2〉 인구변동 사회적 특성 비교

사회적 특성 과제	저출산 사회	고령화 사회	저출산 고령화 사회
교육	학령인구감소	잠재교육인구 증가	학령인구감소+잠재교육인구 증가
경제	노동력 감소 외국인 취업 증가	고령노동력 확대	조기취업, 고용없는 성장, 고령취업, 외국인 취업확산
가치문화	개인지향적, 다문화, 다언어	제도적집단지향적, 다문화, 다언어	개인지향+제도지향 다문화, 다인종, 다언어
사회인프라	축소재편	실버인프라 확충	실버인프라확충+저인구구조
사회복지	인구장려정책 강화	사회복지 확대	사회복지 확대
연금	수입감소	지출증대	저령인구 개인부담 증가
가정	해체가능성 증대	해체가능성 증대	해체 가능성 가속화

다를 수밖에 없다. 세계적 추세로 보아 OECD 국가들은 고령화 사회가 일반적 현상이지만 저출산의 경우에는 우리나라보다 다소 형편이 나은 실정이기 때문에 우리나라는 정책적으로 많은 변화가 요구된다.

2) 저출산 고령화 사회의 교육적 과제

인구학에서는 인구변동을 인구성장, 인구고령화, 그리고 인구의 이동으로 대별되고 있다. 우리나라는 인구고령화와 함께 출산율 감소로 인한 저출산의 이중적 과제를 안고 있다. 또한 내부적으로 보면 수도권과 대도시의 인구편중현상과 인구 구성상의 남녀성비 불균형의 구조적 불균형 현상을 안고 있다.

2003년 통계청 자료에 의하면 2000년에 여자 100명당 남자비율이 110.5명이었지만 2010년에는 118.9명으로 증가하고 2020년에는 112.0명으로 증가하여 남녀불균형이 더욱 심화될 것으로 예측하고 있다. 이러한 남녀성비 불균형은 크지만 여성인력의 정치 경제활동과 정책과정의 참여도를 비교한 여성권한척도(gender empowerment measure)의 국제비교에서는 66개국 중 61위로 남녀불균형이 가장 심한 국가의 하나로 평가되고 있다.[3]

따라서 저출산 고령화 사회에서 필요한 교육적 과제의 하나는 고령 및 여성인력의 활용정책을 통한 국가경쟁력 제고라 볼 수 있다. 이 점에서 여성과 고령인력 채용을 위한 직업훈련과 교육적 과제의 재교육 등이 중요한 부분이라 볼 수 있다. 또한 저출산과 고

---

3) 유엔개발계획(UNDP), 인간개발보고서, 2002

령화에 따라 노동인구가 감소할 수밖에 없기 때문에 이민의 활성화를 통한 인력수급정책이 필요한데 이러한 경우 다문화, 다언어, 다국적, 다인력, 다인종 사회로의 전환이 불가피하고 이 점에서 교육적 과제도 달라진다. 모자이크 문화 혹은 다문화 교육정책으로의 전환과 제도적 보완이 요구된다. 이 외에도 저출산 고령화 사회의 교육적 과제는 인구장려교육 부분과 여성역할의 변화부분, 그리고 가정기능의 약화에 따른 가정교육부분 등 전반적인 영역에 이른다. 이 점에서 고등교육 정책방향에서는 교과과정 개정은 물론이고 고등교육 시스템 전반에 걸친 정책적 고려가 불가피하다. 특히 저출산에 따른 학령인구감소가 가장 큰 교육적 과제가 될 것이고 유치원 교육에서부터 고등교육에 이르기까지 교육체제 전반에 걸쳐 내용과 체제, 그리고 교사수급 등에 변화가 요구되는 저출산 교육정책의 정립이 필요하다.

3) 고등교육정책 방향

저출산 고령화 사회에서의 고등교육 정책은 저출산에 따른 고등교육인구의 감소에 따른 미충원 문제와 기존 교직원의 처우 문제, 그리고 학생 수 부족에 따른 재정압박과 사회적 수요중심의 학문불균형 심화 등 총체적인 정책적 재구조화가 이루어질 수밖에 없다. 더구나 급격한 고령화에 따라 인적자원개발의 틀 자체가 바뀔 수밖에 없어서 기술발전에 따른 고용 없는 사회의 도래에 따른 저고용 고령화에 대비한 정책적 배려도 간과될 수는 없다. 특히 전반적인 고령화 사회적 특성과 함께 여성의 고령화가 확산될 것으로 예견되기 때문에 고등교육정책도 여성 고등교육 정책의 보완은 물론이고 평생교육차원의 고등교육정책 전환이 이루어져야 한다.

한 마디로 고등교육정책은 저출산에 따른 고등교육정책과 고령화에 따른 고등교육정책을 합리적으로 재정립하는 것이 과제가 될 것이다. 고등교육정책의 방향을 집약해 보면 다음 몇 가지 정책으로 정리될 수 있을 것이다.

우선 고등교육정책 방향은 초·중등교육을 포함한 전반적인 시스템 개혁정책에 두어야 한다. 저출산 고령화 사회의 특징은 현재의 교육시스템이 적용될 수 없는 사회, 문화, 경제 등 인적자원개발 전체의 틀과 관련돼 변화의 의미를 담고 있다. 학생 수 감소에 따른 물적·인적 재구조에서부터 교육내용의 재편의 필요성, 그리고 국가 간 인적자원의존도가 높아지는 등의 인적자원의 틀의 전면 재검토가 요구되기 때문이다. 따라서 우리나라 학제, 교과내용, 교직원 수급계획, 그리고 시설설비 등의 검토가 수반되어야 한다. 이 점에서 교육시스템의 전면적 재구조화의 틀 속에서 고등교육정책 방향이 설정되어야 한다.

둘째, 저출산 시대에는 고등교육인구의 감소가 주요한 정책이슈가 될 수 있다. 고교졸업자의 감소에 따른 미충원율의 증가가 불가피하게 됨으로써 대학의 슬림화 정책이 주기조가 될 것이다. 그렇게 될 경우, 슬림화에 따른 재정의 감소는 내실 있는 고등교육에 지장을 초래하게 되고 한정된 마켓에 따라 경쟁력 있는 대학과 상대적으로 경쟁력이 부족한 대학 간에 부익부 빈익빈 현상이 심화될 우려가 있다. 따라서 고등교육 정책도 '선택과 집중'에 더 비중을 둘 수밖에 없다. 저출산 시대에 맞는 슬림화와 소규모 특화정책, 그리고 기본 고등교육체제 기반을 유지하기 위한 국가재정지원의 확충과 함께 선택과 집중 정책이 우선되어야 할 것이다.

셋째, 고령화 사회에 부응하는 고등교육 정책 방향의 설정과제이다. 고령화와 저출산사회가 되면 종래 학업-일-휴식을 구분하여 삶의 형태를 규정하던 수직적 삶(iner life)의 개념이 퇴색하고 생애과정에서 학업-일-휴식이 병존하는 융합적 삶(blended life)개념으로 전환하게 된다. 융합적 삶의 개념과 기술과학 발전에 의한 사회변화는 평생고등교육사회로의 이행이 확산될 수밖에 없다. 이러한 추세에 따라 저출산 고령화 사회의 고등교육정책 방향은 평생고등교육체제로의 정책전환에 치중해야 할 것이다.

넷째, 직업구조와 사회적 수요변화를 들 수 있다. 직업구조변화는 기술의 획기적인 변화에 따라 첨단과학 분야의 확산이 이루어짐과 동시에 재교육을 받지 않으면 취입이 불가능해지는 마찰실업과 구조적 실업이 증대할 것으로 보인다. 이와 함께 산업현장의 자동화 확산에 따른 '고용 없는 성장' 시대가 옴으로써 인적자원에 대한 사회적 요구가 달라질 것이다. 이러한 변화 추세는 고용 없는 성장에 따라 저출산 문제는 다소 보탬이 될 것이지만 고령화 사회에는 긍정적 효과만 가져다 준다고 볼 수 없다. 따라서 고등교육정책 방향은 조기취업과 노령취업의 양구조를 조화하는 데 주안점을 두어야 한다. 노령취업을 시간제나 주류취업군을 보완하는 지원적 취업(supportive employment)이 될 가능성이 높다는 점에서 고등교육정책도 양면적 인적자원개발정책과 무관하다고 볼 수 없다.

다섯째, 여성인구감소와 여성고령화 현상과 관련된 고등교육정책의 수립이 필요하다. 우리나라 인구예측은 여성의 평균수명이 남성의 평균수명보다 훨씬 높아지는 반면 여성과 남성 간의 성비불균형은 더욱 확대되고 있다는 것을 말해주고 있다. 이는 여성고등교육정책에서 간과해서는 안 될 부분으로서 여성평생고등교육정책의 강화와 여성고령화 정책의 강화가 요구된다.

여섯째, 고등교육정책에서의 고령화와 저출산문제 해결방안이 강구되어야 한다. 우선 교과과정에서 고령화 사회에 따른 복지정책과 연관된 부분이 심도 있고 진지하게 포함되어야 한다. 고령화사회에서는 노년인구의 확산에 따른 노년복지정책도 강화되겠지만 이에 못지않게 실버학(silver studies)부분의 강화와 노년복지, 노년건강, 노년취업 등의 이론적 토대와 자기주도적 학습체계의 정립이 요구된다. 가족복지나 여성복지, 아동복지 등의 영역의 확산과 출산장려책과 관련된 고등교육 인프라구축과 교과과정 개편이 필요한 부분이다.

일곱째, 저출산 고령화 사회에서는 취업 등 인적자원 관리차원에서 내국적 관점에서만 해법을 찾을 수는 없다. 따라서 학생부족을 해결할 수 있는 외국인 학생 유치는 물론 고용인구 감소를 보완할 수 있는 외국인 고용정책의 강화가 불가피하여 국가간 인적유동과 의존도가 높아지게 된다. 따라서 고등교육정책 방향은 학습이동(learning mobility)의 장려와 초국적 교육(transnational education)정책이 적극 고려되어야 한다. 일반적으로 저출산 고령화 사회는 노령인구의 증가와 전체 인구 수의 감소로 인해 '집단노령화' 사회적 특성을 지니게 된다. 이러한 사회는 역동성이 저하되고 국가 성장 또한 한계에 직면하게 될 우려가 있다. 출산의 장려와 함께 안정적 노령화를 추구하는 일이 근본해법이 될 것이다. 이 점에서 범국가적 차원에서 노령화와 저출산 사회에 대비해야 한다.

고등교육정책을 교육에서의 고리역할을 한다는 점에서 범국가적 노령화 저출산 정책의 핵심이라 할 수 있다. 고등교육정책은 적극적 구조개혁을 통한 슬림화 특성화 정책의 기조가 필요하고 평생교육 체제의 확산도 적극 검토되어야 한다. 이와 함께 국제교육의 활성화를 통해 적극적 고등교육 정책도 고려되어야 한다. 저출산 고령화가 피할 수 없는 추세라면 준비를 빨리하면 할수록 충격이 완화될 것으로 본다.

학교교육의 발전과 교육개발센터의 과제*

1. 대학 패러다임 변화와 학습

21세기 대학교육 패러다임 변화의 핵심은 학습자중심 체제로의 변화로서 대학교육은 일종의 자기주도적 학습(self-paced learning)센터의 역할을 하게 된다.

미국과 유럽 등 국가들은 대학 내에서 교수개발프로그램을 운영할 뿐만 아니라 이러한 점에서 이와 관련된 대학 간의 협력 프로그램을 운영하기도 한다. 물론 대학 관련 기관에서는 요원개발프로그램만을 전담하는 기구나 부서를 설치 운영하여 대학에서의 연구와 교수의 질을 향상시키려는 노력을 기울이고 있다.

미국에서는 대개 HRD(Human Resource Development)와 SD(Staff Development)를 혼용하여 쓸 정도로 보편화되어 정착되고 있는 실정이다. 특히 학습매체센터나 학습자원센터(Learning Resource Center) 그리고 교육학습센터(TLC) 등을 운영하여 다양한 교육개발을 시도하고 있다. 유럽의 경우에도 DP(Development Plans) 즉 대학개발계획의 일환으로서 교육개발센터(Learning Media Center)를 위한 대학중심의 요원개발프로그램이 운영되고 있다. 교수요원 개발과 대학직원 개발프로그램은 근래 세계 여러 나라의 대학들이 대학개혁을 추진하면서 더욱 관심을 갖게

---

*이 글은 2003년 2월 대학교육개발센터협의회 심포지엄 기조강연 내용이다.

되었으며 대개의 경우는 개별대학 중심의 요원개발프로그램과 컨소시움 현태의 요원개발 프로그램, 그리고 요원개발 전문기관의 위탁요원프로그램 등으로 그 방향을 정립해 가고 있는 실정이다. 이러한 패러다임 전환 과정에서 중요한 대학의 기능으로 대두되고 있는 점은 양질의 교육을 제공하는 일이다. 특히 양질의 교육내용과 방법을 개발하여 사회적 요구에 부응하는 일이 중요한 대학개혁의 일부로 대두되고 있다. 이러한 점에서 일반적으로 대학에서의 요원개발(staff development)프로그램은 크게 대별하여 교수 요원(teaching staff)을 대상으로 운영되는 프로그램, 행정직원(administrative staff)을 그 대상으로 하는 프로그램, 그리고 연구 지원 요원(research staff)을 대상으로 하는 프로그램으로 구분되고 있다. 특히 교수 요원의 프로그램의 경우는 우리나라와는 달리 정규, 또는 비정규프로그램으로 운영되고 있는데 대개 교수개발프로그램에 치중되어 있고 대학에 따라 다르지만 신규교수들의 경우 1-2주 정도의 자기주도적 프로그램이 운영되고 있다.

교수개발차원에서의 교육개발의 일환인 교수연수와 직원연수프로그램은 날로 증가되어 가고 있는 실정이며 연수를 통한 자질향상이 그 주요목적이 되고 있다.

흔히 대학에 설치되어 있는 교육개발 관련부서는 인간자원개발(HRD)부, 요원개발부(SD), 교수 & 직원개발부(faculty & staff development), 또는 교수법개발센터(faculty competence center) 등으로 교직원 연수관련 정보와 계획 및 정규/비정규 연수프로그램 운영 등을 관장하고 있다.

2. 교수개발센터의 경향[1)]

1) 교수개발센터의 기능과 역할

교수개발센터는 그 목적자체가 교육과정과 방법의 개발, 그리고 대학 구성원들의 전문성 제고와 효율성 신장 그리고 자기만족 등의 몇 가지 관점에 터해있다.

일반적으로 교수개발프로그램의 목적은 다음과 같다.

① 대학교직원으로서의 직업에 대한 가치부여
② 대학교직원의 직업 수행과정에서의 긍정적인 자세 확립
③ 대학이 지원하는 학습체제로서 교수들의 전 학습과 직업경험, 그리고 조직적 지원에 의한 교육프로그램에 의한 재조직
④ 수업기법의 변화에 따른 재교육과 자기개발의 욕구 충족
⑤ 학습자와의 효율적인 학습관계 정립에 필요한 재교육
⑥ 커리큘럼의 다양화에 부응하는 교과내용의 이해증진
⑦ 교육목표 설정-교수기법 개발-교육평가의 재구성에 대한 기법
⑧ 사회 변화에 따른 교수기능의 이해에 관한 사항
⑨ 학생의 진로지도에 관한 이해증진
⑩ 교수개발 전반에 관한 사항(교수의 역할과 기능, 교수의 생애 설계 등)

따라서 교수개발센터의 역할을 위와 같은 목적에 따라 단위 대학 내의 프로그램으로부터 컨소시움 형태의 프로그램에 이르기까

1) 이 부분은 대학교육개발센터협의회 심포지엄 발표(2003.20.13) 내용을 수정한 글이다.

지 비교적 체계적이고 구체적인 내용을 담고 있다.

2) 연구중심 대학의 교수개발 - 미국대학사례

연구중심 대학은 일반적으로 상위그룹의 대학중심으로 분류되어 있기 때문에 이들 대학들의 교수개발은 교수(teaching oriented)에 치중되어 있기 보다는 연구개발과 관련된 경우가 많다. 대학에 부설되어 있는 연구개발부(research and development division)에 의해 교수개발이 이루어지는 경우와 단과대학 단위의 교수개발센터(faculty development center)에 의해 주도되는 경우가 대부분이다.[2)]

이러한 연구중심대학의 교수개발프로그램은 그 구성 특성상 연구기법, 연구 지원신청 관련절차, 협동연구의 효율성, 대학 내의 자원 활용방안, 대학 내의 교육자원의 효율적 연계방안, 전공영역별 외부 자원에 관한 내용, 지역사회와 산업체의 현황, 국가기관과 지역정부의 중점사업과 정책방향, 그리고 컴퓨터 관련 내용, 그리고 대학 내의 연구소의 활동 등에 관한 내용들이다.[3)]

예컨대 캘리포니아 버클리대학과 미시건 대학 그리고 UCLA대학, 일리노이대학 등의 교수개발프로그램의 체제와 기본 모델을 종합해보면 연구개발부서-단위대학교수개발 담당-대학교수개발센터 등의 대학 내 교수개발 연계체제(inter-faculty development)를 구축하고 있다.

---

2) Cohen S.A.(1987) Instructional alignment: Searching for a Magic bullet Education Researcher 16(8): 16-20.

3) Matkin, G, and Hansen, B.(1992) "Faculty development in a research-oriented university" unpublished paper, Graduate School of Education : University of California, Berkeley, CA.

UCB의 교수 연수체제와 관련된 기본 목표는 교육자료 및 정보의 활용, 각 연구소의 연구과제와 연구물의 습득 및 이해, 단위대학 내의 교수협동 그리고 교수의 자기개발과 관련되어 있다. 특히 미국의 교수개발 프로그램에서 발견될 수 있는 공통된 특성 중의 하나인 '고객화 교수개발'(customized faculty development)이 두드러진다.

연구중심대학의 교수개발은 대부분 연구관련기법과 연구관련 자원활용 등에 치중되고 있기 때문에 연수프로그램 자체가 연중 지속적으로 진해되고 있을 뿐만 아니라 분산화되어 있다. 분산화 되어 있다는 의미는 단과대학 단위, 학과 단위, 연구소 단위, 그리고 인접학문 영역 간의 단위로 프로그램이 진행된다는 뜻이다.

따라서 연구중심대학의 교수개발 프로그램들은 대학 내의 분권적이고 간헐적인 체제와 병행하여 대학 전체의 차원에서 외부 기관들과 협력 프로그램을 운영한다. 이공계 분야의 경우에는 지역사회를 포함한 국가적 차원에서의 협력이 이루어지고 있으며 주로 관련 분야의 연구소와 전문협회(professional association) 등과의 연계 프로그램으로 운영된다.

사회과학이나 인문과학의 경우도 다학문적 접근 방법에 따라 '교육개발 컨소시움'으로 이루어지고 있다.

특히 연구중심대학의 교수개발 프로그램 영역은 교수법 개발이나 강의와 관련된 부분보다는 연구개발과 관련된다. 연구개발(grantsmanship) 프로그램은 연구의 수주를 위한 연구계획서의 개발로부터 연구보고서에 이르기까지 일련의 과정을 망라한 교수개발 프로그램 위주로 되어 있으며 단위대학 내에서도 여러 전공 영역간의 협력체제로 이루어지기 때문에 교수 개발의 체인학습(chain learning)으로 이루어진다. 이 체인학습은 개인학습의 마춤과 전공영역의 마춤 그리고 대학 간 협동 프로그램 등으로 이루어져 있다.

3) 교육중심 대학의 교수개발 – 미국대학사례

교육 중심 대학의 경우는 연구중심 대학의 교수개발 프로그램보다 훨씬 체계적이며 비교적 활성화되어 있는 편이다.

교수개발의 3대 영역이라 할 수 있는 교수개발(instructional development), 조직개발(organizational development) 그리고 개인적 개발(personal development) 중에서 조직개발과 교수개발에 치중되어 있는 것이 특징 중의 하나이다.

미국의 대학이 다양화되어 있고 수적인 측면에서도 방대하기 때문에 일반화시킬 수 없지만 교육중심 대학의 교수프로그램은 교수와 강의 기법, 효율적인 교육과정 운영, 그리고 교육 자원의 활용과 연관되어 있다. 교육중심 대학의 교수개발 프로그램은 주로 도서관에서 부설되어 있는 교수매체센터(instruction & media center)나 커리큘럼과 교수센터(Division of Curriculum and Instruction)에서 이루어지는 경우가 많은데 동료 간의 교수기법 개발과 신임교수에 대한 교수와 강의 과정에서 예견되는 제반 프로그램을 제시하는 프로그램으로 운영된다. 특히 신임교수의 경우에는 임용 직후 또는 직전에 인사과의 교수 복지 부서에서 주관하여 대학 전반에 관한 오리엔테이션이 이루어지고 그 내용의 주된 부분이 교수개발 프로그램이 된다. 교수개발 프로그램의 운영절차와 내용을 보면 대학 내의 운영과 학과

〈표 1〉 교육개발관련 신임교수 오리엔테이션 프로그램 운영절차와 주요 내용

운영절차	프로그램 내용
• 개별 교수에 의한 프로그램 스케줄 선택 • 교수개발부서와 도서관에 통보 • 프로그램의 참여 • 프로그램 자료 및 결과에 대한 평가 • 대학의 확인 또는 단과대학별 인사 자료로 활용 (이 경우는 대학에 따라서 차이가 있음)	• 도서관 활용법 • 교육 기자재의 교육적 기능 • 효율적인 교과 과정의 운영 • 교수의 지위와 복지 • 교수의 자기개발 • 전공 영역의 이해와 근래 동향

단위 또는 단과대학 단위 운영위원회의 자발적 프로그램으로 구분될 수 있다. 대개는 소규모 단위로 일정 기간 세미나 형식을 취하는 경우도 있다. 신임교수 오리엔테이션 프로그램 운영절차와 내용을 보면 〈표 1〉과 같다.

(1) 대학 간 교수개발 프로그램

대학 간 교수개발 프로그램은 위치한 지역과 대학규모 그리고 대학의 성격 등에 따라 지역 교수개발 프로그램과 전국적 규모의 프로그램으로 구분될 수 있다. 다만 대학 간 교수 프로그램이 체계적이고 영속적으로 이루어지지는 못하고 있는 형편이다. 대학 간 교수개발 프로그램은 규모가 큰 경우는 몇 개 주간의 협력에 의해서 이루어지기도 하지만 대개의 경우는 개별 주정부 내에서 이루어지는 경우가 일반적이다.

대학 간 교수개발 프로그램은 미국 내의 8~9개의 영역으로 대지역화하는 연계망이 이루어지기도 하고 각 주마다의 대학 간 교수개발 상호협력 프로그램이 실시되기도 한다. 물론 이러한 프로그램들은 정규적으로 이루어지는 경우도 있으나 대개의 경우는 비정규적

으로 이루어진다. 교수개발 프로그램을 운영하고 있는 주는 그리 많은 편이 아니며 교수개발 프로그램 설정 운영한다 해도 주 내에 위치하고 있는 대학들의 규모에 따라서 체제를 달리 운영하고 있다. 예컨대 일리노이 주의 경우는 일리노이 주립대학 간의 교수개발 프로그램이 운영되고 있다. 미시건주의 경우에도 교수증진부(faculty advancement division)에 의해 소규모의 교수개발 프로그램이 진행되고 있다. 그러나 주목해야 할 사실은 여름방학이나 봄학기 휴가 동안 활용한 '미니위크 프로그램(mini-week-program)' 등을 통해 교수개발이 이루어지고 있는 점이다.

이러한 교수개발 프로그램은 몇 개의 주가 지역적 인접성 때문에 협력하는 경우와 주 내의 몇 개 대학 간 협력 프로그램으로 이루어지고 있는 형태가 일반적이다.

(2) 교육개발의 영역

교육개발의 영역은 교수개발, 조직개발, 학습지원과 개발 등으로 영역이 구분되어 있고 이들 영역의 세부 교육내용을 구분해 보면 다음과 같다.

① 교수개발 영역

교수개발 영역은 교수개발과 관련된 교수(teaching), 학습자 특성, 교수평가, 교수의 효율성 등 다양한 내용을 포함하고 있다. 그 구체적인 내용은 다음과 같다.

- 교수의 교수 스타일
- 학생의 학습자 유형
- 특수클래스의 유형
- 교수평가(instructional evaluation)
- IAS(Instructional Assessment System)
- 교수법 유형과 교수 효과
- 학생의 교수 분석
- 교수와 코스 평가
- 강의 관찰 및 진단
- 강의 관찰과 발표기법
- 강의 관찰과 질문기법
- 학생 참여 유도기법
- 상호작용에 대한 이해
- 교수 방법과 기법
- 강의 개발법
- 전문잡지 활용기법 등

② 조직개발 영역

조직 개발 영역은 효과적인 조직개발과 관련된 영역들을 망라하고 있는데 주로 팀의 활성화와 의사결정 그리고 갈등관리 등이 포함된다.

- 효과적인 집단 과정

• 집단 기대 조사
• 집단 지각 조사
• 의사결정 과정의 관찰
• 탐구기법 등

③ 학습지원과

교육내용 개발 영역의 구체적 내용들을 보면 다음과 같다.

• 교육과정 개발
• 교수 방법 개발
• 교양교육 프로그램 개발
• 전공 간 협력 프로그램 개발
• 교육자 – 피교육자 관계 개발
• 고수 방법 및 매체 개발
• 교육과정위원회 구성과 운영
• 대인기법 훈련
• 인간적 성장
• 치료적/지원적 카운슬링

따라서 미국의 교수개발 영역은 교수로서의 자아성장과 조직인으로서의 효율적 인간관계 그리고 강의와 교수기법을 개발하는 영역으로 구성되어 있다. 특히 주목할 측면은 많은 주에서 의과대학에 교수개발부를 두어 이러한 영역을 교육시키고 있다는 점이다.

한편 전략적 우선순위는 훈련 → 자문 → 개인적 조직적 발달 → 방법의 향상 기법 → 교수자료 → 교육시설 및 장비 → 토론 → 평가 → 보상체계 → 직업 적성 전환 → 종합적인 대학 발전 등으로 선정된다.

④ 교내 확충 개발 프로그램

교내 확충 프로그램은 그 기간이 3~12시간 정도로 전통적인 교수개발 프로그램의 유형이다. 대개의 경우 수업에 지장이 없는 토요일 오전에 실시되며 대개는 교내에 광고를 통해(예컨대 '대체교수 방법론 세미나')공지되고 패널 토의와 질문 응답의 순서로 운영된다.

이런 형태의 교수개발 프로그램은 경비와 시간, 수업 등을 감안하여 많은 대학에서 선호되고 있다.

⑤ 교내 단기 교육개발 프로그램

이 형태는 정규 강의 시간에 행해지며 축약된 내용과 특정 영역에 관해 핵심적 내용들만을 다루는 특징이 있다. 예컨대 '선다형 출제기법'이라든지 '질문식 교수기법' 등의 간단한 주제를 선정, 집중적으로 연수가 이루어진다. 이 기법을 활용하는 근본 취지는 상호 정보교환을 극대화시키는 데 있는데 각 분과별로 집중토의를 통해 상호 의견교류를 하고 이를 종합하는 형식을 취한다. 그리고 각 의견을 종합한 후 3~4개의 접근 방법을 제시하여 결론을 맺는다.

이들 접근 방법은 각기 나름대로의 특성을 지니고 있는데 장기 합숙 프로그램은 교수의 전문성 개발에 유익할 뿐만 아니라 태도,

가치, 그리고 전문행동(professional behavior)에 유익한 프로그램이다. 단기연수는 이러한 종합적인 교수개발이 어려운 반면 시간과 경기를 절약하는 측면이 있다. 특히 장기 합숙 프로그램은 집단의식(group mentality)을 배양하는 데 도움이 된다.

한편 캠퍼스 중심의 프로그램은 훈련에 치중하는 교수 프로그램에 일반적으로 활용되며 성공의 관건은 특수한 방법과 쟁점을 선택하는 일이다. 또 단기 합숙훈련이나 캠퍼스 중심 프로그램은 반드시 follow-up이 요구된다.

4) 교육개발센터의 교수개발 주요 과제

학습활동은 주어진 교실과 주어진 학습상황에서 이루어진다. 이 때문에 학습활동을 하는 구성요인들의 특성과 교수의 특성 여하에 따라 학업성취수준과 학습활동의 내용이 결정되기 마련이다. 따라서 교육개발의 개념은 학습자와 교수자, 그리고 교육내용을 포괄하는 개념이다.

여기서는 교수개발을 중심으로 논의를 제한하였으나, 교육개발은 교수와 학생 간의 상호작용을 포괄하기 때문에 커리큘럼 개발까지도 의미하고 특히 근자에 큰 변화를 경험하고 있는 교수 방법과 교육내용 등에 대학 고려도 중요하다고 하겠다.

교육개발센터에서 중점을 두어야 할 교수개발의 과제를 개략해 보면,

① 교수의 역할과 기능과 관련된 과제

② 대학교육의 기능과 패러다임 변화와 관련된 과제

③ 교육매체개발과 교수 방법의 변화와 관련된 과제

④ 학생의 특성과 관련된 과제

⑤ 교과 과정의 사회적 요구와 관련된 과제

⑥ 학습자원(Learning Resource)과 관련된 과제

⑦ 교육의 국제화와 관련된 과제

⑧ 교육상담과 관련된 과제

⑨ 자격증과 관련된 과제

⑩ 학업성취 수준 향상과 관련된 과제

⑪ 학문 분야간 협력체계와 관련된 과제

⑫ 학습서비스(Learning Service)와 관련된 과제

⑬ 전공 영역별 학습기법개발과 관련된 과제

등을 들 수 있을 것이다.

21세기의 대학 변화의 주된 흐름이 '교수 중심'에서 '학습 중심'으로의 전환이라는 점에서 볼 때 교육개발센터의 과제는 '학습력(Learning Competence)' 향상과 밀접한 관련이 있다. 그러므로 교육개발센터는 대학 내의 교육과정 개발과 운영, 교수법 개발과 운영, 학생의 학습방법과 학업성취도 신장 등의 역할을 담당해야 하고 특정한 분야나 특정 영역에 관한 것이 아니라 대학의 학습망(Learning Hub)과 학습매체(Learning Media)의 주축이라 볼 수 있다.

대학의 자율성과 과제*

1. 문제제기

대학의 위기에 대한 논의가 확대되고 있다. 대학환경의 급격한 변화와 대학교육의 기능과 역할에 대한 재정립이 절실한 까닭이다. 이와 함께 대학의 국제경쟁력과 질 관리가 중요한 화두가 되면서 대학교육이 시련과 함께 구조조정 등 대내외적인 대전환기를 맞고 있기 때문이다.

특히 정부와 정치권 등의 반값등록금, 구조조정 등 대학교육에 대한 법적·행정적 규제와 관리체제가 강화되면서 대학의 존립 자체가 설박한 과제가 되고 있고 일부 대학사회의 상처가 되고 있는 현실이다.

유비쿼터스 시대가 도래함에 따라 종일 교육체제가 확산되고 학습내용과 방법 그리고 교수방법의 큰 변화가 요구되는 상황이어서 대학은 교육 컨텐츠와 교육과정(Process) 등 소프트웨어적 변혁과 함께 정략적 지표로 대변되는 하드웨어적 여건까지 갖추어야 하는 지경에 이르렀다.

따라서 각종 평가에 따른 지표중심 발전전략과 소위 정부가 주도하는 포뮬러 펀딩(Formula funding)정책에 순응해야만 하는 현실에

---

*이 글은 2010년 12월 31일「대학지성」2011 가을·겨울 34호에 기고한 내용이다.

처하게 된 것이다. 무엇보다도 국내외 언론매체에 의한 평가지표와 정부주도의 평가지표 그리고 개별 대학의 발전전략과 관련된 지표 간의 상충에 따른 대학 발전전략에 혼돈이 발생함으로써 대학의 정체성위기와 함께 발전전략의 방향성에 대한 논란이 일고 있는 현실이다. 이때 대두되는 핵심적 쟁점의 하나가 대학의 자율성(Autonomy)과 대학의 책무성(Accountability)에 관한 논란이다.

엄격히 대학의 자율성과 관련된 논의는 대학이 태동한 시점에서부터 시작되었다 해도 과언이 아니지만 다양화와 시장원리 그리고 국제 경재역과 수요자 중심체제가 강조되는 오늘날은 이 문제가 더욱 중요한 쟁점이 되고 있는 것이 사실이다.

이 글에서는 대학 자율성의 본질에 대한 논의와 함께 근간 진행되고 있는 대학정책과 관련된 대학 자율성의 과제를 살펴보고자 한다.

2. 대학 자율성의 의미

'사회를 반영하는 거울'인 사회체제로서의 대학은 자율과 책무의 양면적 구조를 지니고 있다. 파슨즈(Parsons)가 지칭하듯 대학은 소우주이며 구성원의 위계적 구성체제로만 이해되는 다른 조직들과는 다리 통제나 수동적 구조는 아니다. 따라서 대학 자율을 논할 때 사회체제론자들은 투입-산출의 모형으로 설명하기도 하지만 엄격한 의미에서의 자율과 책무의 관계는 대내적 자율(Within autonomy)과 대외적 자율(Extrinsic autonomy)로 구분이 가능하며 절대적 자율과 대

립되는 개념으로서의 상대적 자율(Relative autonomy)에 입각해 논의되어야 바람직하다.[1)]

왜냐하면 자율을 논할 때 사회를 논함이 없이는 안전한 의미의 대학 자율이 설명될 수 없고 책무 또한 사회적 교육욕구에 부응하여 기능하느냐를 논하지 않고서는 완전한 자율성에 대한 논의가 어렵기 때문이다.

사회에서 또는 국가에서 법, 제도적으로 허용되고 승인된 자율이 책무와 조화되어 병존할 때 대학은 실천적인 자율을 누리면서 책무의 기능을 다할 수 있으며 대학은 사회의 '기능기제'(Functional mechanism)로서의 역할을 수행할 수 있다. 그러나 근간 대학개혁과 관련지어 논의되고 있는 대학의 이상 중 하나는 '자율화된 대학'과 '책무를 다하는 대학'이다.

자율화된 대학의 이상은 대학사회의 바람이고, 자율보다 우선되는 책무는 정부관계자들의 국제경쟁력 강화라는 개혁목표를 합리화하고 나아가 통제를 합리화하는 수단이 되고 있다.

1) 자율과 상대성

대학 자율의 개념은 대개 두 가지의 큰 경향이 있다. 첫 번째 경향은 사회 혹은 국가와 대학을 차별화하는 개념으로 인식하는 '상아탑적 자율'의 경향이다. 두 번째의 경향은 '제도적 자율'로서 사회 혹은 국가와 대학이 병존하는 협동개념으로 인식하는 흐름이다. 전자는 대학의 도서개념이라 할 수 있고 후자의 논리는 대학의 융합

1) 이현청(1996) '2A 접근과 대학개혁: 대학의 자율과 책무' 21세기를 대비한 대학의 생존전략. 서울 : 한양대출판원

개념(Blended concept)으로 이해될 수 있다. 어떤 개념이든 자율을 논할 때는 대학과 사회, 대학과 국가 간의 구조적 위계나 권위의 분배 여하에 따라 상대적일 수밖에 없다. 자율의 개념은 닐(A.S. Neill)이 주장하듯 '스스로의 규제'이며 '스스로의 책임부여'이므로 자기규제인 만큼 합리적인 평가와 건설적인 비판을 수반한 개념이다.

2) 자율과 책무성

대학에서 자율을 구가하기 위해서는 반드시 책무성이 전제되어야 한다. 자율이 없는 대학은 '침묵하는 학위수여공장'(Silent diploma mill)에 불과하며 책무성을 전제로 하지 않는 대학에서의 지나친 자율은 자율의 개념에서 이탈된 자유방임적 상태에 놓이게 된다. 심할 경우, 무정부적 방만성을 초래하게 되어 결국 통제를 야기하게 된다. 따라서 대학에서의 자율은 대내적으로는 자치적 책무성을 전제로 하며 사회와의 관계에서는 사회적 책무성을 그 전제로 한다. 버크(Edmund Burke)는 대학의 사회적 의무를 논의하면서 대학은 모든 과학 활동의 동반자요, 모든 예술행위의 동반자이며 모든 완벽성과 모든 진리의 순수함과의 동반자이다. 이러한 동반관계의 궁극적 목적은 여러 세대를 거친다 해도 완수될 수 없다. 대학의 이러한 동반관계는 세대 간의 전수뿐만 아니라 생존한 자와 죽은 자 그리고 앞으로 태어날 자와의 관계까지 포함한다고 설명하고 있다.[2] 따라서 대학 자율의 의미는 연구와 교수의 기능뿐만 아니라 Newman이 지적한 '사회에 대한 의무' 전반에 관한 것이다. 따라서 대학의 자

---

2) Jaroslav, Pelikan(1992), The Idea of the University(London: Yale University Press), p.137-145.

율을 논할 때 반드시 사회적 책무와 관련지어 이해해야 하는 이유가 여기에 있다.

3) 자율과 개혁성

대학은 국가, 문화적 삶의 가장 위대하고 중요한 센터이므로 자율이 신장될 때 그 기능이 확대될 수 있다. 그러나 자율성을 부여하는 그 자체만으로는 대학의 사회적 기능이 극대화될 수 없다.

대학의 자율성은 의지, 특히 개혁의지가 수반되는 자기 쇄신과 자기 개혁의 전제 위에서 가능하다. 자율이 기존 대학체제의 고착에만 지나치게 기여할 때 변화를 전제로 한 자율이 아니라 폐쇄적이고 정체적인 자율화 경향으로 편향될 수밖에 없고 이럴 경우 자율이 타율보다도 못한 결과를 초래한다. 이점에서 자율의 개념 속에는 개혁성이 내포되어야 하고 자기개혁과 자기창조의 전제가 우선되어야 한다. 특히 대학의 개혁을 전제로 하지 않는 자율은 기존체제를 긍정하는 데만 급급하거나 지나치게 보수적 성향이 될 우려가 있다. 특히 퍼킨스(Perkins)는 대학의 개혁의지와 관련 없는 자율성은 노스탈자적 꿈에 불과하다고 주장한다.[3]

4) 자율과 개방성

대학체제는 개방된 사회체제이다. 이점에서 대학의 자율성은 개방성을 그 전제로 한다. 개방체제로서 대학의 자율성은 교육에 대한 투입과 산출이 자율적으로 이루어짐은 물론 창출된 지식과 정보

---

3) Perkins, J.A(1978). University in Transition(New York: Allen & Bacon)

가 횡단적 교환과 종단적인 전수 과정을 통해 대학 스스로의 결정과 운영에 의해 이루어진다는 뜻이다. 개방성과 자율성은 상호 보완적 개념으로서 대학의 자율성이 강조되면 개방의 폭도 아울러 고려되어야 한다. 개방성은 대학자율의 확대에 따라 확대될 수 있는 영역으로 제도와 내용적 측면에서 다양성을 추구할 수 있는 동력이 된다.

5) 자율과 윤리성

우리나라 현실을 볼 때 대학의 자율과 관련해서 매우 중요한 개념은 대학의 윤리성을 확보하는 일이다. 자율화는 자기통제와 자기혁신적 개념이므로 윤리성이 배제될 때 자유화의 역작용이 거대해질 소지가 있기 때문이다.

다니엘(Daniel, 1993)은 현대 대중고등교육이 안고 있는 제 도전을 열거하면서 그 해결책을 제시하고 있는데 그 근원은 대학의 윤리성에 근거한 자율에 두고 있다.[4)]

앞서 대학 자율의 의미를 살펴본 바대로 대학 자율은 다른 사회체제나 기관 그리고 상황에 따라 상대성을 갖는다는 것과 제도적, 법적, 구조적 측면에서 고려되는 체계적 자율성으로 이해될 수 있다. 또한 책무성과 깊은 상관성을 지니며 대학 스스로의 개방성과 개혁성, 그리고 윤리적 가치가 전제되는 의미이다. 이점에서 대학 자율성의 내용과 범위가 결정되어야 하며 대개의 경우 개인적인 학문적 활동 차원에서 공익을 위한 학문 활동의 보장, 대학기관의 행

---

4) John Daniel(1993), 'The Challenge of Mass Higher Education' Studies in Higher Education, 18(2), 197-198.

정적 차원에서 공익을 위한 대학기관의 자율성 보장, 그리고 국가적인 차원에서 공익을 위한 사회정치적 지원보장의 세 가지 입장을 수용하는 관점에서 정리되어야 한다. 따라서 자율을 극대화하는 것만이 책무성을 다한다는 논리가 아니며 제한적이고 주어진 자율에 의해서 책무성이 이루어질 수 있다는 관점도 아니다. 오히려 허용된 상황에서의 상대적 자율성을 극대화시킬 때 사회적 책무성도 극대화시킬 수 있다는 이중 고리 논리이다.

3. 대학정책과 대학의 자율성

대학 자율성 개념은 대학 스스로의 책무성 진작을 위한 대학 스스로의 개혁과 개방, 그리고 윤리성 제고와 관련되어 있다. 또한 대학의 사회적 기능에 비추어 볼 때 대학이 국가와 사회적으로 부여된 교육적 사명과 사회적 교육 욕구를 충족시키는 데 부족함이 없도록 질적 관리를 해야 한다는 의미이다. 이점에서 한 사회의 제도나 법적인 틀 속에서도 대학의 기능을 수행해야 하는 상대적 의미를 지닌다. 이러한 관점에서 볼 때 근간 진행되고 있는 MB정부의 대학정책과 대학의 자율성 문제를 논할 필요가 있다.

1) 정부의 주요 대학정책

MB정부의 대표적인 대학 정책은 입학사정관제 도입, 등록금정책, 대학 구조조정 정책, 교육역량 강화사업, ACE(학부교육우수대학)지원정책, 국제화정책 등을 들 수 있는데 이 가운데 정치권을 비롯한 사회적으로 이슈가 되고 있는 대표적 정책은 입학사정관제, 등록금 정책, 적립금 제한정책, 그리고 대학 구조조정 정책을 예로 들 수 있다. 이들 정책들은 아직 시행 중이거나 시행 예정인 정책들도 있어서 성공여부에 관해 평가하기에는 시기상조라 생각되지만 전반적인 정책 수행과정에서의 대학 자율화와 관련된 논의에 국한시키고자 한다.

문민정부의 5.31 교육개혁의 연장선상에서 진행되고 있는 대학교육 개혁정책들은 과거 문민, 국민, 참여정부와 MB정부에 이르기까지 지속적인 정책도 있고 실패한 정책들이나 추진 중인 정책들로 구분이 될 수 있다. 그러나 실패했든 성공했든 간에 논의하고자 하는 것은 대학의 자율성 신장과 연관성이 있느냐이다. 한 마디로 대학 정책에서 대학 자율화정책은 점차적으로 쇠퇴해 왔다는 느낌이다. 특히 MB정부에 들어서는 정치권은 물론 언론과 정부까지 가세해 대학의 자율성을 침해해 오고 있다는 느낌이다. 과거 네 정부를 비교해보면 개혁 입법 등을 통해 교육개혁을 추진하기 위한 제도적 보완의 차원이거나 대학의 통치(Governance)와 관련된 주체와 절차에 대한 논의가 주된 쟁점이었다면 MB정부에 들어서는 소위 포뮬러 펀딩을 통해 재정지원과 구조조정을 연관시키거나 지표중심의 정책을 통한 정책을 추진함으로써 개별 대학의 대내적 자율성이나 대외적 자율성을 모두 의미 없게 만들고 있는 실정이다.

아래 표에서 문민정부 이후 4대 정부의 주요정책을 비교하면 정부 간, 정책 간에도 일관성과 차별성이 있듯 대학 자율성 정도에도 다소 차이가 난다고 생각된다. 특히 대학구성원들이 피부로 느끼고 있는 대학 자율성에 관한 수준은 문민정부 이래 점자 개선된 듯하였으나 이 정부 들어 언론평가의 확대, 정치권의 대학교육에 대한 관심 증가, 정부의 포뮬러 펀딩 체제와 구조조정 정책의 연계강화 등으로 퇴보한 듯한 느낌이 든다. 특히 등록금상한제, 교·강사 관련 법제도, 법인에 대한 법적 부담금과 재정의무 강화, 입학사정관제에 대한 지원책 강화, 퇴출 대학과 학자금 제한 대학 그리고 재정지원제한 대학 등 대학구조조정의 강화 등 정부 주도적 대학개혁정책에 따라 대학 자율성의 근간부터 위협을 받고 있는 현실이다. 물론 정부의 대학교육정책이 대학의 육성과 지원은 필요한 일이고 합리적이고 장학적인 지도나 권고는 바람직하다 볼 수 있다. 그러나

〈표 1〉 4대정부간 대학 정책비교(1991-2011현재)

	문민정부	국민정부	참여정부	MB정부
주요 정책	교육개혁위원회 5.31 교육개혁안 국립대법인화 준칙주의, 대학원 중심대학 특성화대학 세계화 추진안 (신교육체제수립) 교육경쟁원리도입	5.31교육개혁안 지속 새교육공동체위원회 교원정년단축 대학입시제도개선 대학학제개편 (3년학사과정) 인적자원재발정책 (지식기반형대학)	대학구조개혁 대학평가다원화 BK21사업 NURI사업(지방대육성) 지역대학특성화 법학전문대학원 의학전문대학원 대학서열완화 산학연전담확대	교육역량강화사업 입학사정관제 등록금정책 대학구조조정 ACE사업
자율성 정도	책무 ≧ 자율	자율 = 책무	자율 = 책무	책무 〉 자율
교육 철학	능력주의 시장원리와 경쟁원칙	능력주의 시장원리와 경쟁원칙	평준화주의 특성화와 지방대육성	경쟁원칙
키워드	경쟁력 세계화	지식기반사회 인적자원개발 경쟁력, 특성화	균형발전 특성화	포뮬러 펀딩 구조조정
평가	대교협주도	대교협주도 정부재정지원평가	정부재정지원평가 대교협 등 평가다원화	정부재정지원평가

자율을 전제로 한 책무를 필요로 하고 국내외적인 대학 환경 변화를 감안해 볼 때 감사원의 등록금 관련 대학 감사나 비전과 합리적인 절차과정 등을 간과한 정부의 획일적 구조조정은 대학 자율성에 심대한 영향을 줄 수 있다.

2) MB 대학정책과 자율성

대학 자율성에 주된 영향을 미치는 정책들을 살펴보면 다음 몇 가지로 집약될 수 있다.

(1) 개혁방향과 관련된 쟁점

대학개혁과 발전정책은 시대적 변화와 세계적 관점에서 장기적이고 합리적이며 현실적인 방안이 강구되어야 한다. 더구나 가장 교육적인 판단에 의해 대학교육의 가치와 대학의 존엄성을 전제로 이루어져야 한다. 근자에 이루어지고 있는 각종 대학정책은 대학의 역사적 근간과 현실적 형편을 감안한다기 보다는 다분히 대학 외적인 영향이나 사회의 여론에 더 관심을 두고 있는 듯한 인상이다. 심지어 대학을 육성과 지원, 그리고 동반자적 대상으로 보지 않고 통제나 관리의 대상으로 인식하고 있지 않나 하는 오해의 소지마저 있다. 대학을 관리와 규제 또는 통제의 대상으로 삼는 정책적 판단은 대학의 자율성을 심대하게 침해할 소지가 있다.

(2) 법·제도적 관점에서의 쟁점

대학의 경쟁력과 수요자 중심 교육을 표방한 각종 법적장치가 근간에 들어 대학교육에 많은 영향을 주고 있다. 등록금 인상 억제와 관련된 입법, 외국유학생 자격과 관련된 입법, 법인의 전입금 관련 입법, 교·강사의 지위와 관련된 입법, 대학의 구조조정과 관련된 입법, 각종 평가와 관련된 장치 등 대학의 학사행정이나 경영 전반에 영향을 주는 법제도적 장치라 볼 수 있다. 이러한 입법이나 행정지도는 긍정적 측면도 있으나 대학의 자율을 크게 훼손할 수 있는 정책들이다. 헌법 3조 4항에 명시되어 있듯 대학의 자율성과 대학의 주주에 대한 훼손이라 볼 수 있다.

(3) 대학 평가 관점에서의 쟁점

대학평가는 인정이나 인증에 관점에서 이루어져야 하는데 정부 주도의 재정지원평가는 소위 포뮬러 펀딩(Formular funding)형태로서 주로 계량적 지표를 활용하고 있다. 정량적 지표 중심의 평가와 상대평가는 대학 자율이나 개별 대학의 특성을 전면적으로 부정할 수 있는 소지가 있다. 더구나 대학은 개별 대학마다 나름대로의 설립 이념과 문화, 역사가 다르고 규모나 위치한 지역 그리고 개설된 학문분야 등에 차이가 있어 획일화 된 정량적 지표로서는 대학의 경쟁력이나 질 제고의 정확한 검증도 어려울 뿐 아니라 자칫 대학을 낙인찍음으로써 대학 구성원은 물론 동문, 지역사회 등에 심대한 영향을 주게 된다. 더구나 이러한 과정에서 대학들의 자율성에 직·간접적으로 큰 영향을 주게 된다.

(4) 사립대학 관련 법률 개정과 관련된 쟁점

사립대학에 대한 법률 개정안이 많지만 그 중 가장 쟁점이 되고 있는 몇 가지만 예시한다면 등록금인상 규제를 위한 고등교육법 개정안, 사립대학 구조개혁 입법안, 사립학교 교직원 연금법 개정안, 부패방지법 개정안 등이 있는데 이들 법률 개정안들은 한결같이 규제 일변도의 특성을 지니고 있어 사립대학에 대한 자율성을 침해할 가능성이 높다.

등록금 인상 규제를 위한 고등교육법 개정안은 현행 3개년도 기존의 소비자물가 상승률의 1.5배까지 인상할 수 있는 등록금 상한을 1.2배로 강화하는 내용으로서 사립대학의 자율성 침해와 사적자치의 원칙을 위배하고 있다. 특히 개별 대학들 간의 격차를 인정하지 않고 개별대학이 자율적으로 결정할 사항을 교육 당사자들에게 일임함으로써 대학 자율성을 인정치 않고 있다. 사립대학 구조개혁 관련 입법안 또한 행정조치로 사립대학을 강제 퇴출시킬 수 있는 근거를 설정하는 것은 위헌의 소지가 있고, 자율 구조개선 노력이나 자구 노력의 기회를 축소 내지 박탈하는 것으로 위헌의 소지가 있고 사학 자율성을 크게 훼손시키는 법안이다.

또한 사립학교 교직원 연금법 또한 법인이 부담할 수 없을 때 부족액을 학교가 부담할 수 있도록 한 현행 규정을 전적으로 법인이 부담하도록 개정을 추진함으로써 사학의 특수성을 고려치 않고 있다. 부패방지법 개정안 역시 사학 교직원을 공직자에 포함시킴으로서 위헌의 소지가 내재되어 있다. 따라서 지금 추진되고 있는 법안들은 사학의 자율성을 침해하거나 위헌의 소지를 안고 있다.

4. 결론

대학의 자율은 대학 존재가치의 제일 덕목이다 해도 과언이 아니다. 대학의 자유와 자율은 대학의 특성화와 발전전략의 관건이기도 하다. 통제와 규제에 의한 대학발전은 정형적이고 국한적인 발전에 그칠 가능성이 높다. 특히 세계적 관점에서 볼 때 대학의 환경변화와 수요자 중심체제로의 변화, 그리고 다양성과 특성화를 근간으로 하는 국제경쟁력 제고 경향은 대학의 자율성이 더욱 신장될 때 가능한 일이다. 대학은 한마디로 「5自」 원칙이 준수될 때 최대의 성장발전이 가능하다. 즉 「自由」, 「自治」, 「自律」, 「自淨」, 「自立」의 정신이 존중될 때 대학의 성장발전이 극대화될 수 있다.

21세기 대학의 패러다임은 공급자 위주에서 수요자 중심체제로, 폐쇄체제에서 개방체제로, 획일성에서 다양성으로, 내국적 관점에서 국제적 관점으로의 대변혁이 주된 경향이다. 따라서 대학의 자율성은 대학의 과제 중 최우선 과제이다. 결론과 관련하여 자율화와 관련된 몇 가지 과제를 제시하고자 한다.

첫째, 대학의 자율은 21세기 대학의 핵심적 근간으로서 수요자 중심체제와 전략적 경영전략 수립, 그리고 다양화와 특성화 등 개별 대학만의 생존 전략과 자구 노력을 위한 본질이라는 점에서 정부나 정치권의 대학정책 수립의 제일 고려사항이 되어야 한다.

둘째, 대학 규제와 관련된 입법은 개정 내지 폐지되어야 한다. 세계적 흐름을 볼 때에도 대학규제보다는 대학 자율과 관련된 지원책이 확대되고 있으며 대학교육 선진국들의 경우, 법률이나 규정보다는 대학 자율부여 원칙을 확대하고 있는 점을 감안하여 사립대학 관련 법률 개정 추진은 신중에 신중을 기해야 한다. 가능하다면 기존의 법들도 개정하거나 폐지하는 등 대학 관련법을 대강화(大綱化)하는 것이 바람직하다.

셋째, 등록금과 관련된 법안의 경우 대학 스스로 해결하는 방안을 강구하는 게 바람직하며 안정적 재정확보 방안을 제도화하는 것이 바람직하다.

넷째, 정치권은 대학의 자율성과 사학의 자주성을 침해할 소지가 있는 고등교육법 개정 등 대학규제 입법 활동을 자제할 필요가 있다.

다섯째, 대학 구조조정과 관련해서도 평가 지표 선정, 평가 절차와 결과 공개, 그리고 이에 따른 후속 조치를 시행할 때 신중을 기해야 하며 대학이 사회적 인격 체제라는 점에서 대학의 자존과 명예를 훼손하는 일 없이 예고와 협의, 그리고 충분한 준비기간을 설정해 대학을 육성하는 평가 철학을 정립해야 한다. 특히 평가과정이나 위원회 구성은 대학 구성원들의 합의와 합의 절차를 고려해야 한다.

여섯째, 지표 중심 포뮬러 펀딩 정책도 개선되어야 한다. 1990년 후반부터 강화되어 온 재정지원 지표 중심 지원정책은 시대에 맞게 개선될 필요가 있다. 지역적 특성, 전공분포별 특성, 규모나 설립 주체와 관련된 특성들을 고려하여 장학적이고 육성적인 재정지원 정책이 수립되어야 하고, 질 관리 정책은 강화하되, 「선지원 후평가」 정책과 「평가예고제」와 함께 「평가결과누진제」 등을 보다 합리적으로 설정해야 한다. 영국의 기금위원회(Higher Education Funding Council)나 중국의 특성화 중심 지원책, 미국의 포뮬러 목적성 지원정책 등도 참고가 될 것이다.

일곱째, 대학의 자율을 보장하기 위해 「대학인권」이나 「학습권」, 「교수권」, 「경영지원권」 등 다양한 형태의 지원 육성책을 보완해야 하며, 대학 자율침해와 관련된 「대학 자율침해방지위원회」를 구성하는 방안도 고려되어야 한다.

여덟째, 대학의 자율을 확대하기 위해 한국대학총장협회와 대교협 내에 「대학 자율지원센터」 등을 설치해 대학의 자정 노력과 함께 대학의 자율성 침해에 대한 예방책을 적극 강구할 필요가 있다.

대학의 자율성 신장은 다양화와 특성화 그리고 책무성 진작을 위한 근본이요, 최상의 전략이기 때문이다.

학교경영과 Blue Ocean 전략*
- 성과평가와 학교경쟁력 -

1. 학교경영 혁신의 필요성

- 학교교육 위기의 세기 vs 기회의 세기
- 21세기 3대 동인 : 세계화, 정보화, 지식 네트워크
- 지식기반 사회 확산과 지식경영 필요성 증대
- 천편일률적인 경직된 구조
- 획일화된 단일발전 모형 추구
- 교육 패러다임 변화
- 저출산 고령화 사회 확산

2. 21세기 교육의 특징과 패러다임변화

- 21세기는 두뇌산업, 교육산업, 지식산업의 사회

교육연구 봉사의 기능이 융합되는 네트워킹기능과 융합기능으로 변모

*이 글은 2009년 12월 인천시 일반계고교장 동계연수특강 자료이다.

① Brain Business

- ‘소프트 혁명’인 지식경제의 핵심 기능 수행
- 세계화된 지식사회의 도래
- ‘으뜸 두뇌’, ‘으뜸 감성’, ‘으뜸 교육’
- 중등교육의 다양화(diversification)

② mass + elite

- 교육기회 확대와 일류교육 강조
- 자율 확대

③ 교육강국과 교육빈국의 양극화

④ 어학혁명과 교실혁명

⑤ 국제화 전략 추구

⑥ 학생, 학점 교류 활성화

⑦ 지식경영과 지식 관리 시스템으로의 변화 : 3K 기능

• 패러다임 변화

① 교수중심 → 학습중심

② 행정개념 → 전략적 경영개념

③ 캠퍼스 중심 → 탈 캠퍼스 중심

④ 내국적 관점 → 세계적 관점

⑤ 공급자 시스템 → 소비자 시스템

3. 학교교육 위기 요인

1) 21세기 환경변화

(1) 지식 정보화 사회적 특징

① 지식의 양 폭증

- 매 6~7년에 기존지식의 2배

② 지식생명주기 단축

- 지식의 fusion화와 지식전환
- 지식의 파생효과 급격히 증가

③ 글로벌 지식

- 지식의 세계화
- 세계적 기준과 질 요구 증대
- 인재의 글로벌화

④ 정보화 혁명

- 정보통신 기술의 급격한 발달로 인한 교실혁명, 학습혁명
- 유비쿼터스 시대의 도래와 일상생활 및 기업업무의 정보화 경향
- 정보기술의 가속적인 집적화와 network화
- 지구촌 시대(global village) 도래

⑤ IT + CT + BT 등 미래유망산업인력 배출 필요

⑥ 정보, 생명, 환경의 3대축 중심 유망기술의 개화

- 정보-생명-환경 분야 간 시너지발생
- 21세기 산업지도(industry map) 변화

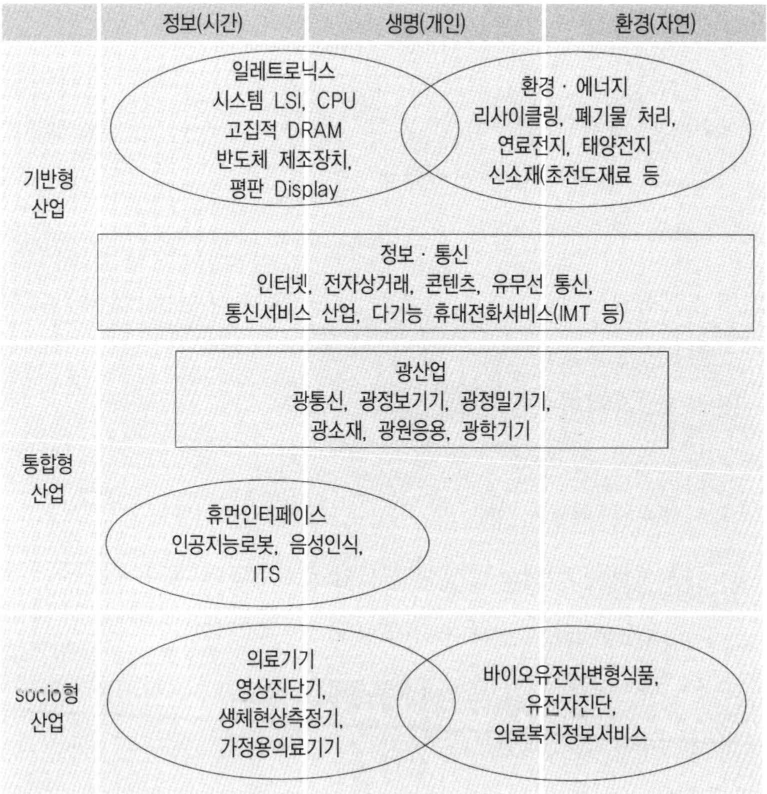

출처: 삼성경제연구소자료(2003)

2) 이명박 정부의 교육정책

- 자율화 대폭확대
- 분권화 확산
- 재정지원 배분 방식 변화
- 책무성 강화
- 경쟁 불가피론 정책

4. 성과평과와 학교경쟁력

- 2005년 5월 교원능력개발지향, 단위학교 교육 공동체 참여를 통한 상호평가제, 단위학교의 자율성 보장

  → 교원능력개발평가 시안(2008년 669개 교원능력개발평가)
- 공교육신뢰회복
- 학교혁신
- 학교교육패러다임 변화
- 학교교육 질 관리
- 학교교육 책무성신장
- 인천시교육청 학교평가 최우수학교 6개교 선정

  → 국가수준공동지표(학교교육목표와 교육과정, 교육성과 관리 등)

  → 교육청 자체지표(학력향상 프로젝트, 청렴도향상 노력, 학교환경개선)
- 해외주요국가 교원평가(영국, 미국, 캐나다, 프랑스, 독일, 중국, 일본, 호주, 칠레, 러시아)

  ※ 교장평가 : 교육리더십, 조직리더십, 교직원개발, 학생지원제도, 지역사회와의 연계, 학업성취도 변화

  교사평가 : 시험, 수업계획, 수업자료준비, 교장, 교감 참관평가자료, 연수실적, 전문성, 학생지도

5. 효율적 학교 경영 혁신 방향과 전략

1) 지식 경영 시스템 도입

- 학교 경영시스템 핵심성공요인

구 분	세부 요인	전 략
전략 요인	교육이념, 전략방향 리더십과 지배구조	대학의 비전설정 리더십과 의사결정요인 설정
투입 요인	교수 학생	기본적 투입요인 확보 지식 경영 대상자 관리
과정 요인	학제, 커리큘럼 연구지원/산학협력시스템	투입요인을 성과로 유도하는 경영전략
인프라 요인	평가/보상, 행정시스템	전략, 투입, 과정, 요인의 부가가치를 극대화 할 수 있는 지원 체계

참고 : 대학혁신과 경쟁력, 연구 보고서(2006) : 삼성경제연구소 참조

① $\frac{\text{전략 * 투입 * 과정}}{\text{인프라}}$ ⇒ 교육경영혁신 클러스터

② 경영 혁신 과제 : 지식경영시스템 도입

a. 행정 → 경영(전략적 경영)개념

b. 학교(대학) 경영→ 지식경영(지식생산, 유통, 응용)

c. 행정조직 → 학습조직 → 지식조직

d. 세속적 관료조직 → 합리적 관료조직

e. 역할갈등조직 → 반려조직(3人 체제 + 2원 체제)

f. vision management

g. educational leadership

2) 요인별 혁신 전략

• 1단계 : Vision & Mission

– Decision Drivers

– 학습 조직 효율화

- 질적 교육 비전

• 2단계 : CQI
  - 학습중심
  - 창조적 지식경영체계 구축
  - 팀 활용활성화
  - 보상체계 구축

• 3단계 : 서비스 문화와 질 관리 문화 구축
  - 효율적 com.
  - 유연성 있는 지식조직

• 4단계 : Management leadership
  - 강화 영역(+++, ++, +)
  - 증진/개발 영역(+++, ++, +)

• 5단계 : 비교와 벤치마킹

• 6단계 : 전략과 실행계획

• 7단계 : HRD 경영

• 8단계 : 지식경영

3) 교육지도자